思想
REFLEXION 13

一九四九：交替與再生

編輯委員會

總編輯：錢永祥

編輯委員：沈松僑、汪宏倫、林載爵
　　　　　陳宜中、單德興

聯絡信箱：reflexion.linking@gmail.com

網址：www.linkingbooks.com.tw/reflexion/

目次

1949年的迷思與意義

中華民國政府被迫從中國大陸遷移至台灣海島，許多人跟著逃難。可是在這個變動的年代，一個角落正在逃難，另一個角落正在慶祝，很難以一個畫面涵蓋所有的事實。

中華人民共和國成立的歷史意涵：
從梁漱溟的視角看

既然導致辛亥革命建國和國民革命建國失敗的歷史條件仍在，那麼，共產革命憑什麼能逃脫同樣的歷史命運？毛又憑什麼在這一中國現實面前不成為另一個袁和蔣呢？

失敗者的共同體想像：
回應龍應台的《大江大海一九四九》

我們不能止步於人道主義式的療傷，必須開放不同族群所經歷過的苦難和詮釋，找到新的和解基礎。而不同族群進行和解的姿勢不同，乃是因為他們受苦的根源和路徑不同。

牟宗三先生百年誕辰

落葉歸根：我對牟宗三先生宗教心靈的默感

牟先生走過近百年中華民族最動盪、最不幸的時代，他是這個時代的見證者。大至於中國文化的存亡，小至於他個人的骨肉離散，都是他最真切的存在感受。

歷史哲學與儒家現代化：
論牟宗三思想從黑格爾到康德的轉折

在筆者看來，牟宗三坦然接受此哲學任務，以「儒家現代性如何可能？」為指導問題，向一條漫長遙遠的思路啟程。

政治結構與民主運作[*]

胡　佛

　　前兩天呂亞力主任給我打電話，他說我們文化大學一定要發展更高的學術水準，要辦一場談「政黨輪替與民主再深化」的研討會，要我參加並講幾句話。我聽到「民主」兩個字，突然有些複雜的情緒。我一方面很高興談民主，因為多少年來我們都在期盼民主，多少年來我們也在推動民主。可是另外一方面，對最近這種民主的過程，我覺得非常憂心。而且，現在很少人真的把民主看得那麼重要，想要透徹地去討論。於是，這就不是那麼容易談了。所以在呂教授跟我講了以後，我有點欲說還休的感覺，但還是覺得情不可却。既然情不可却，那怎麼去談呢？呂教授說：「你根據過去推動民主的經驗來說一說，不是很容易嗎？」可是我還是要想一想：民主政治究竟能給我們帶來什麼樣的快樂呢？過去曾有美國教授在從事民主文化的比較研究時，問過一個問題：你對你的國家會以什麼為傲？不少西方國家的民眾，特別是美國，很多人都以民主為傲[1]。可是我

---

*　本文為胡教授應邀在中國文化大學政治學系主辦的「二次政黨輪替與台灣民主的再深化：理論、制度與經驗」學術研討會議上所作的主題演講，2008年10月23日。

1　Gabriel A. Almond and Sidney Verba. 1965. *The Civic Culture*. Boston: Little, Brown.

們今天對台灣究竟拿什麼作為我們的驕傲呢？能以我們的民主為傲嗎？這恐怕是個問題吧！再進一步講，民主真的是一個普世的價值嗎？就像福山所講的[2]，它是社會的終極價值嗎？民主又怎麼能夠穩固呢？是不是像杭廷頓所講的[3]，只要經過兩次政黨輪替，那我們的民主就可以鞏固了？對這些問題，我真的相當困惑。我常常在想，假如一個民主的運作過程及運作的結果不一定讓我們快樂，這個運作的過程、運作的結果就不一定能讓我們驕傲。在這個情況之下，我們是否還感覺民主是一個終極的價值呢？經過兩次政黨輪替，民主的品質就會提高嗎？世界上有很多國家，其政黨輪替來輪替去，民主的品質也不一定高啊！像最近的泰國不就是這樣嗎？所以我想，假如民主的運作不能使我們感覺到很快樂，也很難讓我們引以為傲，我們還不如對民主的運作再多作些了解，也就是看一看民主政治跟我們之間的關係究竟是如何。想到這裡，我就決定了今天的講題，就是「政治結構與民主運作」，因為我覺得民主運作是跟政治結構息息相關的，那麼，我們就必須先分析一下「政治結構」是什麼。

政治結構是在群體裡面產生的。實際上，人從生下來以後，就是在一個群體之中生活。人既不能不在群體中生活，就一定會與群體發生各種關係。我們談「政治」，不外是談在群體與我們之中的人與人間的某些關係。重要的是：這些關係假如沒有規範，群體的生活就亂了，就沒有辦法經營了。這一套一套的規範就是群體生活裡的制度，也就是我們行為的準則，整體結合起來就成為結構，所

2　Francis Fukuyama. 1992. *The End of History and the Last Man*. New York: Free Press.

3　Samuel P. Huntington. 1991. *The Third Wave: Democratization in the Late Twentieth Century*. Norman: University of Oklahoma University.

以群體生活中也必須要有結構。那麼，「政治結構」是什麼呢？政治結構是人與人之間，在權力的互動關係上所形成的一些規範，也就是群體之中人與人之間在權力運作上的結構。但這個結構不是平面的，而是立體的，我把它擬成一個三層的金字塔。在塔的最基層是由全體民眾所組成的群體，這一層群體的結構可稱為「全民社會的結構」。中間一層是由「全民社會」中從事政治活動的那些民眾所組成的。這些政治活動基本上包括參與政治、監督政治、影響政治。譬如參與競選、組織政黨及社團進行政治活動等等，目的就在進行政治的參與、監督及影響。當然，這一個層次的各種政治活動，必須在規範的基礎上進行。這一個中間層次，可以叫做「政治社會的結構」。三層之中最高的一層，我稱為「政權體制的結構」，是由群體中少數成員——也就是所謂的政治精英——所組成的。如果群體是「國家」，所組成的「政權體制的結構」就是進行統治運作的「政府」。這些少數的精英擁有政治權威，從事社會裡各種價值分配的工作，而讓群體的民眾能夠實現生活的目標。如此，將政治結構分成三層以後，就可進一步說明每一層結構的內含。

首先講最基層的「全民社會的結構」。關於它特別重要的是：這個結構必須由全民來組合。而全民能不能組合成一體的第一個關鍵，就是全民要互相的接納：我接納你，你接納我；我是這團體的一分子，團體也是屬於我的。彼此能夠互相接納，就能構成政治生活的共同體。假如互相不能接納，這個共同體就根本沒法存續。其次，如果群體是一個國家，那唯有在互相接納的基礎上，才能產生國家的認同；有了國家的認同，相互之間才可在一個凝聚的基礎上，形成國家的主體。第三，主體凝聚形成了以後，才會產生國家的主權。所以說在民主共和的體制中，主權是屬於我們全體民眾的。因此，「全民社會的結構」有以下幾個要點：首先要能互相接納，產

生政治的認同，否則這一基本的結構沒法形成；有了政治的認同，相互才能凝聚爲一個共同體，而形成政治的主體；主體成立了，才有主權可言，我們才可以說：「國家是有主權的」、「我們是國家的主人」。

在前述「全民社會的結構」的三個要點裡，我個人覺得「認同」是最關重要的。我們不妨想一想：假如大家不能互相接納，欠缺一種共同體的感情，「主體」就很難產生。我說不能接納你，你說不能接納我；我說我是主體，你說我不是主體，這就會產生很多問題了。至於「主權」，那是一種整體的觀念，不可能在不同的認同下加以分割的。比如說：「這主權完全是我的」，或是說：「這主權完全不是他的」，這都是不可能的。所以我強調：在「全民社會」裡，政治認同是非常重要的。這也就是說：在政治結構中最基層的「全民社會的結構」裡，最值得重視的是國家的認同問題。假如我們把政治結構的基層、中層及上層的三層結構拿來觀察，最下面的基層結構如果在國家認同的問題上發生了衝突，國家結構必然會發生裂痕。在這樣的情況下，中層及上層的政治結構及各種政治活動，怎能不受到影響並出現動搖呢？

現在再看中層的「政治社會的結構」。這一層結構的群體着重在政治參與、監督及影響。有兩個要點與這些政治活動有關：其一，我們在政治社會中，是否有自由之權？也就是我們各人是否有相當自由從事政治活動，而不受政府的干預？其次，我們眾多人是否可以自由地組織各種團體來進行活動？前一方面牽涉到個人活動的自由，後一方面就是政治活動的多元化。自由化、多元化是我們民主政治中最重要的兩個要素。在自由化、多元化的基礎上，我們看到各階層人士、很多政黨和社團皆可作政治活動，包括進行參政、選舉、監督等等，媒體也經常對政治加以監督並發揮影響。但就這一

層的政治結構而論，假如它下面那層基礎結構在國家認同上發生了
分裂，那麼，中間這一層的政治參與、監督與影響的活動就一定會
產生問題。請看看我們今天的媒體，有的是泛藍的，有的是泛綠的，
互相攻訐，各有堅持。這樣的衝突、這樣的對立都是因為泛藍的媒
體基本上認同「中國人」及「一個中國」，而泛綠的媒體則是認同
「台灣人」及「台灣建國」。這就表示：我們在最基層的認同結構
裡發生了衝突、出現了分裂。這種衝突與分裂往上延伸，就使得政
治社會產生了各種的紛爭。不止媒體這樣，政黨更是如此。例如這
兩天在野黨大遊行，就是反對國民黨馬英九總統「傾中」。在認同
的基礎上發生這樣的衝突，當然是非常嚴重的，因為它在性質上是
感性的，那是「愛不愛這個國家與民族」。「愛不愛」往往是感情
的表露，假如在這裡發生衝突，就非常地傷感情。傷了感情，就容
易不理性，意氣用事，相互之間不僅不能尊重、容忍，甚至仇視、
敵視。結果，自由、民主的基本結構就無法穩定、鞏固，而且會流
於形式。

　　我們再看最上面的一層，我稱此為「政權體制的結構」。在一
個國家裡，這就是政府的體制。政府擁有很大的權威，這個權威用
來作為政策的決定與施政的基礎。任何政府都是由少數的「政治精
英」所組成的。在實施民主憲政的國家，這些人中有些是選舉上來
的，也有些是用其他方式如考試等等進入政府的。在這層結構中，
一個民主的政權體制最重要的原則是：這些精英分子所組成的政
府，在權限上是要分立而制衡的。這些權限有一些是行政方面的，
有一些是司法方面的，有一些是立法方面的，當然還有一些是考試
方面和監察方面的，都要分開行使、相互制衡。我們可再想一想，
在這制衡的過程中，如因國家認同的不同，政治精英不遵守制衡的
規範，而相互衝突，這種制衡往往就會脫軌了。我們看到在立法院

裡，藍綠的立委經常會發生打群架，男女扭成一團，甚至用一把大
鎖將立法院院長鎖在外面，不能進入議場。這都不是正常的制衡運
作，完全是一種混亂狀態，造成議事不能順暢，重要法案不易通過。
就算在打架中勉強地通過了一些法案，過程常常是很粗造的，品質
也會下降。現在又有媒體報導：法官也有藍、綠之分。果真這樣，
我們的司法正義與法治標準不是也到了危險的邊緣？假如我們時常
看到立法院在打架，或者司法不公、審判有問題，我們自然很容易
就會覺得我們民主制度的品質不良，甚至會懷疑民主的價值是不是
那麼高。

　　我再回顧一下前面所講的。我談政治結構，注重的是這個結構
跟民主的運作息息相關。我把「政治結構」看成是立體的，在其中
是分層次的，不僅是一個平面。我們要把這些層次連起來看，然後
就可了解：有一個「全民社會」的政治結構，如以國家為範圍，它
就是國家的政治結構。這個結構要能夠順利地運作，必須要有很好
的國家認同，將大家凝聚在一起，這樣才能變成一個「主體」，也
才能有「主權」，然後組成政府，進行施政。這是最基礎的。假如
國家認同產生對立甚至衝突，主體、主權也都會跟著分裂，也就是
「地基」開始出現裂痕。在這有裂痕的「全民社會」地基上面進行
的「政治社會」的活動，包括各方人士、政黨、社會團體、媒體，
相互之間一定會發生不斷的衝突與紛擾。假如在「政治社會」中有
衝突與紛擾，那麼位於最上層「政權體制的結構」的政府在決策與
施政上，絕對是很不順利的。我想我們今天整個的政治結構的情況
就是如此，我們的政治活動就是在這樣的政治結構中進行著。

　　瞭解了上面所說的，我們就可進一步看看今天台灣的現況。首
先，在我們整體的國家結構(也就是「全民社會」)裡，可以發現相
當程度的國家認同衝突。一方面有很多人很堅持自己是中國人，堅

持中國只有一個，也期望未來中國能夠統一，只是現在是一種「分裂中的國家」。在另一方面，也有很多人否認自己是中國人，否認「一個中國」的觀念，也反對中國要往統一的方向整合。他們主張自己是台灣人，是台灣民族，要建立新而獨立的台灣國。這兩種不同的國家認同，基本上是沒有辦法併存的，因為「國家認同」本身在性質上是不能分割的。我對一個國家認同，就必須對它忠誠，不可把忠誠分割到另外一個具有獨立主權的國家上。一旦兩個國家如發生爭執，你要效忠那一國呢？你只能效忠一個。所以在很多國家，你的國籍只能有一個，只能效忠你的國籍國，像美國就是。你假如要取得美國的國籍，就要正式放棄原有的其他國籍。換句話說，在認同方面，你只能認同一個你效忠的國家，你不能同時分散認同好幾個國家，這不僅是不忠誠的，在現實上也是不可能併存的。假如在台灣，認同發生衝突，一方面有人認同一個中國、認同中國人，另一方面有人認同（與中國分離的）台灣、認同台灣的建國，這樣的認同衝突就會變得很嚴重，因為馬上會發展成「主體」的衝突。我說我是國家主體的一分子，但是我認同台灣；如你認同一個中國，我就不承認你是台灣的群體的一分子，不是國家主體的一分子；甚至有人會說：你吃台灣米、飲台灣水，你不承認是台灣人，不認同台灣，你就回中國大陸去。反過來，認同中國的也是如此：你不認同自己是中國人，不認同一個中國，那麼你就是背叛。實際上，這樣的思維，在台灣已越來越厲害，已慢慢地形成了一種文化。

在此要特別強調：我們過去在台灣的威權時代倡導民主，是在一個中國的基礎上進行的，也就是認為：中國包含台灣與大陸在內，而兩岸之間的爭執是在「共產」與「自由」的選擇，不在國家與民族的認同。我們只要看一下《自由中國》雜誌即可知道這一點。那時的知識分子爭取民主，並不分本省、外省，也未出現藍綠之分。

等到民主有了一些進展，國家認同的分歧則由隱而顯，反而影響到
民主的進展了。我曾把後來這種台灣認同稱之為「台灣主義」，其
內容包括：台灣是一個認同的「主體」，台灣是一個「主權」的國
家，台灣有它特別的「主張」。與此相對的，就是「中國主義」：
認同一個中國，中國未來要統一，中華民族要壯大、繁榮。有人說，
政黨輪替了以後，民主政治就會有進步，這個問題就可逐漸解決。
我看我們已經政黨輪替了兩次，這個認同分裂的情況似乎更嚴重
了，很多人在情緒上都受到影響。我不是說你認同那一邊就是「好」
或是「壞」，我只是觀察現象，而這個現象確實是存在的，並且是
一個很基礎的問題。

　　再往上一層，觀察「政治社會」的活動，我們可以發現：媒體
之間、政黨之間、各種社團及民眾之間，不論在選舉或其他的政治
活動中，基本上都受到前述認同分裂的影響。我剛才說在「政治社
會」的政治結構中，最重要的是要觀察「自由」的問題。我們要能
自由參加活動、自由組織團體、自由發表言論。但是在認同分裂的
基礎上，現況就出現一種「任意的自由」，或「浪漫的自由主義」。
這種自由是什麼呢？就是說：在國家認同上，我認同一個中國，或
者我認同台灣，而我不承認與我認同有異的你也是我這個「主體」
裡的一分子，所以我就拒絕你像我一樣享有同等的自由。這樣一來，
政治社會裡就會經常發生嚴重的衝突。這種任意性的自由、浪漫性
的自由，就是認為：達成一個國家結構的認同是最神聖的目標，只
要是往這個方向去努力，我要有什麼樣的自由就可以有什麼樣的自
由。所以現在很多人講：只要你愛台灣，你就是神聖的、正當的，
你要怎樣的自由，就應當有。反過來，對中國認同也是如此：因為
我認同中國，我愛中國，所以為了愛中國，我有自由要怎麼做就怎
麼做。雙方都有人認為：要打人就可以打、要吵架就可以吵，什麼

手段都可以用，只因爲我「愛台灣」或是「愛中國」。所以，眼前這個「政治社會的結構」給我們的感覺是：好像看不到一個事理的真相與是非的標準。

　　我前兩天參加一個文教性的聚會，有好多學者在場。我們談到台灣的情形，有一位從國外回來的學人，非常感慨地說：「我到了台灣，感覺非常地不舒服。」爲什麼呢？「每天晚上看電視。不看不行，因那麼好看，有打鬥、有吵架，但是看了又很難過。」爲什麼難過呢？他說：因爲「很多人在拗，完全沒有是非的標準。這是怎麼樣的民主呢？」所以這個「政治社會」給人的感覺是：「民主」給我們帶來的好像是一個沒有真是真非及大是大非的政治體系。當然，真正的民主政治不應如此。因爲民主政治是人人都有自由權，所以我的自由不能妨害到你的自由，這是最基本的一個原則。假如我愛台灣、或者愛中國，我的自由就可任意地行使，讓你沒有自由，自由的基本的規範就破壞掉了，是非就沒有了。

　　講到這裡，我不能不提一下這兩天報紙上最聳動的新聞：一位從大陸廈門大學來台參加學術會議的張銘清教授，在台南被人追打。我昨天睡得晚，在看電視，想了解一下追打了以後究竟如何。結果，各種評論都出來了，有人講：打了活該，因爲你是中國人、是敵人、是仇人，我打仇人有什麼不對？但他就沒想到：不管是那裡人，他有基本人權；既然沒有動手挑戰你，你就不可以追打他，追打他就是犯法了。自由是由法治來規範及保障的，爲了「愛台灣」，就可不管法治，追打別人，這個民主的結構又怎麼能夠維持及鞏固呢？有人可以公然這樣講，那民主的品質又如何能夠提昇呢？

　　我們再看看最上層的「政權體制的結構」，也就是由少數精英分子所組成的政府。我在前面曾強調：民主體制的關鍵在政府權力的分立與制衡，並由憲法加以規範，所以憲法常被看做政府的構成

法，可見憲法的重要性。所以，憲法如不受尊重、不嚴格遵行，政府的權限及制衡的基礎就會鬆動。但是我們這部憲法是在大陸南京制定的，那些不認同中國人的政治人物在心理上並不尊重這一部憲法。自從李登輝擔任總統後，他一面強調台灣認同，一面在他的十二年任內竟將憲法修改了六次。他的繼任者又修一次，並主張另行制憲建國。所以我常說，我們現行憲法是一部「漂浮的憲法」。它沒有紮根在受到共同尊重的信念裡，所以漂浮了起來。憲法經過多次修改後，政府體制不得安定，特別是行政與立法之間的制衡關係，被改得權責不清。行政院長及閣員不須經立法院同意而出任，實權又操在總統，這使得行政院(內閣)在立法院難以支應。所以我們憲政制度在制衡方面的表現不能強而有力。立法過程經常發生扞格，行政院官員最怕到立法院。

我曾碰到一些高官，愁著眉苦著臉，我說：「當了那麼大的官了，應當很高興才對呀？」他答：「我明天要到立法院！」大概是不知道有什麼事情會發生罷！本來，在立法院內黨派之分是很正常的，但所謂「親中的藍」與「愛台的綠」之間卻壁壘分明。國民黨是握有絕大多數席次的黨，但國民黨的總統提名綠色的監院副院長人選，卻在立法院通不過，造成國民黨內也起風波。這樣子，我們這個民主的過程怎能是順暢而美好的呢？憲法不受尊重，法治精神不能充份發揮，政府體制的扞格，這些都不是只用一些表面的理由能說得通的。我們如把這些情況綜合起來一看，就會發現是我們整體的政治結構出了問題，基礎不夠穩定，而主因就在國家及族群認同上發生了裂痕，這種裂痕會發生「一刀切」的效果，一直影響到政府的施政。我們從外面觀察，就常感覺我們的民主品質不是很好，有待提升。

現在政黨兩次輪替了，輪替了以後是否能把問題解決呢？我不

敢說。但我必須指出：假若政黨輪替能夠使民主鞏固並提高民主的品質，那一定要有一個要件，即：大家要互相認同、互相接納，不能在國家的認同上分裂；假如繼續分裂，民主就永遠不易鞏固。這不是「民主」本身的問題，而是整體政治結構的問題。假如我們不能對整體的政治結構有些了解，就沒有辦法找到癥結的所在。「民主」本來應是個很好的政治體制與生活方式，但在台灣實行了以後，很多人卻不一定感覺很踏實、很快樂，還有些人竟懷念起過去威權時代的統治。因為如果很多政治人物把政治活動的重點放在國家及族群認同的分裂衝突上，民主就必然會流於一種形式或工具，只是用來奪取政權，而失去本來的價值與意義。這時，選舉也就不再是選擇良好的公職人員，而是在選擇一個族群、一個國家了。

有什麼辦法來補救呢？我們大家都在想這個問題。我剛才說前幾天我參加一個文化性的聚會，在提到台灣的民主前景時，氣氛就很低沈，大家東想西想，想不出一個立即見效的辦法來解決國家認同的衝突及改善民主運作的困境。但是我既然應邀來談這個題目，也不能不想想辦法。我想提兩個建議。

第一個建議：我們很多人都憂慮族群的撕裂，但台灣的所謂族群問題，並不是血緣、種族的差異。我時常看綠營的電視台節目，有一次，竟有評論人說：中國人的品種是低劣的，台灣人的品種是優秀的。這是我親耳所聽的，當時異常驚訝。實際上根據我自己的良知，我們都是同樣的品種，沒有什麼好不好的問題存在。我們沒有血統的問題，沒有品種的問題，也沒有文化的問題。今天族群出現了分裂的危機，很可能是歷史造成的。所以我們如能很勇敢地面對歷史，正確地去解釋它，把真相弄得大明大白，應當可以把這些問題從根本上解決。我們可以選擇一些特殊的歷史事件，由中外公認的公正學者開始進行研究。例如：清朝把台灣割掉，是不是因為

認爲台灣只是蠻荒之地，割給日本人算了？還是因爲日本人非要台灣不可，而清朝打了敗仗，不割也不行？據我所知，甲午戰爭清朝戰敗以後，日本人不光是要求割台灣，而且要割遼東半島，最後經過俄、德、法三國出面干涉，日本才以中國增加賠款爲條件而放棄遼東半島。如果清朝連自己的發祥地遼東半島也不得不割，我們就應請歷史專家好好地去研究一下：是否割讓台灣真是因爲清朝認爲台灣毫無價值？此外，我們也可去研究研究二二八。這個事件每年都要被提出來象徵族群衝突，但二二八的真相究竟是如何？行政院在民國八十年曾對此事件特別組成一個「二二八事件研究小組」，一年後提出有關的研究報告。我是這個報告少數的幾個審查人之一。我很負責地講：我在審查的時候，看到有些資料的選擇與運用，以及某些觀察是有待商榷，甚至是有問題的。我爲此寫了好幾千字的審查報告。所以我的感覺是，二二八的真相還必須要作進一步的釐清，正所謂「有了真相，才能和解」。還有一些特殊的事件，像白色恐怖等等，我們都要好好地了解一下，看看把這些歷史事件作正確的解讀、正確的釐清以後，能不能把國家認同、種族認同的問題解決。因爲我剛才一再講，我們沒有血緣、種族及文化的不同，我們本就是同文同種，沒有像白人與黑人、阿拉伯人與猶太人之間的歧異，怎麼會弄到今天這樣的決裂呢？假如能澄清歷史真相，共同的認同產生了，大家就可在「有難同當，有福共享」的感情基礎上，齊心協力推行民主了，而少數政治人物也就無法在其間操弄了。

　　第二個建議是：在今天國際與國內的現實情勢之下，縱然整體的政治結構有問題，也必得維持現狀，因爲一時之間「獨」不可能、「統」也統不了。但假如現狀的維持會延續很長的一段時間，我們不妨加強重視所謂的「過程民主」，特別是在各級議會裡更應如此。所謂「過程的民主」，是指：我們在民主結構的運作中，相互之間

的互動——如傳達訊息及看法、用行動影響或呼應對方——必須遵從的一些基本原則。首先，我們要互相尊重及容忍不同的意見，有人稱此爲政治的「風度」。在議會中，雙方意見雖有不同，但應互相尊重、互相容忍，然後按照議事規則去處理。第二方面，必須要重視法治。規範訂了以後，絕對不要違反它，而且要嚴格執行。假如立法院裡打鬥，把人都打傷了，這就不光是內部要作紀律的懲戒，還要送到檢察官那裡去偵辦，因這是犯罪的行爲，絕對不能放鬆。把立法院長鎖在會場之外，這就是觸犯妨害自由罪，也應送請檢察官偵辦。我相信假如嚴格維持法治，民主的品質應會有些改善。第三方面，在互動過程中，絕對要對「目的」與「手段」同等尊重，不能爲了目的不擇手段，否則一定會出現很多小動作及不道德的情事。我在電視上曾聽到：一位過去的立委陪陳由豪送錢到總統官邸，後來陳由豪親自公開出面承認、爆料，這位立委也不想否認。聽說後來有位牧師勸他說：「你不要講出來你陪同送了錢。這樣好像沒有講真話，但爲了台灣，有些價值是更高的，上帝還是可以原諒你的。」假如此話是真，就真的叫人吃驚了。我對上帝的認知不大一樣。如果在達成目的的過程當中，我做了任何不妥的事上帝都可原諒我，那我們還有什麼事情不能找到藉口去做呢？我想假如真有上帝，上帝是絕對不會同意他們這樣做的，請諸位相信我。假如相信我，今天的演講就可供參考，並請指教，我也就講到此爲止。

胡佛，中央研究院院士，台大政治學系名譽教授，台大人文社會高等研究院特約研究員暨東亞民主研究計畫總主持人。

中國崛起與文化自主：
一個反思性的辨析*

劉 擎

　　如何在全球化的時代確立中國文明的價值與意義？如何處理中國傳統與西方思想之間的關係？以及（相關的）如何在人文與社會科學中尋求中國學術的主體性？這些「宏大問題」近年來成為中國大陸思想界關注的一個論題[1]。相關論述的側重點與表述方式各有不同，但基本訴求大體一致：呼籲破除西方學術和思想的霸權，汲取本土文化資源的精華，塑造具有世界影響的現代中國文化。在總體上可稱之為新的「文化自主論」。實際上，每當中國發生重大的歷史變遷與社會轉型，對文化自主性的關切總是凸現出來。從晚清西學東漸之後的體用之辯以及科玄論戰，到1980年代的文化熱，諸如此類的問題已經困擾了中國知識分子一個世紀之久。如果說，近現

---

*　本文成形於筆者在復旦大學「全球化時代的中國社會科學」高級論壇（2008年12月）上的一次發言，在鄧正來教授的敦促下，進一步拓展、修改而成。

1　近年來陸續有知名學者（包括甘陽、王紹光、張旭東等）就這一論題做出闡述。鄧正來最近指出，中國社會科學自主性的確立要求「反思基礎之上的集體行動」，以此實現「在學術史意義上具有革命性意義的『知識轉型』」，並為此提出了一個綱領性的闡述。參見鄧正來，〈高等研究與中國社會科學的發展：鄧正來教授在復旦大學的講演〉，《文匯報》，2008年12月27日。

代歷史上的相關思考深刻地受制於救亡圖存的危機意識，那麼，新的文化自主論確實出現了值得關注的重點轉移。這是在30年來「中國崛起」的背景下形成的話語，具有一種豪邁的氣概，其志向所在遠不止於「尋求富強」，甚至不止於發展特殊主義版本的中國文化，而是致力於從中國出發，創建中國的普世主義論述，爲塑造未來新的世界文明開拓道路。而其對於學術界的主要關切，是要在文化自主或文明自覺的大視野中，重新探索和確立「中國學術的主體性」，而對學術自主性的追求也將導向促進文化自主的大目標。這是令人欽佩的雄偉抱負，也是值得關注的思想努力。本文無意對此展開全面探討。在讚賞和認同其基本訴求的前提下，僅限於辨析這一論題可能蘊含的複雜的面向與困難的問題，試圖以一種「思慮」的方式介入討論。

中國崛起及其文化意義

改革開放之後的「中國崛起」，構成了尋求「中國學術主體性」、「中國文化自覺」或「中華普世文明」等論述的直接背景。社會經濟的發展催生了文化自主的意識，這在直覺上是極爲自然的。但是，從30年來中國獲得巨大發展這一事實，並不能直接推論文化自主的可能性前景，兩者之間的關聯是相當複雜的。如何把握這種關聯，很大程度上取決於我們如何解釋中國崛起的原因，如何認識它對於「文明創造」的意義。中國改革開放以來的經驗是值得重視的，甚至是異常值得重視的。但首先讓我們理清，這個中國經驗究竟意味著什麼？由此才能進一步推論它可能生成什麼。換句話說，我們需要辨析的問題是：中國的發展實踐是否確立了一種獨特的「中國模式」？這個模式是否具有「超克」現代性困境的文明示範力量？我

認為，目前我們對諸如此類的問題，都還未獲得確定的回答。

　　中外學術思想界有許多理論試圖對中國的迅速發展做出解釋。在公共輿論中最為流行的解釋，可被稱為「自由化論」或「新自由主義論」（大約對應於幾年前思想爭論中所謂自由派和新左派的某種簡單化版本）。兩種論述有相當不同的立場取向，但各自提出的解釋卻高度一致：認為中國發展最主要的（雖非唯一的）動力因素，是引入了西方的自由市場經濟（以及管理與科技等方面的機制），中國的崛起是與西方現代化模式「接軌」的結果，而其思想基礎源自（甘陽所指稱的）所謂「第一次思想解放」──從改革前簡單地徹底拒斥西方，轉向全面接受甚至崇拜西方的現代化模式。這個以「自由化」所推動（或者，由「新自由主義」意識形態所主導）的改革規劃既獲得了成就，也造成了問題。一方面中國獲得了舉世矚目的經濟增長，整個社會迅速進入了現代化的軌道，使中國躋身於世界強國之列。另一方面，迅速的發展也造成了許多嚴重的社會問題，特別表現在社會分配不公、貧富差異加劇、對生態環境的嚴重破壞、腐敗惡化以及教育危機。而在文化精神層面上，當前社會出現了令人憂慮的境況：物欲橫流中人文精神的失落、日益嚴重的道德意識的衰落以及價值虛無主義的傾向。「自由化論」或「新自由主義論」大體都承認改革的成就與問題，分歧在於各自的診斷與對策。自由派認為，大多數問題是由於市場化不夠充分（或政治體制改革不配套）所造成的；而新左派認為，這場改革嚴重受制於發展主義心態，在很大程度上陷入了全球新自由主義的陷阱。就未來可欲的發展方向而論，雙方的爭議在於：我們是應當更進一步地加入全球化的「世界主流文明」，還是要扭轉這個片面發展的導向，尋求中國獨創的健康的發展模式。但是，在這兩種解釋中，無論未來發展的走向如何，過去30年的高速發展都談不上是開創了獨特的中國模式，不過是在努

力實踐(「接軌」)西方主流的現代化模式。

　　令人好奇的是，近來對「新自由主義」的批判論述似乎越來越沉寂了。也許，這種論述(特別是某種簡單化版本)會面臨一個悖論：如果把中國的發展解釋為「新自由主義」模式的結果，雖然可以方便地將改革中出現的種種弊端歸咎於一個「外源性」的禍根，但與此同時，中國的奇跡也就變成了「自我他者化」的奇跡。於是，改革發展雖然是「中國人」取得的成就，卻稱不上是「中國」(獨特道路)的成就，甚至可以說，這是「自由市場神話」或者「西方現代化模式」在中國的勝出。我們成了「異己文明」的載體，雖然走向富強，卻正在喪失文化的自主性，而且還傳染上了西方現代性的精神危機。如果這種解釋成立，那麼，就文明創造的意義而言，我們並沒有獲得多少足以驕傲的成就，也沒有多少真實的理由和信心來展望「中華文明的復興」。

　　當然，上述解釋雖然在公共領域中頗為流行，但更為嚴肅的學者(甚至包括「精緻的」自由化論者或新自由主義論者)都拒絕接受這樣一種簡單化的解釋。不久前汪暉在日內瓦論壇發表演講，強調「30年改革的複雜性」，指出中國社會主義傳統在改革後發生的(往往被忽視的)積極影響，分析國家概念的複雜性，以及在改革進程後期，國家功能逐漸從發展主義國家(以GDP增長為中心)轉變為社會服務的國家(關注社會正義、社會福利體系和綠色GDP等)的積極變化，認為「將30年的中國改革全然說成是新自由主義改革，將是危險的……。中國並不是新自由主義的典範，但也並不是其反例」。因此，「有必要對改革的歷史作一個詳細考察，以澄清到底是哪些原因導致偉大成就，以及那些原因導致中國改革中的社會分化。」[2]

2　汪暉，〈為未來而辯論〉，《21世紀經濟導報》，2008年12月20日。

在類似的更爲深入和複雜的解釋進路中，我們或許可以辨識出獨特的「中國模式」的線索。而甘陽在近年的系列演講中，著重闡發中國文明的獨特性，並以此部分地解釋中國發展的獨特道路。但同時仍然審慎地將「中國模式」視作一個「未解之謎」，是留給未來深入思考、分析和總結的課題，並因此而呼喚「第二次思想解放」[3]。

汪暉與甘陽等提出的解釋思路，雖然是綱要性的，但指向一個反思性的維度：力圖對那些既有的流行解釋「再問題化」，首先是要將「中國的現代性」從「西方化」的普遍敍事中剝離出來，去重新發現和理解「中國要素」（包括數千年的中國古代傳統，百年來的新文化運動與中國革命傳統，以及60年來的社會主義國家傳統）對30年來中國崛起的「塑造性力量」，由此打開對未來之中國道路及其對世界文明之意義的新的想像空間。

這種思路無疑具有令人興奮的啓發性，但同時也可能會面臨許多挑戰。比如，如果有待澄清的「中國模式」與「西化論」的解釋相反，的確是一種獨特的道路，那麼「中國要素」也必將「內在於」崛起中出現的種種問題（特別是精神意義層面的問題），並擔負相關的責任。除非我們滿足於一種非反思性的幻覺：凡是偉大的成就都是自我的獨創，凡是弊端與危害都是外來的禍害。這裡要點在於，「獨特性」與「可欲性」並不是同一個概念。從「這是我們獨有的」無法推論「這就是好的」。在古代與近現代歷史上，幾乎每一種「中國傳統要素」都曾遭遇困境甚至陷入危機，即便是在新的背景下煥發出新的活力，其「積極轉換」的條件究竟爲何？仍然有待於進一步清理與辨析。在中國當代的崛起之中發現「中國要素」，並不等

3　甘陽，〈第二次思想解放是擺脫對美國模式的迷信〉，《21世紀經濟報導》，2008年12月27日。

於這些獨特性就天然是可欲的。因此，甘陽的主張並不能被誤讀爲「由於這是我們獨有的，所以就是好的」，這種誤解與他所批判的那種「由於這是我們獨有的，所以就是壞的」在邏輯上構成鏡像對稱，同樣荒謬。

　　無論我們如何解釋中國崛起的成因與邏輯，仍然需要審慎地辨識它對於文化自我意識的意義。改革以來的成就是中國在近代以來「救亡圖存」或「尋求富強」路線上的一個巨大的決定性的勝利，這本身當然是值得慶賀的。但這對於中華精神文明的意義是複雜的。如果「富強的邏輯」與「文明的邏輯」並不等同，那麼中國崛起的事實告訴我們的是：重新勘定文明發展道路之必要。我們仍在尋求（而並未造就）一種新的成熟的政治文明與精神文明。而中國的（新老）傳統要素在晚近的發展中發生了何種作用、以及在未來的發展中將會發揮何種作用，仍然是「未解之謎」，仍然是有待探索的問題。那麼，所謂第二次思想解放，就不能被理解爲一種足以設定議程的綱領，而應當被看作是邀請大家重新開放想像空間，它在原則上訴諸一種新的綜合──對古今中外各種積極要素的創造性綜合。其中，「社會主義儒家共和國」（或諸如此類的規劃）至多是作爲一種可能的選項，連同其他可能的選項一起進入我們未來的視域。

　　2008年秋季，在氣勢逼人的奧運會開幕式不久之後，「三聚氰胺乳製品」事件爆發。兩個極不和諧的情節並置，象徵性地折射出我們的現實處境。一個尚未澄清並仍在展開的複雜發展模式，還遠不足以宣稱其對於確立文化自主性的意義，更談不上對於世界文明具有超克現代性危機的示範意義。的確，在尋求中國從富強走向文明的探索中，我們應當終結對西方思想的盲目崇拜與迷信，這是完全正確的主張，正如我們應該終結對任何一種思想的盲目崇拜與迷信。

反思性的自我理解

在文化自主與文明自覺的大視野中來探索中國崛起的意義，這當然是重要和具有啓發性的努力。對此表達某種有所保留的疑慮，只是針對某些「過早」與「過度」的闡釋與斷言，及其可能導致的另一種簡單化傾向：從一種簡單(西方)化的論述走向另一種簡單(中國)化的論述。但這種思慮並不意味著我們要放棄對未來文明的思考與想像，而是期望在「辨析歷史」與「構想未來」之間建立更具反思性的互動關聯。在這個意義上，我贊同鄧正來教授提出的原則性主張(如果被恰當理解的話)：

> 中國社會科學要謀求自主性，必須建構起中國自己的「理想圖景」，而其前提便是建立「根據中國」的學術判準，對中國進行「問題化」、「現實化」的「集體性反思」，而對於這種反思及其在「世界結構」中的意義，我稱之為從「主權性的中國」邁向「主體性的中國」。[4]

反思性的學術努力總是艱巨的事業。如何建立「根據中國」的學術判準？如何對中國進行「問題化」、「現實化」的「集體性反思」？「主權性中國」與「主體性中國」有何不同？所有這些問題，都首先涉及到「中國」的自我理解問題。葛蘭西指出，「批判性闡述的出發點，是自覺意識到你究竟是誰，是將『認識你自己』作為迄今為止歷史過程的一種產物，這個歷史過程在你身上存積了無數

4　鄧正來，〈高等研究與中國社會科學的發展〉。

痕跡，卻沒有留下一份存儲清單。因此，彙編這份清單在一開始就成爲當務之急。」[5]但是，我們如何才能理清漫長而複雜的歷史存積於當今中國的無數痕跡？

我們在今天所指稱的「中國」，不僅與先秦或漢唐時代的內涵大不相同，甚至與晚清時期的理解也有相當的差異。近代以來的所謂「三千年未有之變局」以及中國革命的歷史，都極爲深刻地重構了傳統意義上的中國人與中國文化。這些重大的變遷與發展使得一個傳統的、本真的和明確純粹的中國不復存在。或許，傳統中國的各種要素通過不斷轉化，仍然以或明或暗的方式對今日之中國發生著影響，使得中國總是在某種意義上「具有中國特色」。但是，無論具有歷史與語境敏感的闡釋會如何處理馬克思主義與中國本土實踐的關係，以及與儒家傳統的關係，我們都不能不面對這樣一個事實：指導中國的社會主義革命和立國的意識形態是源自一個德國人的偉大理論創造。同樣無可否認的事實是：中國在政治意識形態、文化價值觀念、社會制度安排、經濟生產方式、公共傳媒與通訊，乃至飲食起居的日常生活方式等所有層面上，都已經與所謂「西方」世界發生了千絲萬縷的聯繫與糾葛。因此，一個僵化的「中國」對「西方」的二元對立框架已失去了其現實經驗基礎，失去了有效的解釋力。今日之中國是一個過於複雜的歷史進程的產物，存積著無數彼此交錯、相互糾纏的歷史痕跡。中國古代與近現代的文化因素，以及西方多種不同的思想理念，都「共時性地」構成了我們生活實踐的地平線，成爲當今中國之自我理解的內在的「構成性」

5　Antonio Gramsci, *Selections from the Prison Notebooks* (New York: Publisher: International Publishers, 1971), p. 323. 薩依德指出，葛蘭西這段名言的最後一句在英譯本中缺失，見Edward Said, *Orientalism* (New York: Random House, 1978), p. 25.

(constitutive)部分。

　　因此，反思性視角下的「中國」就不再是一個自明的概念。這裡我們至少可以辨析出多重含義：「實存之中國人」意義上的中國，「傳統文明」意義上的中國，「現代民族國家」意義上的中國，「社會主義傳統」意義上的中國，「當代社會與文化實踐」意義上的中國，以及「未來新文明」意義上的中國。這些多重維度共同構建了「我們中國人」的歷史感以及現實感，共同塑造著中國的自我理解與想像，也使得中國之概念具有複雜的內在張力與歧義性。這就是爲什麼每一種關於「我們今天怎樣做中國人」的恰當言說都會如此錯綜複雜。而任何通過「抹去」其多維度的複雜性來「馴服」這種內在緊張與歧義，並以此來達成透明一致的「中國」的概念界定行動，都會引起高度的爭議，並總是會遭遇部分歷史證據的質疑。「誰是我們的敵人，誰是我們的朋友」的確是文化政治的首要問題，但或許更爲根本的問題是：「誰是我們？」

　　「辨明敵友」與「自我理解」始終處在彼此生成的互構關係之中。但前者只是局部地建構了後者，因此後者是更爲基本的問題。如果只是以敵我決斷意識（特別是僅限於對當下而非歷史的敵我判斷）來界定自我，會造成單向度的自我理解。這突出地體現在某種「戰鬥性的民族主義」論述之中：以民族國家爲基本框架、以強國夢（從「救亡圖存」到「尋求富強」）爲基本路線，呼喚「英雄國家」，主張「與西方有條件的決裂」[6]。在某種意義上，這是以中國爲本位，確立中國主體性立場的行動，當然是中國之自我理解的一個不可抹

6　參見最近的一本暢銷書：宋曉軍、王小東、黃紀蘇、宋強、劉仰，
　　《中國不高興：大時代大目標及我們的內憂外患》（南京：江蘇人
　　民出版社，2009）。

去的維度。但是，在另一種維度（下文將談及）的視野中，這種版本的強國夢又陷入一種相當非中國的形態，因爲其對抗西方霸權的理念與方式恰恰受到「對手」的塑造——是在西方的西伐利亞體系中，接受西方的「實力政治」（*realpolitik*）與「強權即正義」的信條，肯認西方（粗鄙的）社會達爾文主義的生存競爭法則。

　　這裡的悖論性邏輯是：爲救亡圖存我們曾經積極學習西方，卻遭遇了「老師打學生」的困境。但終於「學生」強大起來了，可以與老師「對峙」，甚至可以反過來打霸道的「老師」。但打來打去終於打成了一片——我們以對抗的方式更深地與「敵人」同化，使整個世界更徹底地捲入「西方近代文明」（其實是其野蠻版本的）體系。這樣一種強國規劃，如果失敗則是一場災難，即便成功也談不上是走向了「中華文明的復興」，而是在同樣的棋局內更換了選手——中國人登上世界舞臺的中心，上演的卻仍舊是「西洋大戲」，代替西方人成爲「西方（野蠻）文明」的傳人。正是在這個意義上，施特勞斯並不關心所謂「西方的沒落」（因爲這根本不是現代性危機的要點所在）。在他看來，如果西方只是在實力上被打敗，那麼「西方可以帶著確定無疑的目標而光榮地走下歷史舞臺」[7]。言下之意，現代西方的勢力即便衰落，而其「現代精神」仍然在世界發揚光大，也就仍然在現代性危機之中。（因此，即便對那些並不在乎文化是否被「西方化」的人而言，或許仍然需要在乎是否被「野蠻化」。）

　　必須澄清指出，「主權性的中國」是「主體性的中國」的歷史構成的一部分。因此，對於中國的自我理解來說，強國夢是不可抹去的一個維度，其進程也未必會按照「越是反抗西方就越是淪陷於

7　列奧‧施特勞斯，《蘇格拉底問題與現代性》（彭磊、丁耘譯）（北京：華夏出版社，2008），頁4。

西方」的悖論性邏輯展開，解決這種悖論也當然不是在主權意義上自甘弱小。但要避免「強大」走向「野蠻」的可能趨勢，要擺脫以野蠻抗拒野蠻的悖論，需要嚴肅地思考，我們甘願為富強付出多少文明的代價。實際上，個別敏銳的「強國夢」論者(比如《中國不高興》的作者之一黃紀蘇)對此是有所警覺的[8]。或許，先「強大」後「文明」或者先「西方化」再「脫西方化」，似乎是不得已的策略選擇。我的思慮僅僅在於：如果對「強國」的理解和想像如此深刻地受制於物質主義和實力政治的視野，那麼這種強國策略對於未來——無論是特殊的還是普世的——中華文明的創造，將具有不可低估的破壞性的型塑力量，它無助於我們擺脫那種宰制性的同質化的現代性方案，無助於尋求現代文明的另類可能方案。

就文明自覺而言，我們不能僅僅在「實存之中國人」的意義上來理解「中國」(凡是「中國人的」無疑就是「中國的」)。正是出於這種敏感，張祥龍教授指出，「不少人有這樣一個幻覺，以為只要中國還在，中國人還在，普通話還在，關於中國的學問和文化遺產還在，中國的傳統文化就還安安穩穩地存在著，甚至是發展著……。」在此，他表達了「強國夢」與「中國夢」之間的緊張，將「改革的困境」診斷為「圖強力而放斯文」，並且不無憂慮地發出警告：「中國傳統文化的活生生的存在，幾乎快要消失了，中國傳統文化的主流正面臨斷子絕孫、無以為繼的重大危機。」[9]這樣一種論述是在傳統文明維度上來界定中國，認為如果中國的傳統文化在現代化進程中瀕臨危機，那麼「強國夢」就沒有圓滿我們的「中

8　參見對黃紀蘇的訪談：〈什麼樣的世界，什麼樣的中國〉，《新民週刊》，2009年3月31日。

9　張祥龍，〈中國傳統文化的危機〉(http://211.100.5.19/forum/list.jsp?forum=8)。

國夢」。類似的憂慮與關切促成了近年來所謂中國文化保守主義的
興起。將中國傳統文化(特別是儒家文化)的獨特性理解爲「中國之
所以爲中國」的界定性特徵,這也是中國之自我理解的重要維度。
許多文化保守主義者並非主張簡單地「復古」,而是尋求在現代境
遇中重新復活中國文化特有的精神力量。以「古代之良藥」醫治「現
代之頑疾」,對於現代人的道德與價值困境特別具有針對性。而從
世界文明發展的角度來看,關切文化生態的多樣性,警惕同質性的
全球化,都是值得稱道的文化努力。

　　然而,文化保守主義也必將面對所謂「古今之爭」的難題。在
實踐層面上,重要的問題是如何面對現代世界的多元主義事實:是
(像西方自由主義那樣)將人們對於善的觀念的「合理分歧」作爲事
實前提接受下來,並以此作爲起點展開「教化」?還是將這種多元
分歧本身看作是不可接受的、必須消除的現代性病症?中國的文化
保守主義似乎需要一個「決斷」。無論做出何種選擇,仍然會遭遇
諸多的困難。如果儒家教義對現代性的妥協或調和過多,有可能喪
失其獨特的道德精髓,即便到處聽聞四書五經朗朗誦讀聲,也多半
是現代人附庸風雅的文化妝點。相反地,如果固執於儒家文化的整
體性保全(因爲有論者認爲,這本來是一個不可分割的整體),而遵
從「儒教原教旨」,那麼三綱五常如何可能在政治上抗衡、改造或
吸收現代(無論何種)民主制度?另一個思想史的問題也具有實踐的
挑戰性,從孔孟到當代新儒家,儒家教義發生了種種流變,何爲正
宗?最後,也是最困難的,現代中國人經歷了各種外來文化的洗禮,
爲何要做一個儒家的信徒?數典忘祖之類的指責或許有力,或許無
力。對於某些「現代人」來說,所謂中國人,「說中國話吃中國菜」
就足夠了,至於道德與精神歸宿,「世界上好的東西很多」,何必
非儒家不可?我所疑慮的仍然是:以「傳統文明」之特質來「馴服」

內在於中國自我理解的各種緊張與歧義，這在根本上是否可能？當
然，中國的文化保守主義者中睿智者眾多，一定意識到所有這些問
題和困難，也一定做出了我所未聞的回應與規劃。

　　值得注意的是，另一種表面相似、實際上卻相當不同的保守主
義論述正在呈現。在青年學人陳贇最近的論述中，我們看到了一種
「新的綜合」的雛形，力圖在「古今中外」的雙重視域中，尋求大
格局、大氣象的超越與打通。〈天下思想與現代性的中國之路〉雖
然是一篇論綱，但已經表現出作者對「中國問題」、「中國思想」
與「中國道路」的獨到、敏銳而深刻的把握：

> 真正面對中國問題，並不是讓當今以及未來世代的中國人，去
> 擔負傳統意義上的中國道統，成為傳統中國道統在當今時代的
> 生命載體。在最根本的意義上，中國問題是當代與未來世代中
> 國人的自由幸福與文明教養的問題。……但這並不意味著它與
> 作為文化型態的中國的徹底分離，作為文化型態的中國與族群
> 總體的中國在中國問題中同樣會發生一種彙聚關係，族群的中
> 國需要文化的中國來確立鞏固自身的族群特性。[10]

　　陳贇的文章是重新開啟中國之自我理解的思想努力。儒家關鍵
語詞「天下」與「君子」在論述中佔據核心位置，但卻是在更為開
闊的境域中獲得了新的豐富內涵。作者注意到多重維度上的辯證性
關聯：歷史、當下與未來，生活實踐、制度與文明形態，國民與君
子，民族國家與天下觀，中國與西方，古代理想與現代性境遇，傳

10　陳贇，〈天下思想與現代性的中國之路〉，《思想與文化（第八輯）》
　　（楊國榮編）（上海：華東師範大學出版社，2008），頁38。

統的特殊性與普世主義等等。既不忽視相互之間的緊張，又闡發彼此融貫打通的可能性，將天下思想轉化為一種具有現代活力的道德精神力量，重新發現與建構中國道路。也許，作為一篇宏大的論綱，仍然有許多問題有待展開討論，特別是「自由幸福與文明教養」與「天下理想」是否總是可以相容共達的問題，仍然有待細部處理。但無論如何，這是一種具有高度文化自覺與理論反思意識的論述，是更值得認真對待的思路。雖然，以天下思想作通觀的取向未必獲得廣泛的認同，但在我看來，無論從什麼立場出發，無論以何種思想資源為主要依託，在思考中國之自我理解與未來文明創造的大問題上，都不能不處理同樣廣泛而複雜的多重維度，都同樣需要在生命實踐、制度安排與精神文明之間建構互為支援的積極關係。

中國之反思性的自我理解，應當始於對中國做歷史化與問題化的再思考，但並不指向破碎化的自我解構，並不終結於將中國作虛無化理解，而是主張將積極的自我肯認建基於複雜而具有內在緊張的「歷史—未來」與「理論—實踐」等關係維度中的認識。如果在充分展開複雜的反思之前，急於界定一個絕對的、透明的和一致的「主體性」，那麼反而會導致自我的虛無化。歧義與多樣性並不直接導致虛無，兩者之間必須經由一個（錯誤的）對絕對純粹性的形而上學假設作為邏輯仲介。正是在這個意義上，「形而上學才是虛無主義的根源」，我們再次與尼采的洞見不期而遇。

中國範式的艱難確立

中國學術主體性之確立，首先需要面對一個重要問題：如何終結中國思想對西方理論的依附狀態。近20年來，一種批判話語在中國學術界成長，從邊緣走向中心，成為一種主流敘事，甚至演變成

一種新的陳詞濫調。這種批判話語有許多不同的表述版本，但大體可以概括爲如下主張：中國學術界的許多學者，一直在套用西方的範式、理論、概念和方法，用來理解和解釋中國的傳統和現實。但這種移植套用在雙重意義上是錯誤的。首先，它在知識論上是一種語境誤置：將西方的特殊理論錯誤地上升爲普遍有效的理論，再應用於中國特殊的語境與條件之中。這不僅無法對中國經驗提供有效的解釋，反而削足適履地遮蔽與扭曲了我們獨特的經驗。其次，它在倫理意義上是一種文化帝國主義：將多種異質文明的空間性，錯誤地轉換爲(貌似普世的)同質文明的時間性，由此將中國文明置於西方文明(世界歷史)進程的低級階段。由這種批判論述得出的一個自然推論是：中國應該尋找自己的方式來理解自身的歷史與現實。於是，「中國範式」成爲一個呼之欲出的目標。

　　至少在原則上，大多數中國學者都會同意這種批判論述的正當性，也都會同意不應當在中國的研究中簡單地移植和套用西方的理論與方法。但是更困難的問題是：「中國自己的範式」究竟是什麼？說得直白一些，在當代研究中，我們至今爲止尚未見證過任何獨立於西方理論、概念和方法的「中國範式」。甚至，上述這種反「西方中心論」的批判話語，本身就是西方學界的一種主流論述。甚至，(鄧正來使用的)諸如「主權性中國」和「主體性中國」這樣的語詞，都閃動著格勞休斯與黑格爾的概念影子。究竟是什麼妨礙了我們達成中國學術的自主性？

　　也許，我們需要更好的耐心。但也許，我們之所以無法在學術上根本擺脫西方、難以建構純粹的「中國範式」，是因爲所謂「西方」已經內在於我們的存在經驗，已經成爲我們生活形式的構成性部分。如果對此沒有足夠自覺的把握，那麼反西方中心論的批判話語並不能天然地轉化爲一種積極的、具有生產性的理論力量，反而

可能耗盡其批判性潛力，蛻變爲一種非反思性的指控，一種容易讓人熟視無睹的陳詞濫調。

　　比如，我們已經讀到過難以計數的批判文章，抨擊西方的人權、自由和民主之類「空洞而虛僞」的口號在中國的「大行其道」。但令人驚訝的是，這種理應出於歷史和語境敏感的批判，卻從未對此類西方話語爲何在中國流行做出任何具有說服力的解釋，從未展開有深度的歷史化和語境化的分析。相反，我們常常讀到的是粗鄙的「洗腦論」：這些西方觀念的流行無非是少數「右翼精英」（或出於愚昧無知，或因爲居心叵測）對大眾的煽動和誤導而已。因爲據說「大眾是愚昧」的，他們可以完全拋開自己的生命體驗和生活經驗被人洗腦。同樣令人注目的是另一種立場相反的「洗腦論」：當共和國最初30年的社會主義理念在當下的民眾中出現「回暖」甚至「強勁復蘇」趨勢，也往往被粗暴地看作「洗腦」的結果：無非是某些「左派精英」（或出於狂熱的幻想，或因爲用心不良）對大眾進行煽動與誤導所致。同樣的「洗腦論」也見諸對儒家文化保守主義在民間崛起的推測。

　　任何一種思想或理念，如果無法與人們的生命體驗和生活經驗發生最低限度的對應契合，那麼就根本不可能成爲「社會流行現象」。對意識形態的批判仍然是可能和可爲的，但有效批判的前提是，對這些現象做出類似於譜系學和效果歷史的分析——去發現、闡釋和回答：某種特定的思想或觀念如何在歷史進程中與人們的實踐經驗發生遭遇？又如何爲經驗提供了得以被理解（或誤解）的認知框架、得以被表達的話語模式？其特定的社會條件爲何？這些認知框架和話語模式又在何種意義上遮蔽和阻礙了經驗獲得更真實、充分和恰當的理解與表達？等等。如果缺乏諸如此類的複雜而細緻的反思性工作，那麼批判話語將蛻變爲簡單的批判姿態，一種缺乏思

維品質的文藝腔。

　　類似地，在對學術本土性的訴求中，援用源自西方的語詞概念，常常被指責為用外來的翻譯語言錯誤描述本土經驗，而更嚴重的問題是，語詞會反過來塑造我們的經驗，於是我們的本土經驗被翻譯語言所左右，變得面目全非，喪失了自己。這類批評本身蘊涵著某種反思性的指向，但卻從未認真反思過：翻譯語言得以流行的歷史與社會條件是什麼？為什麼有些外來語詞流傳下來、另一些變則得無聲無息？究竟何為本土經驗？以及何為純正的本土語言？中國古代語言用於中國的現代經驗在何種意義上不算是「翻譯」？為什麼「本土語言」就天然地更適於描述「本土經驗」？所有這些問題都不是自明的，也不會在一個簡單的指責中消失。

　　反思性批判的困難在於自我指涉的困境——反思必須有一個立足點，而立足點本身也可能轉變為更高階反思的物件。於是，反思活動可能會導致無窮後退。但正如亞里斯多德所言，所有的思考必須有一個始點或本原——「是一種在其充分顯現之後，就不須再問為什麼的東西」[11]。維特根斯坦也指出：我們必須從「起點」開始，而不是從更早開始。而這個「起點」存在於他所謂的「生活形式」，存在於構成了「我們之所是」的「共同視域」，或者查理斯・泰勒所謂的「無可逃離的視域」。

　　當今的中國，由於存積了錯綜複雜的歷史痕跡，明確什麼是始點或本原或許格外艱巨而困難。對於尋求我們共同的起點，我能想到的可能性線索，仍然是（或許相當無力的）平等尊重與同情理解中的「對話」。反思性的集體努力要求一種平等的對話。對話不只是

11　亞里斯多德，《尼各馬科倫理學》（苗力田譯）（北京：中國社科出版社，1999），頁6。

通情達理的「理解差異」，也包含競爭、對抗與批判的品格。但這
不意味著將自我一方最豐富和精緻的論述，來對抗分歧的另一方最
簡單和粗糙的論述。因為這無助於改善彼此的知識與理解，也就無
從改變分歧的格局。最終，有效的對話可能轉變既有的分裂格局。
當然，另一種「轉變」的選項永遠是可能的，甚至更為有力和有效：
那就是馴服，壓制，乃至於剷除異端。但問題是，你永遠不知道最
終究竟誰會淪為異端。中國問題的困難在於，我們需要在形形色色
的意見中，在多重維度的經驗中，發現或塑造我們共同的視域。對
此，我完全沒有確切的答案，仍然處在思慮之中。而每當聽聞「先
知」般的豪言壯語，會讓我深為愧疚，也變得更為思慮。

劉擎，華東師範大學中國現代思想文化研究所研究員，歷史系教
授。著有《懸而未決的時刻：現代性論域中的西方思想》及《聲東
擊西》，譯有《以賽亞‧伯林的遺產》和《言論自由的反諷》等。

啓蒙主體理性的興衰：

阿多諾與中國（後）現代性

楊小濱

> 對進步力量的適應推動了權力的演進。
>
> ——阿多諾，《啓蒙辯證法》

> 主體的真正無能反映在它的精神全能上。
>
> ——阿多諾，《否定的辯證法》

阿多諾是20世紀文化世界最爲奇異而無法界定的思想者。當他在頌揚現代主義的時候，他預示了後現代主義的到來；當他在批判啓蒙的時候，他深陷於烏托邦的絕望夢想之中；當他在論說歐美的文化狀態時，他同時觸及了東方的現代境遇。阿多諾總是出現在他不在的地方，正如他不經意地出現在中國，一個他從未造訪過的國度。但是，我想指出的是，阿多諾可能比他的同時代人，特別是那些東方學專家們，涉及到更多的關於中國的真理。

因此，我把阿多諾的理論置於中國的文化歷史語境內加以討論，希望不會讓人感到太多的錯愕。不錯，阿多諾並不是一個熱衷於談論東方的人。不過這似乎並不妨礙我們在他的言辭中發現打開中國（後）現代性大門的鑰匙，尤其是因爲，20世紀中國的現代性是全球現代性的一部分，現代中國的歷史在很大程度上同西方的現代

(性)歷史存在著同構性，中國現代歷史上的啓蒙在很大程度上追隨
了西方的各種社會、文化和思想模式。正是基於這樣的理解，我們
可以發現，阿多諾對西方現代性的論述，同現代中國的文化狀態存
在著密切相應的關系。

五四啓蒙及其自反性

也許我們應該先確定一下「現代性」的含義。我所說的現代性
並不是美學或者藝術上的現代主義。這裡的現代性更接近於阿多諾
意義上的啓蒙理性，是那種試圖把人類從古典的、傳統的、神話的
以及一切前現代的境遇中解放出來的社會文化觀念。應該說，中國
19世紀中後期以來知識分子的歷史想像，正是西方現代性模式的東
方變奏。中國的現代性，以五四新文化運動所倡導的爲典型與高潮，
挪用了西方啓蒙理性的文明準則，激發了中國歷史上巨大的社會變
革。

這樣的變革在多大程度上是與傳統文化的決裂？在多大程度上
又是對它的延續？這是本文首先試圖探討的。也許我們可以先插入
一段出現在阿多諾著作中的爲數不多的涉及中國的內容。在《啓蒙
辯證法》裡，阿多諾引用了一段尼采，也許可以作爲我的理論起點。
阿多諾認爲尼采洞察了啓蒙的辯證法，因爲尼采一方面看到了能夠
使王者和政要們除幻的啓蒙，另一方面也看到了「啓蒙從來就是『偉
大的政術家（中國的孔子、羅馬帝國、拿破侖、教皇，當它有關政權
而不是世界的時候）』的工具……在這方面，民眾被欺騙的方式，比
如在所有的民主政體中，是非常有用的：對人類的馴服和簡化被歡

呼成『進步！』」[1]。在這裡，阿多諾所引用的尼采把孔子以及其他古典政治代表看作啟蒙理念的政治家，並且尖銳地指出了這種啟蒙精神的工具性和欺騙性。

有趣的是，孔子的學說恰恰是中國20世紀的啟蒙者們所要拋棄的，當然不是作為啟蒙的先行者，而是作為腐朽傳統的代表。但是，在「打倒孔家店」的口號背後所蘊含的歷史目的論，卻並不是純粹的舶來品。可以說，儒家的「大同」思想一直是中國現代性的內在基礎。尤其是19世紀末康有為受《禮記‧禮運篇》啟發而闡發的大同理論，為五四新文化運動提供了理論上的鋪墊。

我想要指出的是，《禮記‧禮運篇》的烏托邦構想是以某種理性秩序（所謂的「禮之序」）為基礎的。也就是說，用某種理性秩序作為社會的終極目標，本來就是中國傳統文化的要義。而這種理性秩序的提出，在很大程度上是為了矯正當時社會的頹敗，從社會功能上來看，也是以啟蒙和拯救為目的的。另一方面，當然，這種古典的理性秩序，是以犧牲感性為代價的。建立「禮之序」的同時，先哲們並沒有忘記「治人情」（喜怒哀懼愛惡欲）。這也正是《啟蒙辯證法》中所揭示的社會對自然的控制。「非禮勿視，非禮勿聽」，孔子的教誨同奧德賽的精神是完全一致的：為了實現社會的目標，個人必須壓抑自身的自然欲望。

除了尼采之外，一些西方學者對儒家同啟蒙精神的聯繫也做過深入的闡述。美國漢學家克里爾很早就指出，「啟蒙哲學與儒家思想有相當的相似性」[2]。其實，任何讀過伏爾泰著作的人都會驚訝於

---

1 Max Horkheimer and Theodor W. Adorno, *Dialectic of Enlightenment*, trans. John Cumming（New York：Herder and Herder, 1972）, 44.

2 H. G. Creel, *Confucius: The Man and the Myth*（New York：John Day, 1949）, 254.

他對儒家學說的讚美，似乎儒家的德治主義成爲了法國啓蒙思想的源泉。在《哲學辭典》中，伏爾泰敏銳地指出了儒家思想的理性向度：「中國的儒教是令人欽佩的。毫無迷信，毫無荒誕不經的傳說，更沒有那種蔑視理性和自然的教條」[3]。在《風俗論》中，他一一反駁了各種對中國傳統政治體制與宗教文化的指責，認爲孔子的「倫理學跟愛比克泰德的倫理學一樣純粹，一樣嚴格，同時也一樣合乎人情。……世界上曾有過的最幸福、最可敬的時代，就是奉行孔子的律法的時代。」[4]伏爾泰的《中國孤兒》以「五幕儒家倫理」爲副標題，對中國傳統的道德、政治和法律加以全面的推崇。如果說對中國體制的武斷讚美並不能代表伏爾泰全部的政治思想，那麼他對中國傳統道德的宣揚一方面暴露出啓蒙思想本身所包含的非進步性（比如，伏爾泰甚至對中國的一夫多妻制給予首肯），另一方面也揭示了儒家文化與現代理性之間的隱秘聯繫。

徐懋庸在把五四運動的魯迅比作啓蒙運動的伏爾泰（這個比喻似乎被後人不斷重複）時，當然並沒有意識到伏爾泰的儒家情結和魯迅的反孔精神之間的衝突。這樣的類比或許是基於二者在偶像破壞上的相似作用，卻也無意中揭示了偶像破壞行動所可能具有的反諷意味。也就是說，五四對西方啓蒙運動的繼承或挪用，可能還包括了另一個方面的問題：在推翻某種體系的背後，是否潛藏著對這種體系的原初的回歸？

列文森以爲五四的思想者們只是在情感上依賴中國傳統。我想說的是，五四新文化運動所要推翻的體系，在某種程度上又潛入了它所要建立的體系中。現代性的諸多概念甚至從根本上就來自於中

3　伏爾泰，《哲學辭典》（北京：商務印書館，1991），頁331。
4　伏爾泰，《風俗論》（北京：商務印書館，1995），頁219。

國傳統的哲學思想。比如現代性的目的論，那種作爲終極社會理想和完美世界想像基礎的哲學本體論，就同傳統哲學中的道和太極的一元論觀念有相當的關係。雖然這有對中國古典哲學簡單化解釋之嫌，但是這樣的簡單化，似乎正是影響了現代性的實踐者們的因素。

　　而社會進化論的觀念，在陳獨秀〈一九一六年〉一文中最早闡述的時候，幾乎是《周易》的現代譯本。他認爲人類歷史「新陳代謝，如水之逝，如矢之行，時時相續，時時變異」[5]。這和《易傳》中的「變動不居，周流六虛，上下無常，剛柔相易，不可爲典要，唯變所適」以及「生生不已謂之易」的思路是極爲契合的。甚至「革命」一詞本身就來自於《易傳》（經由日文對西文的翻譯）：「天地革而四時成。湯武革命，順乎天而應乎人。革之時，大矣哉。」

　　那麼，借用《啓蒙辯證法》的話來說，中國現代性的問題是：傳統已經是現代性，而現代性又返回了傳統。作爲現代性的犧牲品的傳統，反過來成爲現代性自身的產物。正如傳統已經實現了現代性，現代性在每一步上都深深陷入了傳統之中。五四啓蒙運動的手段之一似乎是清除儒家禮教思想的桎梏，然而，從某種意義上來說，五四啓蒙運動承繼了儒家理性傳統的社會功能。晚近的儒學研究越來越承認儒家傳統與現代性的關係，比如認爲「儒家的理性主義與近現代的理性化要求無疑有相近之處」[6]。從根本上來說，五四啓蒙也是要建立一套新的社會規範（雖然孔子要建立的是一套復古的規範，但也是要取代現存的形態）。可以說五四思想者們對社會救贖的願望，來自於儒家的根深蒂固的傳統之中。一種推翻儒家傳統的欲望，恰恰來自儒家傳統裡文人學士對社會關懷的歷史使命感，像孟

5　陳獨秀，《獨秀文存（卷一）》（上海：亞東圖書館，1934），頁41。
6　楊國榮，《善的歷程》（上海：上海人民出版社，1994），頁370。

子式的「自任以天下之重」、「方今天下舍我其誰」的精神，以及
曾子式的「士不可以不弘毅，任重而道遠」的精神。

　　在西方啓蒙主義的影響下，新文化運動所鼓吹的理，當然往往
以科學主義的面貌出現。陳獨秀在〈新文化運動是什麼〉中呼籲中
國人應受「科學的洗禮」[7]，胡適在〈五十年來之世界哲學〉中認爲，
「人類今日最大的責任與需要是把科學方法運用到人生問題上去」
[8]。科學對禮教的推翻卻承繼了禮教的社會功能：科學主義確定了量
化的原則，而這正是阿多諾所不遺餘力地批判的那種工具理性。

　　對個性解放的張揚，在新文化運動的法典裡仍然囿於對某種
「理」（雖然不是「禮」）的依附上。比如胡適在〈非個人主義的新
生活〉一文中所說的個人主義的特性之二，竟然是「只認得真理，
不認得個人利害」[9]。對於絕對真理的簡單確信成爲拯救社會的基
礎。然而，正如霍克海默和阿多諾所指出的，一種啓蒙原則下的永
恆理性作爲社會整體的基礎，「必然導致對個別的殺戮」[10]。也可
以說，五四啓蒙思想中基於一種普遍理性的個人主義理念，最終引
向了個體性的泯滅。比如，丁文江就提出，人類的心理過程都是「由
知覺而生概念，由概念而生推論」，因而「其性質都是相同的」，
真正的人生觀必須用科學「摒除個人的主觀成見」[11]。這樣，現代
性的原則就成爲一種等同原則，個體成爲抽象的個體，個別被同一

7　陳仲甫（陳獨秀），〈新文化運動是什麼〉，見張若英編《中國新文
　　學運動史資料》（上海：光明書局，1934），頁2。

8　胡適，《胡適文存（第二集）》（台北：遠東圖書公司，1985），頁309。

9　胡適，《胡適文存（第一集）》（台北：遠東圖書公司，1985），頁744。

10　*Dialectic of Enlightenment*, 20.

11　丁文江，〈玄學與科學：評張君勱的「人生觀」〉，見張君勱，《科
　　學與人生觀》（台北：問學出版社，1977），頁23。

性所吞噬。如霍克海默和阿多諾所言，「最終，認知的超驗主體顯然作爲對主體性的最後回憶被拋棄了，由平滑得多的自動控制機能所替代」[12]，「主體理性所顯示的勝利，將一切現實都置於邏輯形式主義之下，所得到的結果無非是理性對既予現實的歸順臣服」[13]。用這種科學理性來控制外在和內在的自然，中國的啓蒙現代性同樣走向了它的反面。

啓蒙：超驗主體與同一性的修辭

　　中國現代性中對於普遍真理的熱愛，不能不說是西方啓蒙思想和中國傳統思想所共同塑造的。也可以說，古典的現代性在啓蒙的現代性身上轉世再生。中國古典哲學的道既指涉了真理又指涉了真理的話語。「朝聞道，夕死可矣！」：普遍真理始終被看作是值得用生命去換取的東西。首先，它是能夠被聽到的，也就是說，可以被語言所表達的。另一方面，這種形而上的道可以從「天道」社會化爲「人道」，甚至可以內在化爲「道心」，成爲倫理的主體。

　　從很大程度上說，前現代時期的社會主體（人道）和倫理主體（道心）同自然主體（天道）相應，成爲中國現代性的隱秘動力。以清除前現代狀態爲目的的現代性的理性主體，不幸再度和前現代的社會與倫理主體一樣，成爲個體性的對立面，成爲啓蒙思想中的極權主義的因素。對於阿多諾來說，那種同一化的、絕對的理性主體，恰恰體現了啓蒙對主體的壓制。

　　中國現代性語境下的理性主體，可以看作是訴諸社會歷史普遍

12　Dialectic of Enlightenment, 30.

13　同上, 26.

性的一種超驗主體。阿多諾把超驗主體看作資產階級社會抽象交換
原則的體現，它的本質是一種功能性。可以說，它代表了意識的抽
象，勞動的抽象，同時也代表了話語的抽象。在這裡，我想以二十
世紀中國現代文學爲例，考察啓蒙的理性主體如何走向一種具有壓
制性的話語功能。現代中國文學的幻覺在於：主體是能夠全面、整
體地表達客體的。似乎主體的功能就是這樣一種功能，同一性的功
能。五四文學傳統承襲了儒家的「文以載道」、「詩言志」和「興
觀群怨」的傳統，是一種有社會責任感、使命感的超驗主體的文學
傳統。工具理性在這裡表現爲：個別的客體被主體強行規定了抽象
性，剝奪了它自然狀態下的具體多樣，來表達某種理性觀念。胡適
在〈嘗試集自序〉中宣稱：用白話文創作文學作品的目的，是使文
學語言「可以用來做新思想新精神的運輸品」[14]。而蔡元培也在總
結五四新文學的《中國新文學大系》〈總序〉裡說：「爲什麼改革
思想，一定要牽涉到文學上？這因爲文學是傳導思想的工具」[15]。
這樣，同一性被強行施加在語言與真理／真實之間，那怕這種虛擬
的客觀真實，實際上仍然是主觀的「真理」或「理」。

　　我們可以從最經典的現代中國作家身上來考察文學話語中的主
體性。主流的中國現代文學，往往隱含了一個全知的、操縱性的話
語主體，它的效果存在於對讀者的心理定向上。我們從典律化的中
國現代文學中就可以清楚地看到這一點。比如在茅盾《子夜》的一
開始，就有「軟風一陣一陣地吹上人面」、「炒豆似的銅鼓聲最分
明，也最叫人興奮」、「叫人猛一驚的，是高高地裝在一所洋房頂

14　胡適，〈嘗試集自序〉，見《胡適文選》（台北：遠流出版公司，
　　1986），頁174。

15　蔡元培，〈總序〉，見《中國新文學大系》第一集，《建設理論集》
　　（上海：良友圖書公司，1935），頁9。

上而且異常龐大的霓虹電管廣告」[16]。這樣的語句，用暗含的全知敘事主體來規定或界定所描述的情景和事件。吹上誰的「人面」？叫誰「興奮」？叫誰「猛一驚」？接著，「一望而知是頤指氣使慣了的『大亨』」[17]，又是誰「望」了，誰「知」了？隱秘的敘事主體操縱著小說話語的根本意旨。作者用「叫人猛一驚」來規定「霓虹電管廣告」，以此界定商業社會的心理衝擊作用。然而正是這種界定方式把具體的事物抽象化為一種效應，事物的客觀的可感性，被減縮為「一驚」這樣對應於某種普遍社會狀態的普遍的主觀心理狀態。而對某個「大亨」的「頤指氣使」的負面定位，更是無法掩飾作者的主觀介入，「一望而知」的主體不是別人，正是作者，或敘事者本人。

主流的中國現代文學寫作是一種目的論的寫作，作者的意圖被直接明顯地輸入到作品的語言操作的表層，成為語言工具的最終執行者和意義的嚮導。這裡所指的，恰恰是那些被認為是寫實主義的茅盾和老舍等。捷克漢學家普實克誤認為茅盾把「作者本人的聲音徹底地排除在敘述之外」，敘述者嚴格「執行著照相機鏡頭或者精確的記錄儀器的功能」[18]。事實上，茅盾的敘述方式極大地納入了作者的主觀意念，這和中國現代文學的主流模式並無二致，是中國文學現代性的典型表現。茅盾的另一部長篇《虹》如此抽象地刻劃了女主人公梅女士：「她是不平凡的女兒，她是虹一樣的人物，然而她始願何嘗及此，又何嘗樂於如此，她只是因時制變地用戰士的精神往前衝！她的特性是『往前衝』！她唯一的野心是征服環境，

---

16 茅盾，《子夜》（北京：人民文學出版社，1977），頁1。

17 同上，頁2。

18 Jaroslav Průšek, *The Lyrical and the Epic: Studies of Modern Chinese Literature* (Bloomington: Indiana University Press, 1980), 123-124.

征服命運！幾年來她唯一的目的是克制自己濃鬱的女性和更濃郁的
母性！」[19]這裡，人物幾乎成爲理性寫作主體的傳聲筒，後者強制
性地把客觀事物抽象化爲主體的觀念。試圖用科學精確的語言來剪
裁多樣和自然的客體，結果便不是具體可感的客體，不是「個」而
是抽象的「類」。這樣，文學話語將自然的東西社會歷史化了。而
在這種社會歷史化的過程中，文學話語將客觀現實同一化到一種先
在的歷史真理框架中去了。因爲五四啓蒙的現代性傳統就是要建立
一套新的理念規範，「載道」的方式就是通過這種超驗主體的功能
來實現的。

　　基於啓蒙話語對人的主體性的充份肯定，五四以來現代文學的
主導模式便成爲主體意念的絕對呈現，主體對現實或歷史客體的強
行同一，成爲歷史發展的形式要素之一。這樣，歷史理性就同再現
理性完美地結合在一起：首先是文本的、能指的再現一定同一於現
實的、所指的意念，其次這種意念又必然同一於人類社會或生存的
邏輯化進程。文學實踐的歷史意味就在於敘事或抒情的無限能力，
它在自我意識之外推動了歷史化的過程。可以看出，超驗的理性主
體正是現代中國文學的最強大的推動力，不管是社會性地展示爲歷
史一幕、還是情感化地把自我的經歷聯結到民族的普遍命運中去。

　　許多現代文學經典，充滿了話語主體對現實客體的武斷徵用。
巴金的《家》是一個最突出的例子，儘管作者的聲音不時由人物的
聲音所代替，他們互相評點(覺新說：「三弟……是一個人道主義
者」；覺民說：「琴真是一個勇敢的女子」)或自我估價(琴說：「我
更應該奮鬥，我的處境比你們更困難」)，總結歷史(琴說：「我知
道任何改革的成功，都需要不少的犧牲做代價」)，指點江山(覺慧

19　茅盾，《虹》(成都：四川人民出版社，1981)，頁3。

說：「我們四川社會裡衛道的人太多了。他們的勢力還很大」），等
等[20]。無限龐大的主體對真理的匆忙確認，使得它無法看到自身的
陷阱，無法察覺這種強制的同一性內部的非同一性。正如阿多諾所
說，「主體急迫的自我提升是對它無能經驗的一種反應，阻礙了自
我反思。絕對的意識是無意識」[21]。

　　這樣強制的主體性，在1960-70年代的文學中達到了巔峰。比如
文革期間的長篇小說《虹南作戰史》，就有長達連續15頁之多的對
「第一號英雄人物」洪雷聲的直接的思想概述。然而，小說中大量
出現的對創作意圖、作品理念以至作品自身文本的陳述，反而露出
了敘述的破綻。這種現代性的巔峰無疑同時也是現代性的廢墟，成
為先鋒文學(比如馬原的「自反小說」)瓦解同一性主體的起點。這
也就是阿多諾所說的「絕對的意識是無意識」的辯證法。我曾另文
分析過《狂人日記》中第一人稱的絕對主體的譫妄，或者說絕對主
體和反諷主體之間的曖昧。如果說對《狂人日記》的經典閱讀形成
了現代中國文學史的主導，也就是對現代性主體的確立，那麼《狂
人日記》的文本本身所具有的正讀和誤讀的各種可能性，開啟了後
現代主體的先河。

文學後現代：非同一性的主體

　　阿多諾被引用最多的箴言恐怕是：「奧斯維辛之後，詩歌寫作
不再可能」。他的意思當然是說，歷史災難徹底擊碎了完整獨立的、

20　巴金，《家》(北京：人民文學出版社，1978)，頁10-20。

21　Theodor Adorno, *Negative Dialectics*, trans. E. B. Ashton (New York : Seabury Press, 1973), 180.

以抒情詩人爲典型的傳統主體性。1980年代中期以後的中國文學，在經歷了無數的歷史動蕩與災難之後，同樣顯示了這種主體性的瓦解。在中國先鋒文學最早的實踐者之一馬原的小說裡，像〈西海的無帆船〉、〈塗滿古怪圖案的牆壁〉、〈大元和他的寓言〉和〈虛構〉等，我們可以看到對現代性話語無所不在和無所不知的主體的戲仿，暴露出主體本身的裂隙。馬原既自稱是小說的作者，又成爲作品中的人物或敘述的對象之一，對敘述的發展失去控制。在〈西海的無帆船〉裡，甚至小說中的人物跳出來指責作者捏造事實，這樣的敘事策略徹底打亂了敘述的理性邏輯。自相纏繞的「怪圈」錯裂了敘述主體與其客觀的存在，消解了那種被強制的同一性的幻覺。敘述的自我意識不再是超驗主體的自戀，恰恰相反，它意味著主體對自身缺憾的暴露。

　　這樣一種自我錯裂，在不少文學文本裡表現爲話語的顛覆，揭示了理性的主體話語與意義之間的非同一性。阿多諾認爲，「辯證法不外乎是說，客體無法完整無缺地進入概念」[22]，而哲學需要拯救的「概念中的非概念」[23]，正是文學需要揭示的話語中無法抽象爲話語邏輯的事物。在莫言1980年代末以後的作品裡，歷史理性的話語主體每每遭到瓦解。比如《酒國》裡的丁鈎兒作爲深入敵人腹地的偵察員，使我們想起現代文學藝術中偵察英雄的救星形象，卻不但無法拯救世界，反而自己陷入了罪惡中，甚至在小說末尾墜入惡臭的糞池裡。如果傳統的英雄救星因爲「胸有朝陽」而充滿自信，丁鈎兒則甚至失去了確定的目標：「他悵悵地面對夕陽站著，想了好久，也不清楚想了些什麼。」

22　同上, 5.
23　同上, 12.

　　在《酒國》裡，現代性話語的具體運用也陷入了「無法自持」的境遇。例如，對一個腐敗官員的描述，就充滿了現代性話語體系中高昂的、頌詞般的習語，卻因爲誤用和濫用而成爲語言垃圾：

> 那裡的一山一水一草一木都將喚起我們對金副部長的敬仰，一種多麼親切的感情啊。想想吧，就是從這窮困破敗的村莊裡，冉冉升起了一顆照耀酒國的酒星，他的光芒刺著我們的眼睛，使我們熱淚盈眶，心潮澎湃，……童年時期的痛苦與歡樂、愛情與夢想……連篇累牘行雲流水般地湧上他的心頭時，他是一種甚麼樣的精神狀態？他的步態如何？表情如何？走動時先邁左腳還是先邁右腳？邁右腳時左手在甚麼位置上？邁左腳時右手在哪裡？嘴裡有什麼味道、血壓多少？心率快慢？笑的時候露出牙齒還是不露出牙齒？哭的時候鼻子上有沒皺紋？可描可畫的太多太多，腹中文辭太少太少。[24]

　　話語主體在這裡可以說被滑稽化了，同時又由於主體強加理性模式用高度的話語性，使我們在野蠻面前加倍地毛骨悚然，似乎恐懼並不來自野蠻，而是來自話語的過度的理性，它由於過度而成爲非理性。正如阿多諾所說，「哪怕是極其微小的非同一性剩餘物都足以否決被構想爲整體的同一性。體系中的贅生物……顯示出體系自身的虛妄和癲狂」[25]。崇高的頌詞與其對象無法同一，而這並不是作者的憑空捏造，恰恰是現實的荒誕。

　　新近的中國文學作品，繼續從各個角度質疑啓蒙理性及其絕對

24　莫言，《酒國》（台北：洪範書店，1992），頁36-27。
25　Theodor Adorno, *Negative Dialectics*, 22.

話語體系。康赫的長篇《斯巴達》通過描寫一個虛構的南方小鎮梅城的一天的生活場景，呈現出一個主體失落和迷亂的世界。以第九章〈體育館〉爲例，解放和進步的主體話語在人獸競技的背景上變幻爲囈語和胡話，市長的有關「燦爛的文化，顯赫的歷史」[26]的官方演說，被獰厲殘暴的狂歡場面所不時打斷，市民們的非理性言說和獸性行爲與時而插入的準理性言辭，形成了不可調和的反差。一方面是市長對獸界烏托邦的理想描繪——「精煉的牛奶，脆黃的麵包，香醇的美酒，新鮮的蔬菜……生活在光明之中……呼吸新鮮的空氣」[27]，一方面是市民與動物們的獸性表演——先是「百獸之王率先撕開了烏市長的左肋部，接著老虎也毫不示弱地吞下烏市長的一塊肝臟……」[28]，然後「烏市長從鱷魚屁眼裡鑽出，被一群撿破爛者拖到市一醫院院長前面，請他修復肋部，接上肝臟，清除嘴裡的狐狸尿……」[29]，最後是「烏市長的腦袋上蹲著一隻獼猴，腦袋裡蹲著一條響尾蛇……鼻孔裡掛著兩條蚯蚓……他與其他寄生動物一齊誦唱：人類與動物站到了一起。」[30]這裡，康赫通過對西方神話原型的重寫，回應了阿多諾對神話的啓蒙因素的反思（競技同時作爲自由勞動和社會災難），並且使這種重寫成爲當代社會的出色寓言：人類要麼成爲自然的不共戴天的敵人，要麼成爲自然災難本身。康赫的批判的雙刃劍拒絕了「對幸福的允諾」，也拒絕給出理性的答覆，這樣，「藝術通過抵制自身的意義」[31]獲得了人間地獄般的

---

26 康赫，《斯巴達》（福州：海峽文藝出版社，2002），頁468。

27 同上，頁479。

28 同上，頁477。

29 同上，頁478。

30 同上，頁483。

31 Theodor Adorno, *Negative Dialectics*, 15.

力量。在這裡，沒有全知全能的歷史主體或敘述主體能夠提供理性的解釋，超現實的場景瓦解了總體化的行為邏輯。

阿多諾曾經以福科式的視角提出應當「把我們自身沉浸到與觀念異質的事物中去，而不是把事物置入事先構想好的範疇內」[32]。在《斯巴達》中，互為異質的人界與獸界奇異地混雜起來了，人性和獸性摻合在一起，沒有理性主體預設的觀念，沒有可以預見的同一或和諧。所有的觀念都是偏離的觀念，體現了阿多諾所說的概念與事物的非同一性。

對自然的壓制和自然的惡性暴發，是啓蒙理性的不幸結果，似乎也是儒家學說中家庭與國家體系的惡果之一。最後，我想引用阿多諾另一處提到中國的地方，那是在論述馬勒根據中國古典詩譜寫的《大地之歌》時：「涼亭之歌結束在一種蜃景中，令人想起那個中國故事，故事裡的畫家消失在他的畫幅中，一次徒勞而無法去除的抵押。作為一個微縮景觀，這種消失同時也是死亡的出現，其中音樂保持了速朽之物」[33]。我們似乎可以看到，阿多諾所理解的，經由馬勒傳遞的中國美學傳統，與儒家的古典理性傳統相差遙遠。畫家消失在畫幅中的故事，更接近道家的傳統。道家，主要是莊子的原始辯證法，顯然更接近對自然的熱愛，對自然的謙卑，或者說，通過對自然的認可贏得對自然藝術化的契機。藝術對這種契機的把握正如班雅明所說的「抓住那個在危險的瞬間一閃而過的記憶」[34]，

32 同上, 13.

33 Theodor Adorno, *Mahler: A Musical Physiognomy*, trans. Edmund Jephcott (Chicago : University of Chicago Press, 1992), 150.

34 Walter Benjamin, *Illuminations*, trans. H. Zohn. Ed. Hannah Arendt (New York : Schocken Books, 1969), 257.

這也是阿多諾不斷強調的否定的瞬間,而「精神體驗中所謂的主體
與它的客體之間的差異無論如何都不會消失」[35]。

楊小濱,任職於中央研究院文哲所及政治大學台文所。著有《否
定的美學:法蘭克福學派的文藝理論和文化批評》(1995)、《歷史
與修辭》(1999)、*The Chinese Postmodern*(2002)、《中國後現代》
(2009)等。研究興趣在當代華語文學、電影、藝術、文化及當代西
方理論(精神分析、批判理論、後現代主義等)。近年著重以拉岡理
論詮釋當代華語文化,目前集中於當代漢語詩。

---

35 Theodor Adorno, *Negative Dialectics*, 31.

一九四九：交替與再生

三本書的回憶：

豐子愷、黃榮燦、許壽裳

傅月庵

豐子愷：1948

　　9月之後，秋光變明，暑氣漸漸消去。盆地的天空一天比一天湛藍，過不了多久，那種幾近透明的光感，就會出現了。

　　「那年秋天的台北天空，是否也這麼潔淨呢？」我說的那年，是1948年。9月下旬，畫家豐子愷從上海來到了台北。

　　那年，豐子愷正好年滿50，面貌清癯，留著一口著名的山羊鬍子，神態穩重。或許飽受戰亂之苦的緣故，精神雖好，卻略顯老態。這印象，是我從他在台灣所拍的相片中獲得的。

　　豐子愷會到台灣，跟心情有很大的關係。八年抗戰之後，重回故鄉，舊居緣緣堂只剩斷垣殘壁。親友離亂，莫知所蹤。更難過的是，好友朱自清好不容易挨過戰爭，卻在這年8月裡，於貧病交困中過世了。

　　心情不好，可想而知。更大的壓力是面對一天天高漲的物價，謀生大不易，光是張羅家中大大小小七個孩子的生活費用，就夠累的了。此或所以當開明書店的章錫琛章老闆邀請豐子愷一起到台北看看開明分店時，他便答應了。散心之外，他也想去試探遷居南國的可能。女兒豐一吟那年暑假剛從藝專畢業，跟章錫琛家人都很熟，

乃跟著同行。

　　兩家人於是搭乘「太平輪」從基隆上岸，浩浩蕩蕩來到了台北。

　　章家人住進了中山北路一段77號的開明書店台北分店，那是一長排有著洗石子立面的三層洋樓街屋之一，樣式古樸，在台北住久的人，都還留有深刻印象。豐子愷父女則住進轉角巷道內的招待所，中山北路一段大正町五條通7號，這是正式的地址，留存著濃濃的時代過渡味道。照推算，應該在今天中山北路一段83巷內。

　　中山北路東側這一代，與幾個重要官署相近，日治大正時期被闢爲公務員宿舍區，乃取名爲「大正町」。該町規劃係仿照日本京都棋盤式街廓，所以留下了「一條通」直到「九條通」這樣的巷弄名稱。因爲是公務員住宅區，治安出了名的好，戰後國民黨高官一進台北便紛紛搶佔，蔣經國早年便是住在這附近的。

　　10月裡，豐子愷在台北，透過廣播作了一次演講，談「中國藝術」。還在中山堂舉辦過一次畫展。門生故舊陸續來訪，加上新認識的朋友，日子過得倒也熱鬧。晚上，他多半跑到開明書店與章老闆喝酒聊天。豐一吟覺得無聊，不想聽。常一個人留在招待所裡用電爐煮麵吃，有時把保險絲燒斷了，整個房子一片漆黑，把她嚇得躲了起來，豐子愷回來，忙問：「怎麼啦？怎麼啦？」

　　豐子愷一生與煙酒茶結緣，不可一日或離。他在台北，什麼都好，就是喝不慣這裡依然殘留日本遺風的米酒跟紅露酒，爲此傷透了腦筋。當時在台大當文學院長的老友錢歌川家裡存有一罎紹興酒，特別送來書店供養，卻還是解不了癮。人在上海的弟子胡治均得知老師「有難」，急忙又託人帶了兩大罎來，方才稍解了渴。「台灣沒美酒」最後竟成了豐子愷決定不移居台灣的理由。藝術家率真性格，表露無遺。

　　我一直不大相信豐子愷是因爲沒有紹興酒可喝，而不願意搬到

豐子愷的作品《戰時相》

台北的。「語言的隔閡，恐怕也是原因之一吧！」我想。豐子愷初到台北，曾帶著女兒上餐館。父親能吃海鮮但不要豬油，女兒不吃海鮮，豬肉卻要瘦的。兩人跟女服務生比手劃腳講了半天，國台語不通就是不通。豐子愷靈機一動，改用日語，果然一下就講清楚了。「在自己的土地上，竟然要用外國話才能溝通。」他不無感慨地這樣說。

　　語言的問題，一直是個問題。儘管二年前就已經全面禁用日文，人們也樂意學習中文。但75％的日語普及率，卻不是一朝一夕可以改變的。這次慕名來拜訪豐子愷的本省人士，還是少有能用國語與之交談的。甚至聽說，去年2月動亂時，語言還成了判別敵我的一項主要依據。

　　2009年的秋天，我特意來到離家不遠的五條通，企圖尋找昔日

豐子愷父女在台北所留下的點滴遺跡。一個下午裡，我什麼也沒找到。除了從狹窄巷弄仰頭看到的那一方湛藍台北天空，以及整建後早退到二樓的「臺灣開明書店」招牌，再有的話，就是躺在我書桌上那本封面題有「豐子愷卅七年十一月台北」字樣的簽名本《戰時相》。

黃榮燦：1945-1952

「大家都走了，他爲何不走？兩人碰到面了嗎？」我想起的是另一本書，另一個人。

今年春天，偶然緣遇了幾百本罕見的30年代舊書。《戰時相》之外，另有一本《抗戰八年木刻選集》。1946年9月，上海開明書店所出版。拿到書時，我急急翻閱，果真在第79頁裡看到了那張題爲〈修鐵道〉的圖片。

這張版畫，我很熟悉了，僅次於那張〈恐怖的檢查——台灣二二八事件〉。都是黃榮燦的作品。

黃榮燦是四川人，畢業於重慶西南美專，拿手的是木刻版畫。他跟號稱「中國木刻之父」的魯迅並無直接關係，算起淵源，只能說是學生的學生。抗戰勝利後，10月裡他帶著自己的全部作品，從重慶出發，經過上海、南京、香港，到了台北時，已經是12月了。入境身份爲記者。時年30的他，爲何要千里迢迢來台灣？說法頗有，但老實說，至今仍是個謎。

《抗戰八年木刻選集》關於黃榮燦的簡介有「性好動，善適應環境，熱心木運，富有組織力」這幾句話，恰恰跟他到台灣後所展現的驚人活動力若合符節。黃榮燦不懂日語，當然更不會台語。然而，他卻很快經由拜訪西川滿、立石鐵臣、濱田隼雄這些滯台日人，

黃榮燦，〈恐怖的檢查：台灣二二八事件〉

打入台灣文化界，不但辦畫展、編報紙、搞出版、開書店，還打入了「省展審查委員會」跟「台灣文化協進會」。當時來台灣的大陸文化人，包括馬思聰、歐陽予倩、田漢等，有的住過他家，要不，多半也曾參加他家客廳的沙龍聚會。

　　戰後初期的中山堂，是台北最大的文化場館，重要的集會、畫展、演出，一無例外，都是在此舉行。依豐子愷的知名度，以及他跟魯迅的淵源，黃榮燦應該與他晤面了才對。但會是在哪裡呢？

　　黃榮燦剛到台灣，住在大正町三條通，跟豐家父女所住的旅館，不過二條巷子之隔。1946年3月他所開設的「新創造出版社」地址為樺山町21號，即離此不遠的忠孝東路上，大約就是今天紹興南路與杭州南路之間。不過，等到豐子愷到台灣時，他已經搬進台灣師範學院，也就是日後師範大學的教職員第六宿舍，那是和平東路口龍泉街一帶。

「算起來，最有可能的地方，還是中山堂，或者黃榮燦是到開明書店去拜訪豐子愷了吧！？」

1948年時黃榮燦的心情，一如豐子愷，想必也很沈重。原因可追溯到去年春天的「二二八事件」，儘管他在動亂中並未受傷，甚至他這個「好阿山」還大膽地騎著他那那輛破單車，到處探望、警告朋友們不要隨意外出。最後更在車站前的旅館向圍聚民眾喊話解釋，替歐陽予倩的新中國劇社一行人解了圍。

只不過，人雖然全身而退，剛開始沒多久的書店卻遭到波及，讓特務給盯上，最後被迫要結束營業。4月底，他去了一趟上海，明著是去協商書店的事。事實上，卻是要把偷偷刻印好的那幅〈恐怖的檢查〉帶出去，希望能趕上「第一屆全國木刻展」，讓更多人知道台灣動亂的真相。只不過，他還是沒能趕上。直到秋天，才在第二屆展中露臉。

回到台灣後，一切都不一樣，不少朋友離開了。苦悶的他拿著清理書店跟出版社後的一點剩錢，跑了大半個台灣，先是往南，然後往東，最後到了紅頭嶼。一到紅頭嶼，他便喜歡上了這個小島，寫生、採訪、紀錄，又忙碌起來。來來去去了二次。這年2月，一直很支持他，還曾幫發刊一期便夭折的《新創造》寫稿的許壽裳先生在睡夢中被殺害。3月回台北，得知詳細經過，他深深感受到這件事情背後那無邊籠罩的黑暗。心情大壞的他，又回到了紅頭嶼。直到6月裡，染上瘧疾，才急忙返回台北醫治。

大家都走了，黃永玉、麥非、王麥桿、張正宇、荒煙、楊漠因……。一大群前後來台的木刻畫友都走了。8月裡，原本準備受聘到台灣師範學院教木刻，與他亦師亦友的朱鳴崗深思熟慮後，決定避難到香港。臨走前轉推薦他繼任，黃榮燦遂進到了師範學院，認識了一大群學生，有本校的，也有外校的。從學生身上，他又吸收到能量，

方才慢慢復甦過來。

11月28日，豐子愷離開台灣時，黃榮燦正全心參與台大與師範學院學生所組成的「麥浪歌詠隊」，他們即將於年底在中山堂公演。黃榮燦不但唱，還幫忙設計節目單。接下來的1949年，這群懷抱純真理想的師生，開始了環島公演，也走上了一條不歸路。等在他們前面的是4月6日的大逮捕，是懲治叛亂條例，是檢肅匪諜條例，是陰森森的白色恐怖……。

黃榮燦於1951年12月1日被捕，1952年11月14日遭到槍決，得年37歲。死後傳說不斷，有人說曾聽到他的弟妹勸他自首的哭泣，有學生到國防醫學院上藝術解剖課看到了他面目全非的屍體，有人說他是「魯藝」畢業的，有人認定自己被他出賣了……。

「那麼應該在何時才能夠充實我寫畫的自由呢？」這是人們最常引用，黃榮燦生前某篇文章的自問語。望著泛黃書頁裡依然賣力修鐵道的勞動的人們，我不禁黯然無語了。

許壽裳：1946-1948

許壽裳是在1946年6月抵達台灣的，比黃榮燦足足晚了半年。

許壽裳會到台灣，不能不說是宿命。如其當年到東京留學時，不曾結識魯迅與陳儀，或者就不會來到台灣了。他到台灣，於公是應行政長官陳儀之邀前來主持省編譯館；於私據他自稱，乃是希望在尚未被內戰烽火波及，相對安定的台灣，靜下心來寫成《魯迅傳》。

許壽裳與魯迅相交35年，「35年之間，有20年是朝夕相處的」，「同舍同窗、同行同游、同桌辦公、聯床夜話、彼此關懷、無異昆弟」。魯迅幫許壽裳謀過中山大學的教職，而從民國初年魯迅在教育部的僉事職務，乃至日後的大學院津貼，背後也都有許壽裳奔走

謀合的身影。「那時候我在北平，當天上午便聽到了噩音，不覺失聲慟哭，這是我生平爲朋友的第一副眼淚。魯迅是我的畏友，有35年的交情，竟不幸而先歿，所謂『既痛逝者，行自念也』。」《亡友魯迅印象記》小引的這一段話，說得真摯而不失其自持，讓人印象深刻。

魯迅過世後，許壽裳念念不忘故人，協助出版《魯迅全集》，編寫「魯迅年譜」，時時惦記著亡友遺孀孤子的生活景況。即使歷經抗戰烽火的侵擾，10年過後，人已在台北的他，一個月裡還連寫了三篇紀念文章，更籌畫讓魯迅唯一血脈周海嬰來台就讀：「海嬰來台甚善，入學讀書，當爲設法，可無問題（現已修畢何學年，盼及）。舍間粗飯，可以供給，請弗存客氣，無需匯款。此外如有所需，必須匯款，則小兒世瑛本每月匯款至小女世瑄處，可以互拔也。大約何日成行，務望先期示知，當派人持台大旗幟在基隆船埠迎候。」話說得親切無隔，如同一家人。只是他怎麼也沒想到，就在發出這封信後一個月零三天的夜裡，他便遭逢不幸，被殺身亡了。

許壽裳的死，經過60多年的推敲，大致已可論定，跟政治脫離不了關係。而所以爲當局者忌，必欲除之而後快，則又與「二二八事件」後的台灣政局變遷相關。二二八事件之後，血腥鎮壓的陳儀被撤職軟禁，按照中國官場「一朝天子一朝臣」的氣候，當省編譯館突遭裁撤，與陳儀誼兼同鄉同窗同年的許壽裳事前卻毫無聞知時，一般人對此都當有所警覺才是，然而，他寫在日記上的反應竟然僅是「可怪。在我個人從此得卸仔肩，是可感謝的；在全館是一個文化事業機構，驟然撤廢，於台灣文化不能不說是損失。」這不禁讓人想到抗戰時，王冶秋常到重慶歌樂山探望臥病的許壽裳，有一次閒聊告以國民黨特務組織利用各種卑鄙和殘忍手段迫害人民。他聽後大表驚訝，不相信國民黨竟然是這樣維持統治的。

許壽裳的作品

　　許壽裳對於政治的天真，還可由他轉任台大文學系中文教授兼系主任後的作爲略窺一二。或許體認到二二八事件背後所深藏的文化衝突，他因此更加積極地想要推動一個新文化運動，以便調和新舊台灣的未來。1947年5月4日在《台灣新生報》發表了〈臺灣需要一個新「五四」運動〉之後，6月又在他向來賞識、提攜不遺餘力的年輕學者、詩人楊雲萍的協助下，透過此時早爲當局眼中釘的「台灣文化協進會」出版了《魯迅的思想與生活》。同年7月，日後坦言許壽裳「對於我後半生，有決定性的影響。他是我的恩人。」的楊雲萍接掌「台灣文化協進會」機關雜誌《台灣文化》編務，到了12月時，由該社主辦的「中國現代文學講座」便堂而皇之出籠了，從包括李何林、臺靜農、李霽野、錢歌川、黃得時等台大教授群爲主的師資判斷，這一活動，自與許壽裳脫離不了關係。而其假「魯迅

的精神」，透過組織、刊物來推動新文化運動的企圖，也就昭然若揭了。「二二八」之後的台灣，島內一片風聲鶴唳，掃蕩鎮壓行動正在展開，仕紳名流學人文士，以武犯禁，以文亂法者，寧可錯殺一百，不可放過一個。風緊雨急，黑霧迎面罩向許壽裳，也就可想而知了，儘管「他人，是極好的。」（魯迅語）

穿過一條包括「天主教耶穌孝女會」、「青田硯」等新舊建築的暗巷，轉角便是青田街6號，許壽裳故居早經改建，成了一棟有著洗石子圍牆，外貼小磁磚的高樓，防衛性極強。60多年前，臺靜農所稱「這些天，我經過先生的寓所時，總以為先生並沒有死去，甚至同平常一樣的，從花牆望去，先生正靜穆的坐在房角的小書齋裡，誰知這樣無從防禦的建築，正給殺人者以方便呢。」的那棟日式建築，早已不知去向。而在睡夢中，被侵入的柴刀砍得血流滿地，幾乎身首異處的那位「謙沖慈祥，臨事不苟」的白頭老翁，當也早為這個島嶼上的人們所完全忘卻了吧。

後語

「1949年，所有的顛沛流離，最後都由大江走向大海；所有的生離死別，都發生在某一個車站、碼頭。上了船，就是一生。」龍應台的新書《大江大海1949》這樣說。實則，顛沛流離早已開始，生離死別的命運也早經注定。1949年的序曲，早在1945年，不，甚至更遙遠的1895年就已經寫成了。

傅月庵，書話文章散見兩岸三地報紙期刊。曾任出版社編輯、主編、總編輯，現任台北茉莉二手書店執行總監。

經濟發展的啓動*：
1949 如何改變了台灣的歷史

瞿宛文

　　1949年給台灣帶來大變局。歷史學者柯偉林認為，在1949年來台的財經官僚帶來了累積的經建計畫能力，他們是國民政府接收台灣最正面的資產。確實，若國府不需退守台灣，局面會很不同，中國當時最優秀的經建人才不會聚集台灣，國府戰後經建計畫為了平衡發展，也不會繼續全面發展台灣的工業，美國的援助也不會集中來到台灣，台灣日後的經濟發展會是與今天截然不同的局面。

一、前言

　　台灣戰後經濟發展成績相當優異，在落後國家中名列前茅，被稱為經濟奇蹟，入列東亞四小龍。不過，對於如何解釋這「經濟奇蹟」，在台灣內部卻是眾說紛紜缺乏共識，且爭議度甚高，甚至成為政治上黨派對立的一個焦點。

　　大致說來，如何看待這問題，近年來在台灣社會中已經形成一

＊　本文完整版〈台灣經濟奇蹟的中國背景：超克分斷體制經濟史的盲點〉曾刊登於《台灣社會研究季刊》第74期，2009/6。感謝《思想》邀約，在此以擺脫了學術規格的面貌刊出。本文省略了大部分註解，讀者若對附註及文獻有興趣，請參照原版本。

個主流論述，雖然這論述並沒有正式的書寫來支持，也缺乏學術研究的依據，卻深入人心，成爲解嚴以來主流的論述。在這論述中，過去的威權統治近乎一無是處，在各方面都應是被改革的對象，雖說改革的具體內容並未被清楚界定，但無礙於「改革」本身得到很高的正當性。

這主流論述將國民黨本質性地定位爲一外來的獨裁殖民政權。在經濟發展方面，國民黨在經濟發展中的角色不受肯定，而台灣戰後經濟成長則多歸功於以下因素：或是日本殖民統治，即認爲高效率的日本殖民統治奠立了現代化發展；或是美國的協助，即美國軍事及經濟援助使得台灣得以發展；或是人民的努力。

在解嚴初期，由幾位澄社經濟學者提出的「黨國資本主義」概念，適時的提出國民黨經濟上壟斷特權的說法，成功的爲反對一黨專政的政治論述提供了經濟角度的支持。此「黨國資本主義」說法認爲，國民黨只是爲了一己之私，在位數十年實施一黨專政，在台灣創造出一種以維護一黨獨裁政體爲能事的特權體制，其中一部份就是這具壟斷性的黨國資本共生體，因此國民黨不單對經濟發展無功，更阻礙了民營資本的發展[1]；因而政治上的獨裁專政，與經濟上壟斷特權相連結。其實，這本由經濟學者純就經濟理論所寫的書，主要指控是國營企業比重過高及黨營事業的不當存在，妨礙了自由市場正常運作，並沒有對「黨國資本主義」提出完整的全面性論述。不過，這說法仍成功地適時爲反對國民黨專政提供了根據。

國民黨一向自我定位爲戰後經濟發展功臣，但對此問題卻沒有完整的說法。在戰後執政前期，充斥著諸多歌功頌德式的「都是政

1　陳師孟等人所著的《解構黨國資本主義》，在解嚴初期即時成功的
　　建立了這個「黨國資本」的概念。

府功勞」形態的論述。近年國民黨重新執政前後，雖然開始強調其原先經濟發展的成績，但是似乎只是強調其「執政能力」比對手較為優異。這不單不構成論述，隨後現實政治上的發展更證實其不堪一擊，無法對上述主流論述造成任何挑戰。

台灣近年來深陷於藍綠黨派對決的泥沼之中難以前進，黨派立場混淆了是非與道德。本文在此討論這問題的用意，絕不是要為任何黨派辯護，而是希望能夠超越藍綠，從歷史發展的角度來探討這問題，從而了解我們的過去、了解我們如何走到今天，如此才能找到再出發的可能。

筆者要提出的看法如下。首先，本文追隨結構學派關於經濟發展的理論，即落後國家必須抵抗帝國主義政經力量才能發展自身的經濟，也只有依賴在抵禦過程中發展出的民族主義，落後國家才能凝聚力量抵拒外力推動發展。落後國家發展途徑上充滿荊棘，但最大的阻力來自強勢西方力量的干預，必須要具備抵拒這外力的意志與能力，才有可能發展自身的經濟。依賴理論的錯誤在於，認為這抵拒必須採取與西方經濟隔離的方式，而結構學派中的修正學派，藉由總結戰後東亞成功的發展經驗，顯示了這抵拒不需要是隔絕式的，反而可以藉由參與國際經濟而發展自身經濟。戰後60多年來的經驗顯示，落後國家要發展經濟是一個極為困難的挑戰，多數落後國家發展經濟的努力是不成功的，落後國家各自的民族主義的構成可以有很大的差異，徒有形式上的民族主義不足為訓。

簡言之，落後國家要能夠成功的發展經濟，必須要同時具備抵拒外力進而發展民族經濟的意志、能力與外在條件，缺一不可。

關於筆者要處理的問題——台灣如何能夠成功的發展了經濟，本文提出以下的看法。戰後台灣經濟發展之所以能夠成功，是因為這三個因素都具備了。以往的討論多半強調上述後兩項的各種相關

因素，即能力與外在條件，如冷戰、美日角色及國府能力等，這些都是發展的必要條件，但不是充分條件；亦即以往的討論多忽略了第一項因素，即「發展的意志」。推動發展要有動力因素，才能逐步克服困難踏上坦途，而這動力必然來自落後國家抵禦外力的民族主義。戰後台灣由國民黨強力推動發展，其發展的意志與動力，正是源自中國百多年來面對西方挑戰及日本侵略、爲了救亡圖存而形構成的現代中華民族主義。

　　以下將逐項討論這幾項因素的作用，第二、三節分別探討日本及美國的影響，國民政府的角色於第四節中討論，而第五節則較詳細的呈現戰後早期主導經濟事務的「財經官僚」的組成與其動力，第六節綜合檢討相關論述，最後一節則試圖從歷史的視野來作結語。

二、日本殖民統治影響：必須撤離的殖民者

　　日本的殖民統治是否幫助奠立了台灣現代化的基礎？答案應該是肯定的。不過，這只是意味著戰後發展工業化得以有比較好的啓始條件，並不意味工業化必然會自動的隨之而來。

　　日本殖民者占據台灣之後，建立了各種現代化的制度與組織，以及具有相當規模的硬體基礎建設，並幫助建立了較爲現代化的農業。現代工業以製糖業爲主，戰爭後期則進行了軍需工業化，不過工業化程度有限，譬如本省男性就業人口中從事製造業的比例到1940年也只達到7％。同時殖民政府不容許台灣人獨資成立現代企業，現代工業日資占了九成多，現代工廠中管理與技術階層超過八成是日本人，因此現代工業部門可稱作是一個從日本移植到台灣的飛地。同時，政治官僚體系的上層也主要是由日本人構成。因此，如涂照彦即認爲日本殖民統治並沒有在台灣留下會自行啓動的經濟

發展的機制，台灣戰後工業化是由戰後才開始啓動的。

　　就作爲日本帝國的殖民地而言，台灣的情況比較特殊並且甚爲幸運之處，其實是在於日本政經勢力在戰後必須完全撤離，也就是說，這舊殖民母國在戰後無法如歐美列強一般，延續其在殖民地經濟的主導性地位。試想，當初台灣製造業主要由日本大財閥的相關企業所壟斷，它們的資本規模、技術與管理水平遠遠超過本地的傳統手工業者。若這結構在戰後持續存在，則本土企業必將難有出頭的機會。就經濟發展而言，相較於其他落後國家，台灣的處境實在較爲幸運，能夠將殖民者既有的強勢的政治與經濟勢力排除，創造了在地經濟力量發展的空間。二戰後，只有爲數不多的日本與義大利殖民地有此特殊優渥的位置，其他歐美國家的殖民地多仍需要進行獨立戰爭，即使在取得政治獨立之後，既有的殖民經濟勢力也多留存，繼續壓縮在地經濟力量發展的空間。

三、美國的角色：不經濟入侵的新霸權

　　戰後初期美國對台灣提供了及時且很關鍵的援助，美國政治軍事上的介入，使得國民黨得以留在台灣，美國經濟上的援助，則對於台灣戰後初期經濟的穩定有極大助益。不過，這援助足以解釋台灣的「經濟奇蹟」嗎？恐怕不行。美國的援助遍及全球，諸多不同的國家在各種不同的時期與階段曾受到援助，但各地的成效有很大的差異。很多情況下美援對受援者的經濟並無幫助，甚至只達到扶植腐敗威權統治者的作用，以致於美援的角色曾受到學界甚多嚴厲的批評。即使是同一個國民政府，它在1949年之前在大陸時期所得到的美援不可謂不龐大，但也失敗得極爲徹底。顯然被援助的主體仍然是關鍵，即美援只有在受援的主體能夠適當地運用援助時，才

能發揮正面效應。美援讓中華民國的存續成為可能,但並不必然會使得台灣能夠工業化。

台灣戰後處境的另一個特殊也是幸運之處,在於支持國民黨的全球新霸主美國並不覬覦台灣本地的經濟利益,而是把它當作美國外交政策的表徵。美國不單提供援助,稍後還提供出口市場,並且竟然容忍國民政府的保護國內市場、抵拒外資控制及補貼出口等作法。當然,這些東亞發展型國家推動發展的產業政策的標準作為,到了1980年代就已經不見容於美國,不過這是後來的發展變化了。

美國戰後早期在東亞的作為,與它在其後院拉丁美洲的作法大相逕庭。美國很少容許拉丁美洲國家擁有管制外資進入的自主權,譬如企圖進行國有化的智利阿葉德總統就被美國推翻,像巴西這南美大國的主要工業多由外資企業主導。

相同的案例是美國在幫助中國打敗日本之後,於1946年與中華民國簽訂了《中美友好通商航海條約》,這條約要求中國對美國全面開放門戶,在當時中美發展差距極為巨大的情況下,必然對本土經濟的發展造成巨大的威脅。因此也難怪在1949年初,毛澤東提出的國共和談八大條件之中,就包括了「解除賣國條約」。這條約清楚顯現美國對於中國市場的長期覬覦。但弔詭的是,正是這同樣的對中國市場的企圖,以及冷戰的考量,竟使得美國在1950年代,對東亞發展型國家的自主發展經濟給予了高度的包容,與戰後對中國的態度形成強烈的對比。

台灣在戰後經濟發展上幸運的獲得自主空間,這是因為舊殖民母國日本必須退出,而支持國府的新全球霸主美國,並不覬覦本地的經濟利益。這自主空間並不是其他落後國家都能夠享有的。再則,半現代化的國民政府在現代治理能力上不如日本殖民政府,但卻帶來了發展的動力,何以如此?

四、國民政府的角色：殖民政權？

這裡就必須要來討論國民黨在戰後台灣的角色了。在當今台灣的主流論述中，或許因為舊殖民者必須退出及新霸主的別有他圖，使得它們的強權身影變得模糊起來；而同時，國民黨則成了唯一的外來殖民政權。這說法或許有助於本土反對勢力將國民黨拉下台，但卻並非事實。將國民政府當作殖民台灣的帝國主義者，不只是高估，更是錯估。沒有美國的翼護國民黨將無法守住台灣，除了台灣也無處可去，它本身的現代化水平滯後，如何有資格當帝國主義者？比較接近現實的看法應該是，當時它就是一個落後國家的威權政權，是一個敗守台灣一省的中央政權，將台灣當作它最後一塊領土，雖說是個有相當隔閡不易統治的省份。

落後國家的政府進行威權統治是一普遍的現象，而它的人民為了追求民主自由，必然要反抗其威權政府。只是在台灣因為特殊歷史因素，反對力量最後形成的論述，是將這威權政府指為是外來殖民政權。這樣論述附帶的代價，就是模糊了自身為後殖民地及落後國家的身份，無法去指認真正的殖民者為帝國主義，也無法理解落後國家要能抵拒帝國主義才能發展經濟的道理。落後國家民族主義的進步性，應該主要展示在藉對抗帝國主義力量來建設本土經濟。若將威權政府當作外來殖民者，則只可能起分化社會的作用，對追求自主經濟發展空間並無助益。

南韓的民主運動也面臨類似的問題，就是要如何評價以威權統治強力推動工業化的強人朴正熙的角色。不過，南韓對於以民族主義為動力推動現代化工業化有高度的共識，台灣卻對於經濟發展背後的民族主義的動力予以否認。

　　不過，國民黨在敗守台灣之後，是否真如主流論述所指控，只顧一己之私逕自發展壟斷性黨國資本主義？其實，當時台灣是一個百廢待舉的落後經濟體，如果國民黨確實只顧一黨之私，台灣經濟卻還能快速成長，那就真可謂世界奇蹟了。

　　在當時極爲困難的處境中，國民政府確實具有一些相當有利的外在條件，如日本留下的基礎建設與現代化農業，如美國的軍事與經濟援助，以及有利的自主發展空間。不過，這些只是必要條件，這些條件仍可能被錯誤的統治與政策所揮霍掉；經濟發展仍須動力，這包括主政者推動發展的意志以及執行的能力。而這個背負慘痛敗績的國民黨，爲何在此時居然能夠成功的推動經濟發展，並展現出成功所必備的發展意志與能力，則必須從中國的歷史脈絡去了解。

（一）黨國與土地改革

　　在1949年初，國府已兵敗如山倒，解放軍雖尚未渡過長江，但國民黨敗象已明，亟需穩固台灣作爲最後立足之地。陳誠臨危授命，於1月初接手台灣省主席，隨後立即在還沒有任何法源根據的情況下，於2月初宣布進行三七五減租。這事件的背景是：1月10日國共內戰中三大戰役的最後一戰徐蚌會戰在激戰兩個多月後終告結束，近60萬國民政府軍隊被徹底殲滅，解放軍兵臨長江，直接威脅南京政府。隨後在1月14日，毛澤東提出了和談八大條件，其中包括土地改革、沒收官僚資本、解除賣國條約等。要理解陳誠的政策行爲，必須要參照這當時的背景。

　　土地改革是一重要且有深遠影響的變革，並且因爲是用政治強制的力量改變土地的所有權，它必然帶有「革命」的性質。現代化工業化意味著經濟結構的轉變，要從一個由地主主導的農業經濟，

轉變到以資本家主導的工業社會，這轉變必然會侵害到既有地主階層的利益。而既然地主是傳統社會的主導力量，這轉變能否落實，就牽涉到社會上是否有其他政治力量，有意志與能力去挑戰地主的利益，而這多半需要社會革命性的變化。在多數落後國家，此種革命性變化並未發生，因此譬如至今菲律賓仍因被大地主階層壟斷而動彈不得，南美大國巴西的農村仍還在進行激烈甚至流血的土地鬥爭。到了21世紀，知名經濟學者史提格里茲就還認為，很多落後國家應該效法台灣與南韓進行土地改革。

國民黨與共產黨長期進行著中國現代化領導權的爭奪戰，而中共則採取了以土地改革動員農民的戰略路線，清楚的與國民黨有所區隔，並藉此成功的在戰後打敗了有美國強力支持的國民黨。中共取得政權後全面推行了農村的土地革命，終結了中國過去傳統的地主經濟，開啟了由國家全面主導現代化與經濟發展的時代。

國民黨為何會在台灣進行土地改革？一般的說法是說，因為它與台灣的地主沒有淵源，所以沒有包袱。不過，這最多使得進行土改較為容易，並不意味國民黨會因此有改革的動力。譬如，國府在1949年之前並未顯示出要在台灣進行土地改革的意圖。更何況國民黨內保守勢力龐大，大陸地主力量當時仍然心念著返回大陸，並不樂見台灣進行土改。因此，陳誠在解放軍兵臨南京、毛澤東提出包括土改的和談八大條件之際，立即在台進行減租，只能是因為被中共農民革命的成功所迫，為了保住台灣只好立即實行。並且如劉進慶所言，台灣地主為求自己的生存，必須對國民政府讓步，選擇了與其共存的道路：此次土地改革是以安定為主，立基於國府、地主及農民三者之間的妥協。

當然陳誠當時另一項重要的工作，是鎮壓左派肅清共產勢力。台灣部分的本土精英也參與了慘烈的國共內戰，左派力量從1949年

至白色恐怖時期幾被徹底肅清，導致台灣戰後的社會長期的左右失
衡。

在1949年初開啓的土地改革影響極爲深遠。台灣傳統的地主經
濟，最終乃是由國民政府的土地改革，來結束其在台灣經濟中的主
導位置。地主經濟不復存在，國府此後必須義無反顧的全力推動工
業化。

(二)黨國資本主義的問題

國民黨是否利用其政治壟斷力量，在戰後台灣建立了壟斷性的
黨國資本主義？答案應是只有部分屬實。戰前現代企業日資占了近8
成，在製造業中占了9成，其中在台日人經營的中小企業約占兩成，
其餘爲日本財閥資本。在戰後接收的過程中，日資作爲敵產全被沒
收，其中占大部分的日本獨占資本，就被國府接收爲國營企業，規
模較小的主要是在實施耕者有其田時轉售給了地主階層。當時雖然
台灣民間並沒有足夠的財力，來完全接手如此龐大的國營體系，但
必然對此獨占體系非常不滿，會要求國府能給民間資本較多的空間。

不過，在戰後初期，國民黨除了在實施耕者有其田時，曾將四
大公司做爲地價補償而撥售給地主之外，並沒有其他可以稱述的私
有化的案例。顯然當時國府持續握有關鍵的國營企業，作爲其統治
的基礎的需要甚強，私有化只是說說而已。

不過，更重要的發展是在新興的部分，即國府其實是將新成長
的部分，主要留給了新興的民營資本。國民黨在台灣接收了這些龐
大日產之後，對公營資本的進一步擴張其實相當節制，而黨營事業
當時則規模甚小，並且因當時黨國不分，其重要性其實有限。

從戰後開始，國民政府在政策上對民營企業給予相當大的空間
並予以扶植。這扶植民營資本的政策，部分應源於國民黨在大陸戰

後時期在處理經濟事務上慘痛的失敗經驗。國府在大陸戰後接收日偽財產的過程不只腐敗問題嚴重，同時將其主要部分收歸爲黨國資本，不單成效不彰並且備受批評，以致於「沒收官僚資本」被列入毛澤東和談八大條件之一。再則，由於二二八的慘痛經驗，國府深知必須在台灣爭取民心，既然做不到將國營事業私有化，就必須在新興產業部分少與民爭利了。

因此在1950年代，國營公司成長有限，公營工廠的數目幾乎沒有增加，而私營企業的數目及產值則快速成長。譬如，公營與民營工廠的數目，在1950年分別爲245與7229，在1953年則分別爲264與13175。因此，早在1958年之際，在台灣工業產值之中，民營企業所占比例就已趕上公營企業，並從此年之後持續的直線上升。民營比例在這麼早的年代就開始超過公營，是現今主流論述所無法解釋的歷史現實。

除了少數來自五大家族及其他勢力之外，台灣戰後的主要私營資本幾乎都是戰後的新興者，並且多半爲學徒出身白手起家者，如台塑、國泰、新光、台南幫等。他們起家的場域主要是紡織食品等民生輕工業，以及特許寡占行業，如金融、水泥與地方性產業等。後者也是國民黨爲了統治考量，採取地方精英利益均霑的一向作法。

這些數字與案例清楚顯示，國民黨並未阻礙民營企業的發展。劉進慶所提出的顯示官商結合的「官商資本」概念，比「黨國資本」要來得貼切得多了。

五、以實業救國的儒官的抬頭

國民政府在大陸軍事潰敗與經濟崩盤之後退守台灣，這慘痛的經驗以及仍然危急的局勢，使得國民政府主政者從1949年起形成共

識，必須救亡圖存振興經濟、不能重蹈覆轍，並維持著高度的危機意識。迫切的生存危機除了迫使它進行土地改革之外，也努力穩定並發展台灣的經濟。在蔣介石授權陳誠主持下，尹仲容、嚴家淦等財經官僚能夠主導經濟事務，並得享有高度的自主權。

陳誠在那風雨飄搖的1949年，於6月成立生產事業管理委員會總管經濟。在那幾年中，台灣的經濟實處於高度危機的狀態，新增百多萬人口的壓力，財政與貿易赤字龐大，惡性通貨膨脹，民生物資缺乏等等。或許因爲有過去失敗經驗做爲教訓，一些有能力的財經官僚得以憑藉工作績效出頭，並進而掌握權力主導財經事務。在他們努力下，加上美援的協助，不到幾年內物價得以穩定，並在1952年使生產恢復到戰前水準。美國援外總署於1965年夏終止對台美援，在關閉分署辦公室的典禮上，美國大使就宣稱台灣爲受援的模範生及美援計畫第一位畢業生[2]。

我要強調，這一代財經「儒官」繼承了中國近百年來在帝國主義壓迫下，爲救亡圖存而發展出來的中華民族主義，也背負著國共內戰失敗下的迫切使命感。因此，他們在求得經濟穩定之後，持續推動台灣的工業化，從紡織業的進口替代，到1950年代末的外匯改革，1960年代初轉向出口導向，1968年的一輕，1970年的中鋼，1970

---

2 贊成自由放任的經濟學者則未必會持如此肯定態度。因為他們相信只有開放市場才會帶來成長，並傾向以官員在認識上是否服膺市場原則，來作為評判官員見識與能力的主要判準。他們會認為台灣戰後早期發展，是在1950年代末的外匯及其他改革之後，市場得以開始發揮力量之後，才突飛猛進的，並且可惜後續開放太慢太少。這牽涉到經濟理論根本的一個分歧，就是是否自由放任必然會帶來好的結果。不服膺於自由放任的學者(包括筆者)，並不同意這樣的看法與視野，即完全管制雖必不可行，但自由放任也絕非放諸四海皆準的萬靈丹，經濟政策必須因時因地因情況而異。

年代的推動高科技產業計畫等等。若回頭看，尹仲容等在1950年代初所建立的推動產業政策的組織制度與人事，幾乎就奠立了台灣日後產業政策的框架，以及這些經建單位推動經濟發展的制度使命[3]。

（一）資源委員會

而這些人才源自何處、有甚麼理念呢？國民政府於1920年代北伐之後，雖開始進行建立現代化政府的工程，但各部門的成效不一，比較幸運的是在建設工業方面較有成績。在那時期國府成功組建了一個致力於建立現代工業，且標榜現代化、專業化、企業化的經濟建設單位——資源委員會，有效的集結了當時中國優秀的專業人士一起投入工業救國。而這機構之能夠成形，也必須部分歸因於當時日本軍事侵略激發的強大且立即的壓力。

在九一八事變日本奪取東北之後，日軍開始直接威脅華北，很多知識分子發覺「華北之大已經放不下一張平靜的書桌」，亡國的危險使得一些具有清望的大知識分子開始願意與國府合作抗日，加入了1932年成立的國防設計委員會[4]，三年後改組成為資源委員會，負責推動礦業及重化國防工業。戰爭期間，資委會負責在後方建立基本工業，並自行開發了玉門油田（由此產生的中油公司至今仍保有資委會的「資」記標誌）。美國參戰後，資委會得以甄選中堅幹部赴

---

3 台灣戰後專責推行產業政策的單位，清楚成形於1953年成立經濟安定委員會時其屬下設立的工業委員會。這單位由尹仲容負責，其中人事皆由他所決定。他找的李國鼎、張繼正、王昭明、費驊等人，日後都成為經建事務的要角。

4 國防設計委員會成立時委員包括：翁文灝、丁文江、胡適、陶孟和、俞大維、蔣夢麟與楊端六等30餘位，多為原先不願意與南京政府合作的知名學者及社會名流。

美接受實務訓練，規劃戰後的接收及建設事宜，如孫運璿等就在其中。資委會吸收了不少優秀理工人才，且自主性高，抗拒黨部介入，是當時國府中較有清望的機構。

在二戰勝利後，資委會負責接收全中國的重要工業，因此也來台接收重要日資企業，成立了十大公司（包括台糖、台電、台船等）。在各種接收工作中，因資委會組織能力較好，在台灣所負責的十大公司皆能順利逐步恢復生產。諸多人才包括孫運璿李國鼎，都是當時就派來接收的人員。資委會建立及接收的大型工礦企業，就成了戰後兩岸國營企業的基礎。主要源自資委會的這些經建人才，在1950年代擔負起振興台灣工業的重任時，他們已經累積了不少相關技術與管理能力，同時彼此之間以工業救國爲國奉獻互相督促砥礪。

在1948年底，留在大陸的資委會高層因對國府已徹底失望，因而決定集體投共，成爲國府中唯一投共的部級單位。這使得國府隨即於次年將在台灣的資委會改組，解除它在國營企業的權力。並更進一步將台灣兩家最大的國營企業台糖與台電的留美博士總經理，以通匪嫌疑予以槍決，殺雞儆猴的意圖至爲明顯。或許因爲這難以言喻的因素，資委會在1952年被正式解散之後，幾乎不再被人提起。

但是國府當然必須繼續依賴這些人才來經營公營企業，他們日後也成爲推動工業化的主幹、經濟官僚體系的主要成員。譬如在台塑企業剛成立時，工業委員會推薦台肥的資深人員去支援，其中一位王金樹至今仍爲台塑的高級主管。公營企業的高級主管也很自然的繼續爲經濟官僚體系提供人才，此模式一直延續至國民黨下台[5]。

5　民進黨執政後這模式被倒轉過來。原是公營企業專業經理人有可能進入經濟官僚體系，現在則是政治任命的非專業人員空降公營企業。

（二）這一代「財經官僚」的背景

今日一般已習以「財經官僚」稱呼尹仲容、李國鼎那一代開創台灣經濟發展局面的負責人，但這樣的稱謂其實不單無法呈現其全貌，在今日語境下甚至會起誤導的作用。比較貼近現實的看法，應該是將他們看作是中國傳統的以經世濟民為職志的知識分子，甚至可說是中國最後一代接受傳統士大夫教育的知識分子。他們讀古書、用毛筆字批公文、寫律詩絕句。更重要的是，他們承繼了中國知識分子自鴉片戰爭以降的整體屈辱感及救亡圖存的使命感。他們學習工程與財經，只是因為認為救國以工業救國最為有效。他們不是為經濟發展而求發展，而是為了救亡圖存趕上西方而發展。

本文將以「以實業救國的儒官」來稱呼這一代「財經官僚」。稱「儒官」，是表示他們仍有儒者的經世之志。在前現代中國的官必為儒者，因此沒有儒官的稱呼，但現代的官僚多被假定不是儒者，因此這些有儒者取向的官員就可以稱為「儒官」[6]。再則，因他們是以推動實業救國為職志，故稱之為「以實業救國的儒官」，強調救國則是要凸顯他們當時救亡圖存的急迫感。

在今日，官僚似乎意指通過高考、依據專業謹守規章、聽命於長官成命的人；而相關政策方向則應由政務官或政治人物來訂定；而相關的規章制度在今日當然較五十多年前嚴謹細密甚多，進一步限制官員行事的空間。若從這視野來看，尹仲容等人就會被看成只

---

6 此處是借用歷史學者羅志田提出的「儒官」用語。雖說他所指涉的是今日情境，即「在做官以讀書為前提的年代，官員基本是儒生，故不聞儒官之稱」，「現在以發展經濟為首務，官員講究的是與經濟增長相關的業績，公餘尚能讀書者，恐怕也可名為儒官」。感謝梁其姿建議此用法。

是剛巧「行政能力與道德比較好的官僚」而已。但他們並非僅此而已，某一個時代也不會無端的就出現一些「行政能力與道德比較好的官僚」，他們實在是那大時代下的產物。

相較之下，台灣今日的官僚沒有儒家經世的傳承，穩定的環境也不會賦予他們救國的使命感，因此「科技官僚」是比較貼切的稱呼，即其主要強調現代化及科技。

筆者稱當年經建決策官員為「以實業救國的儒官」，或許不容易直接服人，但對於我們要了解台灣經濟發展的過去與未來而言，卻是極端重要的一個論點。本文在此將從兩方面對此論點提出佐證，即他們並非只是能力與操守較好的官僚，而應將他們看作負責擔任推動工業化任務的知識分子，是以實業救國的儒官。首先，我將簡要的從現實層面來指出(一)他們必須具有高度使命感，才能穩定當時的亂局，(二)具有發展願景才能為未來發展奠立下良好的基礎，並同時呈現當事人的言行案例作為補充說明。

(三)使命感與勇於負責

在戰後初期，台灣可說是百廢待舉，經濟情況極為嚴峻，而相關的體制則是高度的混亂，若無人負擔風險積極任事開拓方向，問題不可能得到解決。必然是有使命感的人，才會去作此吃力不討好的工作。

如前述，日本殖民統治的上層皆由日本人擔任，他們在戰敗後撤離時所留下的空缺，並無法完全由大陸的接收者填補。然後1949年國府中央政府在潰敗中遷台，相關的財經部會在大陸時期原本就不甚完整，部分遷台後更是制度不全人力不足紛亂不整。在政治高層給予經建事務負責人高度自主空間的情況下，能夠嶄露頭角的必然是積極任事大力主導政策方向的人，絕非是被動的執行者。在這

情況下，要能解決經濟問題，必須非常主動找出問題與方案，這在在需要主事者高度的自覺與動力，這必然來自其某種的使命感。

在此且以這些人中最重要的尹仲容爲例來作說明，並引用他推動台灣早期棉紡織業的發展及其他案例做爲佐證。

尹仲容雖不是資委會出身，但抗戰時期被派駐紐約，擔任資委會國際貿易事務所紐約分所主任，負責採購及協調。在台灣戰後初期，在混亂及白色恐怖下官場傾軋激烈，被認爲恃才傲物的尹仲容能受到重用，實是因他極爲勇於任事，以能量與業績取得經濟事務的主導權。他被認爲「敢於改革、敢於負責、敢於說話、敢於認錯」。但同時他也不斷承受指責與攻擊，甚至被正式起訴而罷官兩年，但復出後仍然維持既有的勇於承擔風險的行事作風。以下就舉一些例證來呈現當時的情況。

在1950年春，中共已取得大陸統治權，兩岸的經濟關係因而完全斷絕。台灣的出口在二戰結束後的前四年，從原先完全依靠日本市場，轉爲完全依賴大陸市場。但4年後此時大陸市場瞬間全失，立即造成外貿上重大的危機。此時日本是由美國占領軍總部管理，而美國政府才剛發表不再支持國府的白皮書。在此非常不利的大環境下，尹仲容主動赴日商討貿易協定。經過爲時3個月密集交涉，竟然向盟軍總部爭取到了以雙邊記（外匯）帳的方式恢復台灣對日的貿易，簽訂中日貿易協定，解決了當時近七成的對外貿易額，奠定以後9年中日記帳貿易的基礎，大幅舒緩了外貿危機。此後尹仲容也隨時爲了因應未來變化而積極主動籌畫對策，並顯示極爲務實的態度。

尹仲容自謂「凡合於政府政策，對於國家有利的事，在我職權範圍以內的，我便負責的做了」。譬如某次一批進口物資因稅款爭議而耽擱，他爲了避免此物資因而腐爛，主動由中信局提供擔保；再如他一再決定由中信局貸款給質優但財務困難的民營企業，如承

接軍工任務的揚子公司等。他因爲中信局爲實際執行單位，故刻意
保有中信局局長的兼職但不領取兼職薪資，持續讓中信局提供擔保
及貸款給民營企業；在局長任內，除了貸款給揚子公司外，還曾代
管利源化工廠，籌辦新竹玻璃廠再轉交民營，提供廠房機械貸款給
新光內衣廠等。這樣的作爲附帶了相當高的風險，他也最終爲此付
出代價，於1955年因爲揚子木材案「圖利他人」被起訴，雖最終被
判無罪，但仍因此而罷官兩年。

　　罷官期間他則埋首撰寫郭嵩燾的年譜[7]，郭嵩燾是清末湘淮軍中
有遠見了解西方的西化救國派，被人誣陷罷官以致鬱鬱而終。同時，
他也探討郭爲何失敗徐圖改進。或許這也有助於尹仲容能夠避免郭
嵩燾的弱點，而多能堅忍處之，務使糾紛減少，以免失去作事的機
會。尹仲容以郭嵩燾自況，雖必然有自比有志之士遭遇橫逆的悲涼
心境，但也呈現了以先輩爲典範並力圖青出於藍的企圖，顯現了中
國知識分子自鴉片戰爭以降救亡圖存的歷史傳承[8]。

　　即使如此，復出之後他仍然繼續維持這作風，甚至因覺得時不
我予，經常必須在力排眾議的情況下，堅定的推動改革。王作榮對
這些有很扼要貼適的描述：「……仲容先生最愛運用他所主持的各
個機構，促進台灣的經濟建設，他將他所能支配的人力和物力都投
放在這一方面，擔當個人前途的風險，和各方面的不利批評，而毫
無回顧退卻之意，雖終因此而遭受重大的挫折，仍未能改變他的基
本態度。這當然與他重視責任，重視國家利益的個性有關，但部分
也由於他對落後地區政府在經濟發展中的任務的清楚認識有關」。

7　此書稿後經中研院近史所修訂出版，《郭嵩燾先生年譜》，郭廷以
　　編定，尹仲容創稿，陸寶千補輯(台北市：中央研究院近代史研究
　　所專刊29，1971)。

8　關於當事人的言行案例的進一步說明，請參照本文完整版。

在此無法對他的功過作全面的評價，主要是要呈現他不計自身代價勇於負責的態度，而這樣的生命態度只能是緣於他的時代使命感。

(四)發展願景

從現實層面來佐證「這些財經官僚實爲以實業救國的儒官」的第二個論點是，經建事務的負責者必須要有發展的願景，才能在解決問題之時，也同時爲未來發展定下基礎與方向。要解決問題除了克服立即的困難之外，必然牽涉到要如何推動工業化、要將產業往何種方向推動等問題，這些都涉及未來的願景，也牽涉到使命感與發展理念。

尹仲容推動台灣棉紡織業的案例，足以作爲佐證。

尹仲容的目標是要將台灣建立爲一工業化的模範省，並且要建立有國際競爭力的工業，扶植只是一時的。他在主導棉紡織業進口替代發展時，就顯示出要建立上下整合的民族工業的信念與目標，追求產業整體長期的發展。在戰後有很多落後國家以進口替代政策推動紡織業，但有這樣長期發展理念與作法者是爲極少數。

在1951年尹仲容就提出了「進口布不如進口紗，進口紗不如進口花」，表達以發展整體產業爲目標，在當時這絕不是無異議的共識。

上下游產業之間的利益會同時存在互補及相衝突之處。當地供應的便利性是上下游利益與共之處，但當國外進口品可能品質價格優於國貨時，這是上下游利益衝突之處。在本地上游產業仍是在學習中的幼稚工業之時，其價格與品質仍無法與國際市場相比之時，織布業者會歡迎低價日本棉紗的進口，成衣業會歡迎日本棉布的進口。政府在推動上游的進口替代時，不一定會受到下游產業的歡迎。因此政策必須協調上下游的利益，清楚顯示以「整體發展」爲目標。

重要的是，政策主導者必須決定其政策目標爲何，在紡織業的成衣
―布―紗―纖維―纖維原料的相關上下游產業中，要往上游推動發
展到何階段，而政策措施必須與此目標相配合。

尹仲容在1951提出的「進口布不如進口紗，進口紗不如進口
花」，清楚界定了當時政策的目標，是要同時發展棉紡紗與棉織布
產業。同樣的，日後經濟官僚體系持續的推動人纖、石化與人纖原
料產業等之作法，都是延續了早期這種以追求產業整體的長期的發
展爲目標的政策思維。推動工作皆是在已有下游需求的情況下進
行。如此，以務實態度追求極大化產業的發展空間爲目標，從此成
爲台灣戰後經濟官僚體系的「制度使命」，也可說是尹仲容等人爲
日後經建官僚體系建立了扶植企業「圖利產業」的制度使命。這制
度建構在戰後初期已經定下雛形，以至延續至今。

當時逐漸摸索出來的協調上下游利益的作法，包括對下游出口
業者提供優厚的出口補貼，在對上游產業提供貿易保護的同時，對
上游業者的價格、品質與保護期限做出限制。若上游產品的價格超
過國際價格10-25％或品質不合規格等，則下游業者可以不用國貨而
申請進口，同時保護期間限制爲2-3年。這框架在1950年代初期尹仲
容主持工業委員會時就已經成形，到了1960年正式訂定爲「貨品管
制進口準則」，其後不斷修正。這也正是東亞和拉丁美洲關鍵的不
同之處，即東亞會對保護設期限，避免產生怠惰，而拉美則多半沒
有如此作。

在1950年代初期以進口替代政策扶植棉紡織業的過程中，在短
缺籠罩下的管制環境中有不少混亂產生，不過決策方向明確，對內
管制逐步解除，棉紗與棉布皆在3年內達到自給自足，上下游部門達
到同時的發展。

戰後接受美援發展紡織業的落後國家爲數不少，但是只有台灣

與南韓一開始就明確是以整體產業發展為目標,因而利用美援進口棉花,同時發展了紡紗與織布。其他地方則多用美援進口棉紗或棉布,而未能採行較有一致性的產業政策,以致於成果和台韓有相當的差距。

一般認為在戰後初期,國民政府在台灣所面對的政策自主空間特別寬廣。以棉紡織產業情況為例,當1950年代初政府開始推動此產業發展之時,既得利益的力量確實微弱。不過,這是否就意味著既得利益必然不會影響政策?

實際上在1950年代扶植紡織業過程中,每個政策轉折都有廠商提出請願甚或抗議,輿論也意見紛紛,黨政內部常有各種批評甚至控告。譬如,如尹仲容所言:「工廠尚未籌備就緒,而請求保護之呈文已至,產品尚未大量應市,而限制設廠以免生產過剩之要求已經提出」。

只是這些要求幾乎都未被接受。當時主事者都能堅持依據「整體長期發展利益」行事,而不只是個別部門一時的利益。這顯示尹仲容等人有能力有空間抗拒個別既有利益的壓力,而這抗拒的意志,必須源自他們清楚的工業救國的共識與願景。

總之,台灣紡織業的成功是因早期主事者發展目標明確,只進口美援棉花,棉紡與棉織一併推動,並推演出協調上下游利益的政策,來最大化當地的生產價值,避免個別子產業阻礙其他子產業發展的情況。同時主事者盡早推動人造纖維的生產,更是一具有前瞻性的作法。這些清楚的政策目標與思維,應是源自主事者的歷史經驗與追求國家發展的高度共識。

六、努力的人民

　　歷史學者柯偉林認為，這批來自中國各地的精英人才，因為在大陸時期已經及早為戰後接收復產及工業化計畫做準備，他們帶來的經建計畫能力是國府接收台灣時期最正面的資產。而筆者之前所做的補充是指出，能力因素雖也是成功推動經濟發展之必要條件，但不能忽略更為關鍵的因素，即發展的意志。不過，與此相應，在很長一段時間內，這一群人持續擔任戰後經建單位的主導者時，本地人的參與程度相對較低。

　　造成這現象的因素很多，主要還是源自這歷史大變局的背景。日本殖民統治時，高等教育基本上只留下醫科開放給當地人[9]，其他主要是技職與師範教育；總督府及企業高層治理與技術人才幾乎都是日本人，當然更不會培育當地經濟建設人才。當時落後威權的國民政府，戰後在全國各地接收時還帶著中央政府的傲慢，造成無數民怨，同時國共鬥爭日益激烈，鎮壓殘酷。這種鎮壓必然不分省籍，如上述，就像資委會這樣不可或缺的單位，也因為留在大陸的高層集體投共，導致國民黨為了殺雞儆猴，將台糖台電的總經理以通匪名義處死，可想像這如何使得在台資委會人員噤若寒蟬。也就是說，上述的經建主事者當時是在這樣的氛圍下，為他們的救國目標而努力。在隔閡已久的台灣，這種統治對台人更是導致了嚴重損傷，造成台灣精英與國民黨的長期裂痕。再則，戰後初期美國對台灣行政事務進行高度干預，美國顧問長期列席於重要會議，經建主事者必須要通曉英文，非留美派實難以出頭，留日知識精英更難以有施展的餘地。

　　日據時期社會秩序相對穩定，雖然工業化部門的管理與技術人

9　在1943年，受過在台高等教育的台籍人士占台人總數的0.04%，若加上師範畢業生，則也仍只有0.16%。

員主要為日本人，不過仍訓練了一些具有現代工業生產經驗的技術
人員與工頭等人力資源。同時，雖然高等教育除醫科外基本不對本
地人開放，技職教育還是培育了不少中堅人才。經濟學者何保山就
認為，戰後台灣經濟官僚體系，除了幹練的領導階層之外，中層幹
部也很優秀，包括在大陸時期和在日據時期有經驗者。只是本地精
英因為與國府的隔閡，日據時期台灣本地教育之不足，留日教育又
因新局面而失去價值，因此在主導戰後經濟發展上難以扮演重要的
角色，卻更加深了他們與國民黨之間的鴻溝。

　　不過，在另一方面，上面已經提到，在1950年代台灣民營部門
成長迅速，工廠數目幾年內翻一倍，產值也是以平均每年超過一成
的速度成長，以致於在1958年民營工業產值已經趕上公營部門。這
固然必須歸因於日本美國經濟力量被排除在外，進口替代政策提供
保護，公營部門不進一步擴張。同時也顯示台灣民間已經累積了相
當的經濟實力，被日本殖民者所壓抑的潛在經濟活力得以顯現，以
及土地改革使得投資土地不再有利可圖，投資者必須轉向工商業。
在經濟穩定、制度政策有利發展之後，這些力量就被誘發釋放出來
了。譬如，近年來大陸改革開放之後，東南沿海各省民間經濟活力
逐漸顯現，經濟快速發展也是同樣的情況。

　　本文如此的討論，是否輕忽了人民努力的因素，而太強調經建
官僚的角色？非也。落後國家經濟發展不成功，多半不是因為人民
不努力，尤其中國人的勤勉一向為世所公認。落後國家經濟發展不
成功多半是其他因素所致，包括如帝國主義經濟力量入侵壓制本地
力量發展，軍事政治不穩定，執政精英並不以推動現代化為職志，
市場與其他現代經濟制度未建立等。只有當地社會能夠形構成足以
抗衡帝國主義的民族主義力量，改造既有地主經濟，以推動民族經
濟為目標，加上培育出經建計畫人才有能力處理困難的經濟事務，

落後國家才能踏上經濟發展之路。

七、歷史的視野

　　為何筆者要在海峽兩岸分斷60年的此刻討論戰後初期的情況？這與今日台灣或兩岸的困局有何相關之處？對尋找未來方向有何助益？本文認為，只有重新理解歷史，才能理解台灣今日的困局，同時從了解當年國府為何能夠成功啟動經濟成長，才能掌握經濟發展的關鍵條件為何，這其中也包含著落後地區如何追求發展的普世教訓。

　　近百多年來，為了救亡圖存而逐漸成形的現代中華民族主義，一直在影響兩岸的經濟發展：這正是本文所致力呈現的視野與論點，在此再作進一步說明。

　　戰後初期，國府敗守台灣，兩岸隔絕下分斷體制初步成形。前文所述的國府及那批志在實業救國的儒官，帶來了有長久歷史積累動能的中華民族主義。他們並不是要在台灣建立獨立的國家，他們除了必須站穩腳求得自身的生存之外，是要建設一個中國的模範省，他們的救亡圖存是要救中國，而不只是台灣。此時「經濟共同體」的界定，主要是在一個分裂的中國下，以一省為範圍，並在左翼分子被消滅及鎮壓的情況下，涵蓋台灣整體的經濟共同體。台灣的經濟發展是中國現代化計畫的先驅部分，也是國共長期路線鬥爭的延續。

　　中共自取得政權至今已60年，後30年改革開放時期，其執意追求經濟發展意圖明顯不待說明。不過，前30年雖有明顯的意識形態導向，但在經濟上要建立現代工業、要超趕西方，其目標其實仍然相當明確，爭執主要是在於實踐的路線與方案上。這超趕西方的動

力仍是來自於救亡圖存的中華民族主義，與國民黨在台灣推動經濟發展的動力來源相同。國共鬥爭在1949年兩岸分隔之後，變成兩種模式隔著海峽以實踐成果進行競爭。

在立國前30年中，中共實驗著以社會主義計畫經濟的模式發展，而同時間內，台灣則以更快的速度工業化，並達到了較高的發展水平，其發展成績也對大陸帶來了追趕的壓力。在其後改革開放的30年中，因為採社會主義模式發展經濟的實驗被認為是失敗了，而改走市場路線。轉向後，同樣走市場路線的台灣的經濟發展的經驗與成果，必然成為比較的參照點並帶來競爭壓力。再則，從實質的資本輸入來看，雖說中國在近十多年來已成為全球吸引外資最多的落後國家，但港澳台資本其實占了外來資本的絕大部分，對大陸近20年來的發展起了重要影響。

同時，這背後仍有美國龐大的身影，即美國在二戰之後雖然「失去了中國」，但由於成功的扶持台灣走市場經濟路線而發展，對於中國大陸的發展道路之選擇，也繼續發揮間接但強而有力的影響。

但是在台灣，在原先的模範省藍圖下，日後的發展雖然成功，仍必然是一個不完全的發展。近年在兩岸經濟不再隔離之後，模範省的定位就更是無以為繼。同時，承載著原先救亡圖存動力的一代人幾都已過去，原先成功的發展了台灣經濟的動力來源，不可能再以原有的形式在新的情勢下起帶動作用。

在近20多年來，台灣的主流論述以打造台灣新國族為目標，但是這個以省籍路線為主軸的論述，將國民黨以及外省籍者視為敵人，更將尚未涉足台灣的中共視為敵人。在此界定下，台灣「經濟共同體」的涵蓋範圍產生問題，這共同體的範圍既不包括這些內部的敵人，也不包括已經或即將與中國大陸經濟發生關係的台灣的人。既然經濟共同體的界定出現困難，就更無法由此為基礎，來規

劃出推動台灣整體經濟發展的政策與目標。

近代以來，面對西方挑戰，落後經濟體要推動經濟發展，其主政精英必須具有發展的意志，才能排除萬難推動發展，而這發展的意志只可能是源自於落後國家抵拒帝國主義所凝聚成的民族主義。一般以爲東亞國家的精英執著於發展主義，並將其國家稱之爲發展型國家。但實際上在戰後早期，對這些東亞精英而言，發展只是回應西方挑戰、重新取得尊嚴的手段，而不是目的本身，是他們相信發展與達到現代化是必要的手段。

近年來，打造台灣新國族是一個政治目標，不過主流論述並沒能提出與之相配合的經濟目標，或者說其目標是「（希望）將台灣經濟與大陸隔離開來」。但是，這只能說是一個願望，而不是一個有具體內容（遑論前瞻性內容）的經濟目標。若與戰後早期情況作比較，當時精英是以「在台灣發展現代化民族工業」爲經濟目標，來達成其「救（中國）亡圖存」的政治目標，而這救亡圖存的動力是來自回應帝國主義侵略所激發的正義回應。

對照之下，兩者的差異應很顯著，即戰後初期執政精英的民族主義動力，是來自數代中國人對帝國主義實質侵略的回應，及真實歷史經驗的累積，其經濟目標也非常具體，並具有前瞻性。相較之下，台灣新國族主義則在兩方面都闕如，即動力並非奠基於反抗真實侵略的經驗，經濟目標也缺乏具體內容。這顯示目前台獨論述的難題並不只是政治經濟目標不合一的問題，這也顯示若切斷歷史，則有效力的民族主義並不是那麼容易打造的。

在此再陳述一下本文對民族主義作用的論點，即民族主義雖然有可能可以提供動力，構成精英們追求發展的意志，不過推動經濟發展要能夠成功，需要很多其他的條件配合，包括必要的行政能力與外在條件。同時，各地民族主義的形式與內容可以有很大的差異，

落後國家多曾經淪爲殖民地，多少都有形式與內容不一的民族主義產生，但能成功推動經濟發展的仍爲少數。譬如，本文一再提到的現代中華民族主義，自鴉片戰爭以降逐漸成形，並驅使中國知識分子不斷追尋並嘗試各種不同的救國方案，只是多數嘗試以失敗收場。同一個國民政府，在大陸時期就以慘敗收場，只是撤守台灣後記取教訓並有各種有利因素配合，才得以在這較小範圍內成功推動發展。中共在立國60年以來，也一直持續在摸索經濟發展的模式，而這些成功與失敗，都是由同源的中華民族主義的動力所驅動。

再回來討論台灣經濟近日的困局。雖然如上述，落後國家要抵拒帝國主義強勢經濟力量才能發展。不過，如果落後國家能夠持續縮小與先進國的差距，則先進國經濟力量對民族經濟的威脅性就會日減，這對抗模式就必須逐步修正。台灣在戰後成功且自覺地發展了民族經濟，而到了1980年代已經完成基本工業化，已經是個工業化國家，經濟發展的問題已轉變爲如何進一步升級。至此，台灣經濟發展問題不必再以抵拒帝國先進力量爲主軸，台灣甚至已經成爲資本輸出國。

不過，我們雖或許不再需要救亡圖存的民族主義，但我們仍需要一種有效的「經濟共同體」的群體意識，來幫助我們決定台灣在全球經濟中的位置以及發展的願景，如此才能運用經濟政策來促進這「經濟共同體」的進一步的發展。

「民族主義」在本文的真正有效的意義，在於這個名詞的使用把我們帶進了一個不可割棄的問題意識：我們所需要的一種群體的主體意識爲何？我們需要一種什麼樣的經濟共同體的自覺？這些在今日已不是救亡圖存的民族主義，但卻仍是當代的所有民族國家或超民族國家(如歐盟)所需要，以立足於世界的「主體狀況」。

先前討論尹仲容等「以實業救國的儒官」，用意並非是要對他

們進行道德性的讚揚，也無意將他們作為適用於任何時期的財經官僚的典範。本文是從歷史角度解釋他們的興起，既是要指陳他們完成了階段性的任務，更在強調我們必須承繼這歷史的資源。我們雖不再需要台灣發展早期那種以反抗殖民者為主的民族主義，但這不意味不應該努力思考檢討，其中有什麼主體的思想資源可以為我們所繼承，以及有什麼問題可以為我們所反省。若如主流論述一般，輕易拋棄過往這以抵拒帝國主義為主的民族主義，就會缺乏資源來進行台灣這經濟共同體的形構工作，結果，主流論述只能形成一種切斷歷史的、因而無效的民族主義。

　　時代不同了，台灣已工業化，不再需要救亡圖存的民族主義，但我們卻因為切斷歷史、否定過去這種民族主義在台灣的作用，以致於難以形成一種有效的經濟共同體的群體意識，來幫助台灣在全球經濟中定位，以及與大陸經濟的關係，並提出願景，也因此難以找到自身成長的動力與位置。走到21世紀的今日，我們實在必須回到歷史的脈絡，了解過去、了解如何走到今天，尋找重新界定我們經濟共同體的主體意識的資源，如此才能找到再出發的可能。

　　瞿宛文，中央研究院人社中心研究員，曾擔任《台灣社會研究季刊》主編與社長。研究著重於東亞經濟發展，著有《公與私之間》、《全球化下的台灣經濟》、《經濟成長的機制》以及與A.H. Amsden 合著 *Beyond Late Development: Taiwan's Upgrading Policies*（MIT Press, 2003），中文版《超越後進發展：台灣的產業升級策略》（聯經，2003）。

1949年與台灣的跨文化潛力

何乏筆

一

在1919年的五四運動中，中國皇朝崩潰與中華民國成立的效應在知識界強烈爆發，使得20世紀漢語思想陷入傳統與現代、民族主義(包含反日情緒)與西化(民主、科學)的爭論中。然而，1949年中華人民共和國成立，在思想上造成激化立場，對立分明，將冷戰的政治分裂意識型態強加在思想身上。冷戰的知識框架在海峽兩岸產生長久影響，直到今天依然如此。文化大革命結束後的改革開放(1979)，以及台灣的解嚴(1987)似乎使得意識型態的對立開始融冰，儼然因此奠定了療傷和溝通的歷史條件。但事實上，幾十年的交流互動仍無法撫平1949年的創傷。不可諱言，1949對台灣所產生的震撼一直沒有獲得充分的歷史清理，台灣的文化創造力嚴重受損，甚至陷入癱瘓的危機。因為缺乏宏觀而深刻的文化意識與歷史意識，學術思想也很容易臣服於學術官僚的機制；如此創造力癱瘓的危機，卻被掩蓋於不得不適應全球知識經濟之形式程序的荒謬理由之下。從台灣的「文化」意義反省1949年，即在於試圖從此文化癱瘓中尋求解套的可能。至少楊儒賓先生在〈1949的禮讚〉(《思想》12期)一文中的呼喚可做如是解。

他說：

> 隨著中國與東方在新世界秩序中的興起，台灣會在歷史的新巨
> 流中扮演更重要的角色的，這樣的歷史目的論不是玄想，而是
> 台灣人民很謙卑的一種祈求。因為經由血淚證成的創造性轉
> 化，中國與東亞不必然再是台灣外部的打壓力量，它們反而是
> 台灣內部創造力的泉源。我們不因懷舊而回首，我們的回首是
> 為了迎向未來，回顧的雙眼與前瞻的雙眼是同樣的一對眼睛。
> 歷史會證明：1949是個奇妙的數字，台灣人民將它從苦痛的記
> 憶轉化為傲人的記號。

　　歷史或許可以拿來證明各種事相，只是通常不會證明某些熱誠
知識分子對它的期待。或者說，提倡中華文化的學者在解嚴後從未
充分反省過，威權政治與文化教育的共謀關係，從未充分思考過為
什麼反而造成許多學生對中華文化深表反感，不僅視之為陳腔濫調，
甚至記憶中將之等同於規訓與懲罰。在反省歷史的意願與能力嚴重
不足的情況下，將回顧化為創造泉源的條件從何而來？
　　眾所周知，在1945年後東亞與歐洲的歷史意識大為不同。兩個
德國在1949年成立以來，被強烈的歷史意識及歷史責任感所銘刻。
無論是西德在二戰後的經濟發展或德國的統一，都以西德參與推動
歐盟的興起為先決條件。而且，歐盟的發展最初的形成動機即是慘
痛的歷史意識：將來如何能夠避免再發生如同兩次世界大戰之災
難。在民族認同之外形成後民族式的歐洲認同，其艱難當然反映在
跨國機構之建立，以及歐洲憲法的爭論上，也反映在文化與學術層
面上。比如說，直到1990年代法國與德國哲學家的關係顯現嚴重的
溝通障礙及難以化解的誤會。這些困難在很高程度上可歸結於不同

的歷史文化經驗：在1929年出生的德國哲學家哈伯瑪斯對法國的後結構主義或「後現代」思想家的嚴厲批判，都離不開尼采和海德格與德國「國家社會主義」的糾結。直到出生於1945年以後，甚至1960年代的批判理論思想家才出現一種透過當代法國思想，重新解讀這些具爭議性思想家的可能。在過去60多年來，歐洲學者致力於徹底探索民族主義與極權專制的根源，藉以思索和解的條件。在二戰後的東亞，面對歷史的努力卻比較薄弱，未曾進入後民族的動態發展。

因為台灣特殊的地理條件，以及20世紀歷史經驗的複雜性，此一島嶼或許在東亞和解的歷程中，尤其在兩岸與日本的關係上，將會扮演或可能扮演特別重要的角色。為此，必須思考中國大陸的、日本的和歐美在20世紀的三大影響勢力，如何能理解為既緊張又互補的歷史力量。若無法承認三者既緊張又互補的複雜結構，「新台灣」很可能將停留於玄想。

二

本節從人文科學的，尤其是哲學的角度，粗略思考將外部的打壓力量轉換成內部創造力的觀點。今天，台灣學術工作的衡量標準尤其以英美學術界為主要參照，評鑑時英語的出版比中文著作更受重視。這當然反映全球知識生產中的權力結構，其中台灣不僅很難與西方學術界競爭，似乎也逐漸落後於中國大陸的研究脈動。大陸學者的問題視域益發反映出，中國在全球文化體系中的重要性不斷地增長，此乃迫使大陸學者必須以全球的視野思考當代問題。從大陸學者的研究中，可看出對當代問題的深刻意識與中國傳統資源的探索之串連。因而，長久被打壓或被看成過時的中華文化，反成為被忽視已久的巨擘。

　　如果當今中國大陸的「國學熱」與民族主義相連接，那麼在台灣，本土意識與民族主義的增強，以及相關的「去中國化」傾向，似乎嚴重阻礙中華文化在台灣成爲創造力的內部資源。不過，此解讀或許過於淺薄。從今天的角度來看，擺脫大中華民族主義，可視爲中華文化可能成爲創造力資源的重要條件（過去爲了對抗文化大革命的反傳統而宣揚「中華文化復興運動」，仍意圖維護民族主義與中華文化的緊密關係，但所造成的反效果歷歷在目）。筆者認爲，中華文化在台灣的「去意識型態化」與「去民族主義化」，有助於中華文化的創造性轉化，使中華文化、日本文化與歐美文化成爲台灣文化的共同資源。文化上的去中國化相對化了國民政府因抗戰經驗而帶到台灣的反日立場，凸顯了不同族群的衝突緊張，不同的聲音浮上台面：有人譴責「本省人」美化日本帝國主義對台灣的侵略，有人譴責「外省人」輕視戒嚴（1949-1987）及白色恐怖的慘痛經驗。此情形顯示，以不同歷史經驗爲背景的世界觀，仍然處在難以和解的對立之中。從某些面向來看，1949對台灣而言，或許代表著與50年之久的日本殖民時期之斷層。但實際上可以觀察到，在1945年前出生的老台灣人身上，仍有許多對日本文化的記憶續存於日常生活之中。此外，對日本思想史的關注，無論是日本儒學、京都學派、日本學者對東亞現代性的反思，或對曾經以日文書寫的台灣作家的研究都顯示，日本文化在1949年以後仍然是台灣文化的重要資源。台灣的文化意識避開了文化大革命以暴力反傳統，又能透過去中國化，減輕中華文化成爲民族主義意識型態的危險，對日治時期的探討也逐漸得出比較符合歷史複雜性的理解。另外，台灣也少見強烈的反西方或反美情緒，而更是以一種開放的學習甚至模仿態度看待西方。

　　對筆者而言，中國、日本和西方影響之組合的變化狀態，以及

這三種主要文化資源的複雜關係，構成了當代台灣的「主體性」及
其內部的創造力資源。此創造力乃依據這三種資源的緊張與互補關
係，而若其中的一種侵吞其他兩者，創造力便會受損減弱；此外，
毫無互動的共存，或意識型態的分裂和敵意也不利於創造力的開
發。楊儒賓先生指出：「在文化意義上，台灣比任何華文地區代表
漢文化，因爲漢文化在這裡是生活中的有機成分，它仍在欣欣不已
的創造。」問題是，此觀點是否已將三個資源的輕重過度地向中國
的資源移動。儘管可能有此質疑，筆者仍然認爲，台灣文化的跨文
化潛力的最佳發展條件乃是去意識型態化的、去國族主義化的「漢
文化」（亦即以中國文字爲核心的漢字文化）。漢語在學術與文學方
面的特殊潛力接著而來。因爲現代漢語至少間接地延續著古漢語，
並且藉由通過日文或西方語文的翻譯，已形成了跨語言的性質，現
代漢語似乎特別適合於讓三種文化資源產生活生生的關係，並使之
開顯獨特的文化創造性。

三

　　走筆至此心裡感到相當不安。以上的論述似乎過於空泛。究竟
是誰在說話？從哪一角度說話？因爲如此，本文將採取較個人的方
式切入相關反思。筆者經常被問到：你爲什麼來台灣？或你爲何留
在台灣？一旦要回答這類的問題就會發現，某些個人因素與某些龐
大的、若有似無的文化想像難以區分。筆者於1993年首次來台灣修
習中文，這確實和1949年以來所建構的台灣形象息息相關。故宮博
物院的吸引力，以及台灣將是學習中華文化最佳選擇的推薦，無疑
構成了來台的重要理由（此外，語言教學的品質，以及居住環境的自
由選擇，在個人層面上加強了台灣的優勢）；而中央研究院的工作條

件和研究自由，又提供了留在台灣的良好機會。在台灣十幾年，筆
者經常面對兩種截然不同的反應，有時聽到「你比中國人還中國」，
有時亦聽到「你不懂我們的文化」。所以，角度是域外還是域內，
或是非域外非域內，亦域內亦域外？一般來說，此一不確定性的問
題不會造成太大的困擾。不過，在面對某些質疑的時候，不得不作
釐清的努力。例如，有人問「你如此投入對中華文化的學習，是否
意味德國人因為民族認同的困頓，而缺乏對自己文化的信心？」

　　據悉目前已有約10位德國朋友在台灣哲學界工作。我們當然也
會討論為什麼都是德國人，而不是法國人，或不是其他歐洲國家的
人。問題的回答，必然涉及20世紀德意志民族主義所引發的災難性
影響，以及二戰後對民族主義的徹底質疑與深刻反省。這些質疑與
反省，不僅促使了二戰後的德國成為推動歐盟的關鍵力量，似乎在
思想上也提供了突破歐洲中心主義的有利條件。依此筆者承認，青
年德國哲學家到台灣投入當代漢語哲學，確實與德國的特殊歷史經
驗及自我懷疑的頓挫有關。但另一方面，筆者亦不認為，學習中華
文化便等同於拋棄德國文化或歐洲文化，反而是另有體會：越是能
深入中華文化，越是能深化對歐洲文化的認知，並從中發掘新意。
在學習的過程中，對中華文化在台灣的原始想像逐漸幻滅。同時，
歐洲文化與中華文化的比較架構崩解了，使得中華文化不再是單純
的域外或他者，在此過程中已然從較靜態的對照思維，轉而過渡到
跨文化的動態場域。台灣的本土化、去中國化運動質疑了大中華民
族主義，一則挑戰台灣能代表中華文化的信念，另又巧妙地與德國
二戰後的歷史頓挫與文化意識，發生深層的呼應。由跨文化共同問
題出發，反思中華文化與歐洲文化及其跨文化動態的信心隨之產生。

　　換言之，跨文化思考突破異己分明、血統純正的民族主義意識
形態，讓思想觸及哈伯瑪斯所謂「後民族組構」（postnationale

Konstellation)。臆想以過去民族主義與國家文化融爲一體的思維模式，不可能和平地解決海峽兩岸的問題。因此，中華文化能否展開後民族格局，對當代東亞而言是極爲迫切的課題。的確，台灣擺脫中華民族主義的同時，又陷入了台灣民族主義的悲情與挫折。然而，倘若轉換思維，以既非中華民族主義、亦非台灣民族主義的角度思考問題呢？這樣的可能似乎在艱難的政治與文化情境中萌生，促使我們展開另類思維與嶄新的文化想像。

何乏筆(Fabian Heubel)，中央研究院中國文哲研究所副研究員。研究領域：跨文化研究、當代歐洲哲學、漢語哲學、美學。著作目錄可參考個人網頁：http://www.litphil.sinica.edu.tw/heubel/。

探索1949

1949大撤退

作者/林桶法
定價/390元
開本/25開直排
裝訂/平裝
出版日期/2009年8月

1949年的大遷徙，是一個強烈的時代印記，當年蔣介石決定來台的原因與時機是什麼？政府各部會遷台的經過如何？外省人遷台有哪些困境？1949年的大規模戰後移民潮，究竟在台灣歷史上占據著什麼樣的地位？本書從蔣介石來台前的部署與撤退計畫，到來台初期的反攻努力，以及政府各機關、重要人士與文物的遷台經過，還有一百多萬的外省人來台後，對台灣造成的衝擊與影響等，都有詳細的敘述與分析。

1949國共內戰與台灣──
台灣戰後體制的起源

作者/曾健民
定價/360元
開本/25開直排
裝訂/平裝
出版日期/2009年11月

本書主要從政治、經濟、軍事各方面綜述了1949年國共內戰的歷史過程。從抗戰勝利後，國共雙方簽訂〈雙十協定〉，並召開了「政治協商會議」，及至國共內戰再起，政經陷入總危機開始，1949年經歷了「三大戰役」、蔣介石「引退」，以及第三次「國共和談」破局；接著，解放軍過江京滬易幟，蔣介石以及國民黨政府雖然保有半壁江山，仍然欲振乏力，東南、華南、西南防線接連著潰敗，終致撤逃台灣。

作為國共內戰重要部分的台灣省，逐步成為國府的「反共復興基地」。在蔣介石的主控下，獨掌台灣省政治、軍事、黨務以及經濟大權的陳誠，先成立了台灣省警備總司令部(後改名保安司令部)，實施「出入境管理」、戶口總檢查，以及施行「戒嚴」；接著實施「三七五減租」以及新台幣改革。京滬失陷後，大批軍政人員撤台，台灣與大陸的通訊經貿往來斷絕，取而代之的是重建與日本的經貿關係，並對大陸進行海、空軍的轟炸、封鎖，進行「敵後游擊作戰」；在島內則開始徵兵，建立全民皆兵制度，強化戒嚴，徹底進行反共宣傳，嚴查「禁書」，並進行「白色恐怖」統治。這些都成了日後台灣內戰體制的起源。

本書並配以一百多幅歷史照片，作為影像的歷史見證。

聯經出版公司
www.linkingbooks.com.tw

1949年的迷思與意義

林桶法

在人類的歷史上有許多關鍵的年代，可能是一場戰爭，如第一次世界大戰爆發的1914年，可能是一個條約的簽訂年代，如1895年中日馬關條約，也可能是一場瘟疫的開端，如1340年代蔓延於歐洲的黑死病，或是一場革命的開始，如1966年中國文化大革命，1917年的俄國革命。但最被關注的是朝代興亡或政權更替的年代，如1911年的辛亥革命及1949年的中華人民共和國的誕生。從人類的發展過程而言，這些關鍵的年代改變了許多人的生活方式或思想，甚至造成國亡家破，或民族的危機。

近幾十年來中國最被關注的就是1949年。有些學者如傅國涌以知識分子爲題，有學者如張仁善寫當時的中國社會，有些則從政權更替的角度出發，如大陸學者田居儉談到：「這一年，是中國人民解放戰爭取得偉大勝利和宣告中華人民共和國誕生的一年⋯⋯這一年是中國人民爲實現國家繁榮富強、走上社會主義道路奠基的一年。」台灣學者呂芳上認爲：「此期間1949年的變局：中共建國、中華民國政府播遷台灣、加上接著發生的韓戰，造成斯後半世紀海峽兩岸的長期對峙，實是歷史上的一大轉折。」

歷史學家比較少用假設去思考問題，因爲大部分的歷史學者都認爲歷史是研究已發生的事實，因此假設是毫無意義的，但當我們

在思考一些問題時，能夠多用一些「如果」，或許可以獲得更多的思考面向。哲學家李澤厚從清末革命所帶來的情形，去反思革命或者再革命的必要性，估不論有多少歷史學者贊成此種說法，但這樣的思考方式仍然是值得去嘗試的方向。在這樣的邏輯思考下，如果沒有中國共產黨新政權的成立，到底中國現在是一個什麼樣的國家，是三民主義的實現？還是權威體系與貪污官僚領導下內鬥不斷的局面？循著當時局勢的發展，國共間的紛爭應該不容易停止，因為1949年初的中國共產黨已經不是1927年時的中國共產黨，已佔據長江流域以北的大部分地區，軍隊數量足以和國軍相抗，而美國所期盼的國共聯合政府成立的可能性較低。問題不在於國共領導者蔣毛之間的互不相讓上，而是兩個不同的體制實很難並存，因此國共內爭下分疆而治是最有可能的結果。只是中國自清朝以來統治的領土如何劃分，長城、黃河、長江還是台灣海峽？從結果論來看或許許多人未料到，但確實是當時發展的一個可能的選項。而其關鍵點則在國共內戰的結果，尤其是1948年國共的三大戰役，但轉折點則在1949年。

本文在反思1949年之前，指出幾個迷思作為思考的起點：

首先是政權變動的問題。評估新政權的成立到底是正面還是負面，「成王敗寇」好像成為歷史中最好的詮釋。雖然一些學者希望不要有「成王敗寇」的觀念，如梁漱溟提到：「我倒不主張由共產黨把一些國民黨人捉來審判治罪。事實上亦捉不到，而且，這樣好像一切是非皆隨勝敗而定。」但當時確有許多人基於現實來評述國共的戰局，將戰爭的責任推給國民黨的腐敗。許多原本與共產黨畫清界線的人，中共建國後方知是中共的地下工作人員，或是同情中共的革命份子。也有在國共內戰中堅持與中共決戰者戰敗後成為俘虜罪犯，與中共妥協談判者卻成為英雄。國軍將領陳長捷有一次談

到傅作義時說：「他自己在進行和平談判，卻叫我堅守，結果他成了起義將領，我成了戰犯。」這樣的思維不僅見於當時輿論的轉向，甚至在後來政局的檢討上，不僅是國內如此，美國亦是如此。1949年底到1950年美國掀起失去中國的檢討，到了1960年代則開始檢討失去機會——即爲何失去與中共交往的機會。隨著中共逐漸強大，「成王敗寇」成爲評論者的主流思想。歷史的解釋權永遠都屬於勝利者，但歷史的解釋並不一定是歷史的真相。我們要尋找的不是別人告訴你的東西，就像你丟一個問題到網路上詢問，許多熱心回答的答案不但欠缺而且可能錯誤百出。成王敗寇不應成爲一個定論，就像現在在大陸最流行詮釋問題的民族主義史觀（只有抗戰才是英雄，只有跟著中共革命走的路才是正確），也還是一種成王敗寇思想的延續，是有問題的。

其次是分合的問題。中國歷史上本來就出現許多政權的競逐，也出現過多次的分裂。漢末的三國時期，及南北朝時期都是屬於分裂。或許過去受三國演義作者羅貫中「天下分久必合，合久必分」的影響，以爲合是歷史的常態。但如果從領土的變動性及政治的領導而言，在歷史上分合應該都是常態。在一個朝代中，有些政令是無法及於某些地方，看似一統，實則分裂。以民國史爲例，只有民初短暫的五年是合，1917年後南北政府分裂，1928年到1937年是形式的合，1937年日本侵華後又是不同分裂的情況，1945年到1949年是形式的合，1949年後則又是長達60年的分。如果中華民國以98年計算，大約只有20年的合，78年是分的，因此分合應該都是常態。但在台灣的人民經過60年中不斷的掉入分合的泥沼中，而中共看來也是一樣。就中共來看，1949年是一個新政權的開端，中華民國在1949已不存在，可是還是認爲曾經是中國過去所統治過的領土是要統一的，又陷入三國演義中分合的迷思。

　　再次是政權變動後評析新政權的價值而言，時間的線性觀察到底多久才算合理？民國成立之初，就有人開始懷疑中國是否真的適合民主共和制。民主共和國並未解決中國的問題，外國列強的不平等條約依然存在，經濟的困窘程度依舊，社會的對立與紛爭沒有解決，舊官僚系統的統治者只是換個名詞而已，民國到底有何作用？袁世凱的顧問古德諾就認爲，中國不適宜實施民主共和。當時民國才剛成立，民主運作所最依賴的教育問題猶未改善，外交的問題也非短時間可解決，民主共和在中國的問題不在於這一制度本身的缺失，而是在人民觀念上無法跟上時代，還是期待一個強人領導。經過二千年的帝制，人民已習慣被領導，而不習慣成爲時代的領導者。孫中山的退讓在當時並未被歌頌。一個強人袁世凱去世後，更多人想要成爲另一個領導的強人，即使當不了全國的領導者，也要成爲地方的霸主。軍系領袖成爲實質的領導者，武裝成爲一種力量，孫中山最後也不得不承認這樣的現實，建立黃埔軍校作爲其理想實現的後盾，蔣介石也因此而成爲新的領導者。北伐統一雖然建立起蔣的領導威望，但其他的軍系希望能分享共同的權力，蔣並不願意好不容易統一的局面被分割，但內外的時局不允許，中國又陷入內鬥與外侮上。最後雖然戰勝了外敵日本，在國共內戰中卻丟掉了整個大陸。

　　我們如何去評價中華民國在大陸的38年？或許許多人直覺的就想到貪污腐敗的官僚，內戰不斷的格局。但要評價一個政府的作用或價值有許多指標，人民經濟的富裕、教育的程度、國家的競爭力、國際地位、生活的品質、安定及安全的程度、兩性平等、自由與開放、參政情形等都可以拿來作量尺。如果就比較而言，民國38年與清末50年相比，有許多方面是進步的。人民有更多參政的機會，教育程度提高了，兩性較爲平等，社會較爲開放，這些都是進步的。

至少在中國歷史上，民國初期的五四新文化運動，在思想的啓迪及知識份子的言論自由程度而言，是其他朝代所不能比擬的，所建立的價值觀亦是後代所追循的典範。這可能不是那一個人的功勞，而是制度：民主制度與開放的輿論下才有可能結出思想的果實。如果我們用思想的開放與知識份子的論辯標準來衡量，**台灣與大陸都經過威權時期，都對言論作了若干的控制，因此至今文化思潮上仍無法超越民國初期所建立的貢獻**。更重要的是，海峽兩岸至今對於自己文化的思索其實是不夠的。大陸地區在傳統、創新、西化與共產制度之間擺盪，台灣地區亦未找到一條合於後代子孫所追索的方向，文化的定位與走向不明，只能就一些小問題爭吵，教科書的用詞、文言比率的百分比似乎較百年大業重要。在這一點上，顯然民國時期仍有值得肯定者。

從2009年來觀察中華民國及中華人民共和國，都有許多值得稱許的地方。台灣開放的程度、自由的程度、經濟發展的潛力等往往為人所稱頌，大陸改革開放後的經濟發展、建設與民族主義的認同上、甚至讓那麼多的人口衣食無缺等方面也確實不容易。但如果把時間點放在1960年代，那麼這兩個政府可被批判的地方甚多。因此，評述一個政權，時間線性的觀察是極為重要的因素。但到底要是5年、10年，還是50年、100年，則見仁見智。但用較長時間進行分析應該是必要的，同時要用政治統治的普世標準作為量尺有其必要，否則又會陷於各說各話的迷思。

接下來要討論的是1949年的問題。這一年對一些人來說是關鍵的年代，但對另外一些人而言是無關緊要的年代。就政權而言，中華民國政府被迫從中國大陸遷移至台灣海島，許多人跟著逃難。可是在這個變動的年代，一個角落正在逃難，另一個角落正在慶祝，更多的地區可能一如往常，很難以一個畫面涵蓋所有的事實。這裡

先討論政權變動對台灣的意義。

　　不論中華民國的政權分爲二大階段、或者如張玉法先生所談到的三個共和，1949年都是分裂點。政府在大陸統治38年政權，在台灣至今已統治60年，來台後的政府與統治大陸時期的政府，有其斷裂性與連貫性，1949年是政府的交替與再生。

　　經過60年後如何看待1949年？從歷史脈絡而言，1949年的逃難潮爲台灣注入新血，文化及社會都起了變化。新的移民精英，無疑對台灣是一股動力。許倬雲在檢討1949年前中華民國結構上的缺失時提到：「這結構的上層在1949年移植於台灣，他們的人數很少，可是品質不差，我指的是農復會、台大，經濟部，這些幹才，他們在台灣能夠發揮的功能卻比大陸上好。」來台的將領成爲鞏固民主的力量，留在大陸的國軍將領，則有不同的結局。張仁善在談到當時留下的知識分子時提到：「單純以擁護共產黨、歡迎解放軍、盼望民主自由等政治信念，推斷1949年大批知識分子留在大陸的全部原因，也許最省事，歷史往往不像人們想像的那麼簡單。」這些都是極佳的反思。

　　經過60年，如何看待1949年左右蔣介石暨中華民國政府與人民遷台，是一個相當值得討論的課題。張玉法曾經談到：「從中國歷史的長流來看，清國－中華民國－中華民國和中華人民共和國，其承續和斷裂的脈絡相當清楚。」的確，在民國以來，政府或政權變動的三個時期：1912年、1928年、1949年，有其連貫性（或承續性）與斷裂性。第三個時期在大政方針上，大部分爲第二時期的延續，但領土僅餘數百分之一，人口僅餘數十分之一，立國態勢截然不同。在人事的布局上，在遷台之初的重要人事大部分是大陸時期的連續與擴大。蔣介石在1950年3月復行視事，大陸時期選出的民意代表來台繼續運作，隨後實施孫中山的建國理念，使台灣成爲三民主義的

模範省，維持法統上的延續性。但這樣的延續性經過解嚴後的開放選舉，法統已不在重要，重要的是誰能贏得多數的選票執政。正藍不重要，與大陸的連結也不重要，這樣的法統延續其實存在若干危機。

大量外省人遷至台灣，也使情感、血緣上與大陸密切的結合在一起，這也是一種延續，這種延續在來台的第一代最為明顯。當蔣介石無法帶領這批人反攻大陸，當時又未開放探親，只得告訴家人「王師北定中原日，毋忘家祭告乃翁」。經過開放探親後，許多人紛紛踏上回鄉的旅程，本抱著極大的希望，老的希望回家，一解思鄉之苦，第二代希望尋根。但第一代往往有「少小離家老大回」的失落感，大陸經過文革之後變動太大，故鄉的親人流離失守，在感傷與金錢物資的襄助之後，回家的欲望變弱。即使他們可以選擇回大陸定居，但幾十年來，台灣還是大部分人的選擇。第二代第三代則認為那只是先人的故鄉，血緣與地緣的連結愈來愈弱，認同台灣的程度加強，傳承似乎還存在，但也相對脆弱。

1949年在延續大陸的同時，亦有其斷裂與改變。有些改變是正面的，如民國以來各省之間省籍衝突，來台者雖然各省都有，外省人成為命運的共同體，過去各省之間的衝突問題變淡。派系的問題自民國以來不論是軍系或政治派系都嚴重，經過國共內戰及來台的整頓之後，軍系只剩下蔣系統的派系，只有軍種的不同，沒有對中華民國認同的問題。政治派系，雖然立院仍有過去陳立夫CC系的問題，但經過陳立夫出國，齊世英被開除黨籍之後，政治的小派系不再成為政府推動政策的障礙，這些都是正面的斷裂性。但相對地，文化傳承也出現危機。來台之後蔣一直推動新生活運動，但新生活運動不是儒家文化的縮影。在教育與時代的變遷下，傳統的倫理變得愈來愈脆弱，人與人之間，五倫或六倫間也不再是傳統的那一套。

有人感嘆這就是斷層，這些延續與斷裂自與1949年大遷徙有關，1949年是接續兩個時期的開端。

　　最後討論對台灣的影響。國共內戰後政府撤退來台，其實是許多人所始料未及者。抗戰結束之後，不論是軍隊的數量、武器的精良程度、統治地區或統治區的人數，政府都具有絕對的優勢。但國共內戰到後期，國軍漸趨劣勢，節節敗退，最後撤至台灣。從1945年之後或1949年之後約有120餘萬人相繼來到台灣，他們在台居住長達60年之久，成為繼原住民、閩南人與客家人之後的住民，不論稱為外省人或新住民，事實上都是台灣人。經過第一代、第二代，甚至第三代，已產生許多變化，許多方面與當時來台的環境已有極大的差異，但他們的到來對台灣文化、教育、社會、經濟等方面都帶來相當大的衝擊與影響。有些影響是立即，有些影響則是潛移默化，有些的影響是正面的，有些則是負面的，我寫完大撤退的過程及問題，最後最難下筆的是這批外省人對台灣的影響問題。但為了了解1949年對台灣歷史具有斷裂與延續、傳承與創新、排擠與融合的意義，在此僅就來台初期外省人所產生的衝擊之犖犖大者做介紹，不能就個案作討論，容或有化約，舉例偏狹之病，但為避免繁瑣，亦不能不如此。

文學藝術

　　台灣經過明清時期的統治，加上大部分的移居者來自中國，與中國有同文同種的關係，本具有中國傳統文化的特質。然由於自清末以來港口的開放、現代化的建設，台灣文化加入許多西洋的因子，經過50年的日本統治，日本文化逐漸影響台灣，日本統治台灣時期引進許多西洋藝術、繪畫、思想、建築(巴洛克式)等也融合其內，

使台灣具有多元的海洋性格。

日本投降後，不論是已成名的藝術家，或來台才孕育的外省人才，在文學、藝術等方面都有其影響，其範圍相當廣泛，可探討的主題相當龐雜，僅舉一些具體方面的影響略述如下。

書畫方面，雖然當時來台的藝術專家與人才，就全中國而言，可能只是極其少數，但這些藝術人才對台灣有若干啓迪的作用。日本投降後，大陸來台的畫家有張大千、黃君璧等，對日後台灣美術發展的啓發相當大。影響台灣畫壇者，不僅是當時已成名的畫家，還有些是隨家庭或軍隊來台，日後成爲畫家，如劉國松1949年來台借讀於師大附中，日後從事水墨的革新，倡導中國畫現代化。書畫家黃群英（江西省），1949年來台擔任公職，長期致力書法教育工作。其他如李文漢、李世家等，經由這批書畫家的傳承，台灣在繪畫藝術上有濃濃的中國風格。

建築方面，來台的大陸建築師解決鄉愁的形式，具體引進中國傳統宮殿式的建築。1950年陳聿波在高雄台灣銀行分行首先設計了「宮殿式」新建築，其後緊接著成群的宮殿式機構建築出現，如舊國立中央圖書館（利群/陳濯，1955）、台北市立綜合運動場（基泰/關頌聲，1956）、台北科學館（盧毓駿，1959）、台北文化大學大成館（盧毓駿，1960）、台北圓山大飯店（和睦/楊卓成，1961－1971）、台北故宮博物院（大壯/黃寶瑜，1965）、陽明山中山樓（澤群/修澤蘭，1966）等皆是採用鋼筋混凝土建造的華麗裝飾性古典建築。除宮殿式的建築外，戰後來台的大陸建築師有另一批留美建築菁英，他們受現代建築大師的影響如金長銘、張肇康、陳其寬、王大閎（國父紀念館建築）等人，他們反對裝飾，企圖以樸素的材料本質與清水混凝土的構架，來重新定義中國建築文化，發展新傳統形式。另有隨空軍於1948年來台的賀陳詞（台南市大同教巴哈伊中心）等對台灣的建築

發展都有一定程度的影響。雕塑方面，1950年何鐵華《新藝術》雜誌創刊，倡導建立一個自由中國本位精神的文化體系，鼓吹現代美術思潮。這些藝術家來台，豐富台灣文化的內涵。

戲劇方面，以表演藝術團體爲例，京劇是民初以來大陸的主要戲曲之一。在日本統治台灣時期，台灣的表演主要以布袋戲、歌仔戲及一些民間的車鼓陣爲主。到光復後，大陸的京劇、崑曲、話劇等相繼在台灣生根發展。雖然許多表演具有政治宣傳的目的，但正如王安祈教授提到國軍文藝獎（俗稱競賽戲）時所說：「由於競賽戲基本上是以鼓舞國軍士氣爲前提，所以選擇題材時特別強調主題意識，句踐復國、毋忘在莒、岳飛抗金、推翻蒙元之類的情節便經常搬演。近年來，競賽戲承擔了許多社會上的負面批評，但至少就當時觀眾現場熱烈的反應來看，或許我們仍不宜以一句『政治干預戲曲』來爲它做籠統的論斷」；1950年初期，雖然台灣地區的野台表演仍以歌仔戲、布袋戲爲主，但戲劇院等表演場所，特別是一些特定的場所如台北市的中山堂等，長期以來都是來自大陸的表演團體的舞台。

文學方面，大陸來台知名的文學家不算多，但由於國民黨政府失去中國大陸的政權，來台政府的領導者檢討失去中國大陸的原因之一是受思想的影響，爲生聚教訓，鞏固思想，去左翼化成爲當務之急的工作。1950年4月，中華文藝獎金委員會成立，文藝獎給獎除有高額稿費之外，並轉介到其他報刊發表。1951年發行的《文藝創作》月刊，成爲其發表的重要園地，當時許多來台作家喜歡在《文藝創作》發表其作品。1951年5月4日，中國文藝協會成立，由立法院長張道藩主持，積極推動反共抗俄文學。1953年8月1日，中國青年反共救國團大力支持的中國青年寫作協會成立，成立典禮上，王昇提出國防文學的口號。同時國防部總政治作戰部設置軍中文藝獎

金，促成軍中創作的風氣，《軍中文摘》也於1950年創刊，透過這些獎倡及對左翼思想的禁制，反共懷鄉文學，蔚爲1950年代文壇的主流。當時在《文藝創作》發表的作家，如朱西寧、段彩華、墨人、蘇雪林、齊如山、王藍、陳紀瀅、司馬中原、張愛玲等大多來自大陸，他們展現出來的不僅是一種對故鄉的情懷，更重要的是推動反共抗俄的文藝氣息。作品有時不免流於八股，激起1970年代在文壇上鄉土文學如黃春明等的論辯，但對台灣文學的發展是有助益，豐富台灣文學的內容，使台灣的文化加入更多元的因子。

展示文化方面，從大陸遷移來台的故宮博物院、中央圖書館、中研院歷史語言研究所等文物，更有其重要的貢獻。中央圖書館的典藏善本書的遷台，增加台灣圖書的收藏，豐富台灣的文化內涵。

總體而言，1970年代以前，雖然有些本土的文學、繪畫、音樂等仍繼續其發展，但中國傳統文化儼然成爲主流。

學術的傳承

高等教育方面，許多原在大陸地區的大學紛紛在台復校，大學方面，如清華大學、輔仁大學、東吳大學、中央大學、交通大學等不論是公立或者私立，其教學理念與立校的精神，對台灣地區而言，不僅是傳承，也是再生，樹立不同的典範，使台灣的高等教育更加的多元。以國立政治大學而言，過去是中央黨校，早期領導者與國民黨的關係密切，現有許多建築大樓如季陶樓、果夫樓、志希樓、道藩樓等，所紀念的人物在大陸時期都是重要的黨政要員，其教育風格有濃濃的黨政味。又如輔仁大學、東吳大學等過去在大陸時期即有其相當的歷史，都是教會辦的學校，來台復校之初的重要籌畫者，都具有宗教背景，傳承的味道濃厚。

　　學術的發展本來就有承續性。臧振華教授就提到:「民國34年
台灣光復以後,日本考古學者逐漸離開了台灣考古的舞台,而在大
陸以發掘安陽殷代都城遺址聞名的一批考古學者,包括李濟、董作
賓、石璋如和高去尋等,卻隨中央研究院歷史語言研究所遷至台灣。
他們的到來,使得因為撤離而瀕臨中斷的台灣考古重新獲得了生
機,對爾後這門學問的存在和成長,發揮關鍵性的作用。」

　　由於許多大陸學者陸續來到台灣,使大陸的學術得以在台灣延
續。以歷史學相關的發展為例,在學校方面,台灣在日本投降之初,
僅有台灣大學設有歷史系,其後1946年台灣師範學院設有史地系,
大部分的師資來自大陸如傅斯年、姚從吾、李濟、董作賓、方豪等,
其中又以傅斯年引介的貢獻最大。1952年胡適在台大演講時提到:
「現在台大文史的部門,就是從前在大陸沒有淪陷的時候也沒有看
過有這樣集中的人才,在歷史、語言考古方面,傅先生把歷史語言
研究所的人才都帶到這裡來,同台大原有的人才,和這幾年來陸續
從大陸來的人才連在一起,可以說是中國幾十年來辦大學空前的文
史學風。」

　　許多的研究大部分是民國以來的延續。1950年代進入台大就讀
的李亦園及許倬雲等,都受到這批大陸學者的薰陶,許倬雲教授多
次提到台大和史語所不少師長(李宗侗、李濟、董作賓等)對他的栽
培和影響。

　　至於中小學的教育內涵方面,注重傳統中國文化的傳承與中國
大陸地理、人文的介紹,儒家的觀念與思想成為教養學生、規範生
活的典範。此外在生活作息與教育內涵上加上許多反共、愛國、忠
於領導的內容。由於大陸的失陷,蔣介石認為思想教育與生活教育
的失敗是其原因之一,因此將大陸時期推行的新生活運動內容移至
台灣實施,到處都可看到整齊、清潔、簡單、迅速、確實的口號。

　　此外大力推行國語教育達到統一教育的目的。日本投降之初陳
儀擔任台灣省行政長官，引介其同鄉好友許壽裳（1883-1948）爲台灣
省編譯館館長，主要的任務即是推展國語文，編寫中小學國語教材。
在中小學的教育用各種方式達到推行國語的目標，凡是在學校講母
語者都會受到糾正，電視節目中要求各重要的時段必需以國語節目
爲主。由於1960年代布袋戲風迷全國，布袋戲原以閩南語爲主，被
要求國語配音。這些強勢作爲，從統治的角度而言，可能無可厚非，
但相對的也使台灣的母語受到一些影響。

帶動台灣的建設與發展

　　台灣今日的發展是經過清季與日治長期推行現代化的結果，但
中華民國政府來台確有也有其貢獻。在1949年關鍵的年代，台灣的
處境甚爲危險，蔣介石在國防上全力鞏固台灣的安全，加以美國也
意識到台灣對穩定遠東局勢有一定的作用，適度的給予軍事與經濟
（美援）的協助。同時政府在金融政策與土地改革上作了相當的努
力，使台灣在穩定中逐步發展，其中大陸菁英分子及技術官僚加入
台灣的建設，許多大陸的企業或產業遷至台灣繼續發展，對台灣的
經濟亦有一定的貢獻。

　　1949年前後，大陸紡織工業紛紛遷台，其中又以台灣最缺乏的
紡紗廠設備最多。華南紗廠由上海、寧波裝運紗錠3000枚來台設廠，
台元紡織公司由於吳舜文力主遷台，搬遷一萬錠的機件來台，雍興
實業公司於1948年底遷台，中國紡織公司於1949年5月在台成立辦事
處，並將華南各辦事處的物資遷台，成立紗錠一萬枚、布機300台的
台灣紡織廠。此外，申一紡織廠、嘉豐紡織廠、萬寶紡織廠等三家
超過100台動力織布機的廠商從上海遷台；針織衫衣部分有超過一半

以上由上海、青島遷台，其中較有名的如：遠東針織廠公司、建國棉織廠、慶祥棉織廠來自上海地區，六和棉織廠來自青島，另有台北紡織公司、華南紡織公司等，不論是紡織工廠數，或設備的規模亦逐漸擴增，對於台灣往後紡織業的發展自有其影響。

國民黨黨營企業如齊魯公司、天津恆大公司、濟南興濟公司、瀋陽益華公司、安徽農產公司、上海樹華公司、永業公司、台灣興台公司等，因應國民黨政策相繼遷來台灣，對台灣的橡膠業、棉織業的發展亦有助益。其他方面如：在青島設立多家工廠的尹致中，於1947年來台創立大東工業公司，創設造紙廠，兼生產自行車，都有一定的貢獻。

雖然有許多人都認爲蔣介石對台灣的最大貢獻是保衛台灣的安全，蔣經國執政時期才開始一連串的建設。但其實建設是連續的，許多外省軍人退伍之後積極參與開發東部及許多困難地段的公路交通建設。台灣能有今天便捷的交通是經由台灣人民共同努力的成果，這樣的成果不能以百分比區分，只要生長在這塊土地爲這片土地付出者都值得肯定。

台灣族群的問題：芋仔與蕃薯的糾葛

外省人到台灣雖有許多具體的貢獻，但最爲人詬病者即是族群的問題。其實在中國各省都存在群族的問題，台灣的族群問題因有其歷史與政治的因素，較被一般人所重視。中國大陸各省120餘萬人撤退至台灣，直接立即的影響即是人口族群結構有所改變。本來日治時期台灣的人口結構以閩南（福佬）、客家、原住民及日本人爲主。日本投降後，日本人除留用的技術人員外，大部分相繼回國，台灣的人口結構即以閩南（福佬或河洛）、客家、原住民、外省人爲主，

形成四大族群。移民者當然也希望獲得認同,然由於歷史因素產生許多不合諧性,族群衝突與融合成爲台灣變動的因子。

以戰後台灣的族群結構而言,1945年本省籍(含閩南、客家、原住民),占99%,1949年,本省籍占94.3%,外省人僅有5.6%,到了1961年,本省籍爲87.8%,外省籍人口占12.2%。雖然這項比例未將軍隊人數計算在內,即使加上軍隊,占台灣總人口的比例仍不算高(約15-20%左右)。但在政治地位上,不論是黨政的領導階層,或中央民意代表,外省人都占有絕對的優勢。而且由於這批人居住集中於某些地區,語言不同於原來台灣居住的居民,形成一個特定的群體,被稱爲「外省人」、「阿山」、「芋仔」。這批人到台灣之後,對台灣產生一定程度的影響。

首先,從來台外省人內部的融合而言,戰後初期,外省人來台者雖然以福建、浙江、江蘇、廣東、山東省居多,但其他各省也有,來到台灣之後,不僅是與台灣省內的三大族群的融合,也是大陸各省間族群的大融合。從民國以來,歷經軍閥統治、國民政府的統一,不僅有中央與地方的衝突,省籍的排擠問題也一直存在;戰後初期歷經共同逃難的苦難,加上政府在安置上所形成的眷村感情,外省人與外省人之間的紛爭與競逐可能還存在,但相互的排擠減少,在共同記憶如對日本人的仇恨、恐共的心理及對大陸的情懷上較爲一致,使原來在大陸時期的省籍問題來到台灣之後的確變淡。特別在國家的認同上,在台灣的族群氛圍下,福佬、客家、原住民在政黨支持與國家認同的立場上比較異質而分歧,相對的,外省人則有較高的同質性。

在台灣地區造成外省人與台灣閩南、客家甚或原住民族群間的糾葛原因甚多,最重要者是歷史與政治因素。從歷史因素言,台灣與大陸間50年的隔閡及1947年發生的二二八事件,應是主要原因。

由於二二八事件造成甚多人傷亡(約萬人)，當時政府又沒有有效的因應，並勇敢的面對，以致延伸許多的仇恨，被宣傳成台灣省人與外省人的衝突。政府遷台之後，問題依然存在，加以戒嚴時期許多人因為思想而被迫害，有大部分的受害者及其家屬，便將之歸於省籍問題。就政治的參與及政府黨政結構而言，外省的精英仍佔多數，「外省人」在黨政軍統治地位的優勢，代表著政治的權力與社會地位的強勢者，相當程度的擠壓部分台籍人士的發展，這也引起屬於台灣地區的多數族群的閩、客人有所微詞。自解嚴後的選舉，許多候選人以省籍進行操作，一些事件亦被擴大成省籍糾紛，也加深外省人與本省人之間的隔閡。這樣的現象經過60年後亦未見改善，特別是競爭激烈的選舉，族群訴求似乎成為被可避免的痛。

其次就是語言與文化的問題所造成的隔閡。共同的語言、文化與共同的記憶，較容易融合；相對的，不同的語言、文化則容易引起不必要的誤會。這批渡海來台的逃難者不會使用島上通行的福佬語(河洛語)或客家語，無法與當地居民流暢的溝通，無形中也是一種隔閡。特別重要的是經過50年後大陸與台灣在文化認知上的問題，台灣保有閩客移民刻苦耐勞的精神，加上日本的統治，生活簡樸而講紀律。外省人來自大陸各地，對閩南文化缺乏瞭解，如柏楊提到他太太小時候在宜蘭的經驗，許多軍隊撤退來台之初，無處可居，乃安排住在傳統的四合院內，許多眷屬嫌門檻礙路，擅自將之打掉，引起屋主的不滿。政府來台後，仍延續過去喜歡走後門(即利用關係)為人說項的文化，亦使重法紀的台灣人不敢恭維。其他小自說話語調，大至生活禮儀，外省人都與本省人不同。

大量眷村的興建，雖解決外省人居住的問題，但外省人自成為一個文化圈，無形中也是一種隔礙，本省人與外省人間好像總是存在著一些鴻溝。族群間的矛盾未能消弭，成為往後台灣相當棘手的

問題。

從特殊到融合

　　外省人到台灣從最先某一部分的特殊性，漸漸融合成為台灣文化的一部分，眷村及眷村文化即是來台初期的特殊現象。由於超過百萬軍民到台灣，政府為安頓隨軍而來的眷屬，建立許多眷村，可以說是政府安置龐大遷台外省籍軍人有計畫興建的公有住宅社區。這樣的眷村先後有300餘個，一般而言依照其軍種性質來區分，住在同一眷村內的軍人大部分是同一個軍種，甚至同一個部隊，眷村成為一個大家庭，每戶雞犬相聞，守望相助。眷村家家戶戶竹籬笆牆的圖像，早已成為戰後台灣早期的獨特景觀。住在眷村外的閩南人或客家人，雖與眷村比鄰而居，但由於生活習慣、語言不通，往往沒有太多的互動，竹籬笆牆內外好像是兩個世界。隨著時代的進步與環境的變遷，眷村一一改建，當年的眷村文化成為文學及戲劇家追索的記憶。

　　這批外省人來到台灣，除了適應與融合台灣的生活文化之外，也帶來大陸時期各省的生活習慣。各省的家鄉菜充斥街頭巷尾，麵食、川菜、湘菜館林立，成為許多人生活消費的地方。台灣民眾過去的衣著儉樸，由於移居台灣者以大陸沿海城市居多，一些高級的服飾店增多，「海風」(上海)、「港風」(香港)的奢華與時尚，對台灣衣著帶來一些負面的評價。但大陸人的部分衣著(長袍馬掛、中山裝、旗袍)，也成為當時台灣生活的一部分。相對的，台灣的飲食文化也成為外省人生活的一部分。今天台灣的飲食為華人世界所稱頌，原因即是融合與更新，將大陸各地的特色，作出適宜台灣飲食文化的美食。不僅是飲食文化，其他方面外省人與台灣人在彼此互

動下、相互交流下，移民者帶來新的文化思維，本身亦逐漸融入整個社會中。台灣在這股新的動力加入後，不論是本省人或外省人從生活習慣到文化思維確實有一些改變。

對台灣而言，1949年可以說是接續民國以來歷史發展與台灣歷史發展的開端，外省人來台給台灣帶來了正負兩面的影響，在不斷的衝擊與融合中，給台灣增加了許多歷史的材料，所建立的多元文化價值應該值得肯定。

林桶法，輔大歷史系教授，較重要的著作包括《從接收到淪陷：平津地區的接收與復員》、《戰後中國的變局》以及《1949大撤退》（聯經，2009）。

中華人民共和國成立的歷史意涵：
從梁漱溟的視角看

賀照田

一

　　1949年10月1日毛澤東在北京天安門宣布中華人民共和國成立。有意思的是，這一歷史事件，當時便在很多人心中引發強烈反應、事後更被證明具重大標誌性，但在介入中國現代史甚深的梁漱溟心中，卻沒有捲起太多波瀾。就在這個10月，梁漱溟爲他該年完成的、用力甚深、甚久的《中國文化要義》寫了序言。在這篇自序的結尾處，他寫道：「『認識老中國，建設新中國』——這是我的兩句口號。繼這本書而後，我將寫《現代中國政治問題研究》一書。蓋近幾十年來政治上之紛紜擾攘，總不上軌道，實爲中國問題苦悶之焦點。新中國之建設，必自其政治上有辦法始。此無可疑也。然一旦於老中國有認識後，則於近幾十年中國所以紛擾不休者，將必恍然有悟，灼然有見；而其今後政治上如何是路，如何不是路，亦逐有可得而言者。吾是以將繼此而請教於讀者。」

　　顯然，其時梁漱溟並不認爲1949年中華人民共和國的成立，意味著中國已突破了清末以來中國人渴望建成穩定有能力的現代國家而不得的難局。而梁所以對此不樂觀，並非因他對現代中國的隔膜，事實上，他的不樂觀恰恰來自他對中國現代史捲入甚深、思考甚深。

　　是的，辛亥革命順利傾覆滿清，何嘗不讓很多人高燃熱望，中國從此一舉步入穩定有能力的現代國家、迅速鋪開現代建設、迅速自立於世界民族之林？同樣，國民革命北伐的節節勝利，何嘗不再讓很多人再燃熱望，中國就要建成穩定有能力的現代國家、整個國家將迅速轉入全方位現代建設呢？而對日抗戰開始時煥發出的民族熱情，「抗戰建國」口號的廣泛高喊，更讓太多人相信，抗戰的開展和穩定有能力現代國家的建成將是一體的兩面。但結果總是希望越深、失望越深。

　　因爲確實，軍事的突破，並不意味著政治上的突破，軍事上的一時強盛並不意味著政治上確有出路。1913年袁世凱迅速挫敗國民黨的二次革命，該時袁氏威勢誰敢攖其鋒；而1946年的蔣介石，外有世界五大反法西斯領袖之譽，和雅爾達會議等一系列有利於其中國統治地位穩固的大國協議爲背景；內有抗戰勝利、解除近代以來列強加給中國系列不平等條約的光環，更有不論在數量上還是武器裝備的品質上都遠遠壓倒中共等競爭者的軍力。可曾幾何時，無論是袁還是蔣之威勢便都土崩瓦解。

　　梁漱溟經歷了20世紀上半葉中國這些起伏，並對這些起伏有很深的觀察和思考，在面對1949年中華人民共和國成立這一歷史事件時，生出如下疑問毋寧是相當自然的。既然導致辛亥革命建國和國民革命建國失敗的中國歷史條件仍在，那麼，中國共產革命憑什麼能逃脫同樣的歷史命運？毛又憑什麼在這一中國現實挑戰面前不成爲另一個袁和蔣呢？

　　是以，1949年底梁漱溟雖應邀從重慶北上北京，但對中共能否在歷史上真的開創出一新局並未存奢望。是以當他和毛澤東見面，毛邀請他加入政府時，梁拒絕。而梁漱溟所以拒絕，按原話便是：「我尚信不及中國能以就此統一穩定下來，以爲我與其參加政府，

就落在共產黨一方面，莫若中立不倚，保持我對各方面說話歷來的立場資格。」梁接著又講他所以如此想與決定，與現代史經驗和他對這些經驗整理間的關係，他說：「中國自推翻帝制多少年來，紛爭擾攘，外無以應付國際環境，內無以進行一切建設，天天在走下坡路，苦莫苦於此。我一向切盼大局統一穩定，而眼見一時的統一不難，就難在統一而且能長期穩定下來。」[1]

也就是說，梁漱溟之當時不願參加政府，是因為不認為中共突破了中國現代史的困局：太多政治力量都曾致力追求而不得建成穩定有能力的現代國家。但若沒有對此一困局的根本性突破，1949年的中華人民共和國建國不過就像以前已出現的各種旋起旋落的事件一樣。若此，梁當然覺得自己留在政府外，保持獨立身分，更有利於他對歷史盡責、為中國盡力。

不過，梁漱溟有關中國共產革命難免辛亥革命、國民革命覆轍的疑慮並沒有維持太久。1950年4月初到9月半，到山東、河南、東北許多地方走、看之後，他發現，此次共產革命確不能用前面的經驗比類。半年的走、看，他已清楚地看到，雖然其時中華人民共和國建國尚不滿一年，但他一直夢寐以求的——把中國建成穩定有能力的現代國家——目標卻顯然已大見眉目。用梁自己的話，就是：「這大半年來，我從各種見聞中，體認出全國統一、國權樹立是已開了端的。」而且不僅全國統一、國權樹立開端的事實讓梁漱溟又驚訝又興奮，而且梁所一直致力改變的情況——中國人缺乏團體生活和中國現代人心麻木陷溺——也都大有改變。

梁漱溟在被現實強烈震動後，即於當年(1950年)10月開始撰寫《中國建國之路(論中國共產黨並檢討我自己)》。該書原計劃分上

1　梁漱溟，〈追記在延安北京迭次和毛主席的談話〉。

中下三篇，上篇討論中共何以做到了其他政治、社會力量求而不得的三大成就——全國統一、國權樹立，成功引進團體生活，成功引發出人們積極向上的熱情；中篇焦點則在，比較自己建國思路和中共建國思路的異同，並通過對照中共的成功，反省自己建國失誤所在；下篇焦點則在中篇比較、自我批判的基礎上，再定位自己一部分思考對中國要更周全、理想建國的價值。可惜的是，該書至1951年5月寫作中輟，只基本完成了上篇。

1951年5月梁漱溟要求參加西南土改工作，而5月至8月幾個月在四川的土改經驗，給他新的震撼。梁漱溟清楚看到，中國共產革命當時所做到的，已經遠遠不是中國統一、國權樹立開端，而是此統一、國權如此深入、如此牢固。用梁自己的話就是：「此次到西南參加土地改革，在下面看了看，才知道高高在上的北京政府竟是在四遠角落的農民身上牢牢建築起來；每一個農民便是一塊基石。」[2] 這給先前多年在鄉村尋求中國建國出路卻收效有限的梁的衝擊可想而知。而這當然也推動他進一步思考與反省[3]。

二

確實，「在現代中國為什麼建立穩定有能力現代國家這麼難」這個問題，在1949年中華人民共和國成立前後，深刻地影響了梁漱溟的思考與行為選擇，實際上正是理解現代中國政治史必需面對的基點議題，也是把握理解整個現代中國所不可或缺的關鍵議題。

2　梁漱溟，〈兩年來我有了哪些轉變？〉。
3　特別請參梁漱溟，〈兩年來我有了哪些轉變？〉、〈何以我終於落歸改良主義〉兩文。

在重要之外，中國現代建國問題的內涵也相當特殊。對現代中國建國問題作適當考察，我們會清楚發現，中國現代建國的核心難點，不在習見的社會認同分裂方面，不在國際強力干涉方面，也不在精英觀念分歧方面(注意，此處特指進入民國後，不包括戊戌變法等清末事件)。現代中國建國問題的挑戰性恰恰在於，它是在通常影響建國進展的不利條件並不存在的情況下發生的。

中國當時不是不存在認同問題，但很清楚，現代史中妨礙中國建成穩定有能力現代國家的關鍵在內地中國，而內地中國基本不存在認同問題。即使在南、北、西南軍閥等分裂的時候，各種各樣全國性的會議說開就能開起來。從此可以清楚看出，即使政權是分裂的，人們的認同卻沒有相應分裂。這也就是梁漱溟那個感慨之說法所指：「若將政府除外，中國國家原是統一的。」[4]

而在國際承認方面，大家知道，北洋政府後來政令常常是出不了北京的，但國際列強高度承認它。國民黨南京政府在1927年剛成立的時候，能有效治理的地方非常之少，但國際列強也馬上承認它。而且這些承認不只是口頭的，比如，他們會把他們所掌握的中國海關稅收的相應份額交給他們承認的中國政府。而這一大筆錢，對當時任何一支政治力量都是非常重要的。可見，現代建國坎坷問題雖常有國際要素參與，但在日本大規模侵華之前，國際要素遠遠不是決定性的。

至於觀念方面，1900年八國聯軍聯合干涉中國後，需要把中國建成穩定有能力的現代國家，從而使中國自立於世界民族之林，便成了中國精英群越來越普遍的共識。正如許多人所觀察到的，這其實也是通常視為現代中國建國首要障礙的大多軍閥的看法。

4　《中國建國之路》。

　　這就是現代中國建國的吊詭之處，明明對建國非常重要的條件都具備，那為什麼建成穩定有能力現代國家卻這麼難呢？結果，中國現代政治史乃至中國現代史，成了一篇不斷致力於建國又不斷失敗的歷史。

　　該怎麼來把握與檢討此現代中國建國如此坎坷的問題？

　　對此，捲入現代中國建國問題極深、極久，為之嘔心瀝血的梁漱溟，指引了觀察此歷史的要點。梁認為，此種狀況所以形成，核心問題在於，此不乏認同的社會卻不能形成一種核心勢力，掌握武力，建立國權，反而本應作為工具的武力喪失其工具性，變成為存在而存在，為發展而發展，成為破壞統一，戕害國權，戕害社會的去之不掉的毒瘤。這樣，要成功建國的關鍵，則在成就出有責任感、有能力、能掌握武力作為政治工具之中心勢力，以此中心勢力和次中心勢力掌握的武力為中心，實現統一，樹立國權。

　　對照中國現代政治史，梁漱溟的檢討要點可謂直探現代中國建國困境的核心，因為武力不受政治、秩序的約束，不成為秩序與政治的後盾，反成為破壞政治與秩序的罪魁，確是中國建國必需且首先要克服改變的。

　　問題要點既定，接下來當然便是如何深入認識此問題，如何克服之。有關這兩方面，梁氏有眾多著述，有相當繁複又極具啟發性之論述。其核心論述路徑為：中國現代建國的困境，實有著很深的歷史、文化、社會內因。這些內因在根本上植基於秦漢以來中國社會所形成的一些結構性要素。這些結構性要素形成了限制，加上原來整個社會上層組織所仰仗的皇權崩潰，導致了給中國社會提供整體組織的核心勢力不能形成。而在若何突破此困境方面，梁氏很受階級分化與衝突對西方現代國家形成具關鍵性作用論述的影響，以為最方便的當然是有兩大對立的階級衝突，在衝突中產生掌握武

力、樹立國權、建立秩序的中心力量。但梁漱溟以爲中國問題的特殊在於中國不是一個階級社會,而是一個倫理本位、職業分途的社會,因此中國想通過階級衝突的方式建立現代國家便絕無可能,而只有走梁氏所設計的鄉村建設道路之一法。

這也就是梁漱溟爲什麼對中華人民共和國的成立內心並不太起波瀾的原因。因爲在他看來,武力的勝利,並不意味穩定有能力並能掌握此武力的政治主體相應形成。而此種政治主體不能形成,接下來必然是武力的蛻化。1949年11月尾,當他在重慶看到「劉伯承第二野戰軍和林彪第四野戰軍相繼入川」,「親見兩軍軍士準備和待遇,四野優於二野情形,兩軍接收重慶物資彼此爭奪情形」,加上又知道全國劃分爲六大軍區,會馬上疑慮中共武力勝利之後會接著是割據之局[5]。

1950年梁漱溟參觀山東、河南、東北,1951年參加四川土改,所以對他形成強烈衝擊,正因爲他在中共這些活動中,看到了強有力的政治主體的形成,且不僅形成,而且紮根中國社會很深。而更讓梁震撼的是,中共所以做到這一切,走的竟然是他認爲絕無可能走通的階級鬥爭道路。這等於推翻了向來自信極深的他對現代中國社會與政治的基本判定。

以上我對梁漱溟的引述,相信可以讓讀者領略梁穿透種種語詞觀念、通過種種權力、武力的喧嘩、升降直探問題本根的思想魅力,和一旦確定問題,便輾轉於茲、與之纏鬥到底的思想韌性風格。當然,梁不是不關心價值,不是沒有自己的價值立場,但難得的是,他清楚,如果過分陷溺於價值,我們就不能抵達事實中令實踐最感艱困的部分。

---

5 梁漱溟,〈追記在延安北京迭次和毛主席的談話〉。

　　不過，梁漱溟除了刪除枝葉直探中國現代史根本問題的思想魅力，和咬定問題不放鬆，終於發展出對理解中國現代不可替代的思想資源之外，他思想展開路徑所具有的根本內在限制，也值得留心。一方面，梁有關中國現代建國問題的認知，對認識中國現代史具有重要的意義，可以幫助我們超克自覺不自覺帶著價值、觀念眼鏡對中國現代史——特別是和革命與政黨有關的——的理解，另一方面，在對梁這些方面的認知價值進行再確認的基礎上，我們能進一步發現他思想資源的限制所在，從而在他出了問題的地方重新出發，在梁所問的問題方向上深化梁、超克梁。

三

　　在我的歷史理解視野，以及藉此歷史理解視野初步浮現出的思想視野中，梁氏思想的不足，除了他受到中國共產革命建國成功的衝擊，開始檢討自己有關中國現實判斷、有關自己建國道路設計的不足之外，他在思想展開上還有兩個重要不足。他對現實中國認識上的偏差，以及他的建國道路實踐上效用的有限，與他思想上這兩方面的局限，密切有關。

　　梁漱溟思想展開上的兩方面不足，已隱含在前面對他的概述中：一是對於他核心關懷所在的中國現代建國艱難問題實際形成與演進歷史過程，缺少細緻的解析，把建國艱難的原因推得過快、過遠、過於大結構。比如，推到秦漢以來中國社會所具有的一些根本性結構特徵所帶來的限制，等等。二是在思考建國問題的觀念框架上過於受階級論框架的限制。這二者又相互爲用。因爲梁漱溟歷史理解中一個重要的線索，就是追索中國社會爲什麼不能形成西方式的階級。而梁在追索中國社會爲什麼不能形成西方式的階級時，所

得出的中國社會是「倫理本位、職業分途」社會的認定，又反過來
讓他對中國現實中存在的衝突不敏感或重視不足。

　　把現代建國艱難問題的形成，過快、過遠拉成一個歷史長時段
的大結構問題，無疑不易讓梁漱溟具有足夠的認知動力與認知契
機，把此建國問題所從出的中國近現代史，作為中國歷史機體演變
的一個特定階段來把握。因此，在梁的認知中，中國近現代史相對
於中國以往歷史的特殊，只在此近現代史必需面對與回應現代西方
帶進來的強力挑戰。而這在事實上意味著，他把此特定階段的歷史
機體和他所理解的秦漢以來長時段的中國社會等同，並用他所理解
的長時段中國社會的結構性特徵來解釋現代中國問題。又由於他的
長時段關切來自他對現代中國的判定和整理，因此在他的長時段解
釋和他的現實把握之間，容易出現循環論證。此種循環論證一旦出
現，他更不容易對特定歷史機體中與建國實踐有關的部分，作細緻、
耐心的認識。當然，認識上的欠缺，又易導致實踐感覺、實踐設計
的偏差。

　　此外，階級分化、階級衝突最便於現代國家之建立這個觀念預
設，對梁氏思考和實踐的影響則更為隱蔽。表面上看，梁漱溟所設
想的通過鄉村建設道路立國的建國之路，是完全遠離階級鬥爭模式
的，但實踐上如此設計，正如前面所述，是因為他認為中國不具備
階級衝突的條件。也就是，其在實踐上遠離階級鬥爭的另一面，是
他在理論預設和框架上受到了階級論的束縛。階級論的束縛，又造
成了他忽視了許多相關的思考與實踐問題的複雜性。比如，武力為
什麼成為中國現代史如此彌漫的要素？其歷史與社會的基礎是什
麼？為什麼武力在現代特別容易成為破壞性的要素？要知道，清末
以來許多武力，在興起時都是頗有責任感和朝氣的；當然，還有為
什麼政治組織精英、社會經濟精英不能發展為掌握武力主體的問

題，僅僅是因爲這些精英沒有根植於一個有力的階級嗎？

　　以國民黨的經驗論，如果說前面孫中山對建國中武力掌握問題認識不足，但到20年代，孫中山已認識到必須組織一個強有力的黨，組建由黨來掌握的武力，突破當時軍閥割據局面，成功實現建國，並在這一思路指導下，實行了對國民黨的改造。國民黨經此改造，確也一時煥發出朝氣和活力，迅速在當時各種政治力量中脫穎而出。那爲什麼國民黨在一時的朝氣之後，很快渙散，沒能實現孫中山以黨掌握軍隊開創建國政治新局的設計與規劃呢？相比之下，共產黨卻走通了以黨掌握軍隊開創建國政治新局之路，這個中的原因是什麼？是孫中山的後繼者們不像共產黨，真想成爲一個強有力的列寧主義式的黨嗎？我們看1920-30年代蔣介石、汪精衛的一系列公開和內部講話，並非如此。所以，問題顯然不是主觀意願和觀念方向所能解釋的。

　　如果說，是大革命順利開展導致太多投機者湧入國民黨，那共產黨大革命中以幾何級數擴張，不同樣會造成思想、組織、行動的混亂？當然，可以爭辯說，1927年國民黨對共產黨的鎮壓幫助共產黨清除了動搖分子，那到抗戰後共產黨成爲一個全國性政治力量，特別是在國共戰爭勝利在望時，共產黨又何能避免因自身的急速擴張所導致的各種社會力量湧入？所以，問題的關鍵仍是有沒有找到一套有召喚力、說服力的論述與制度、組織、生活機制，建立一個穩定的核心，把湧入的有朝氣有責任感的力量，不斷轉化爲可以依賴的組織、精神和實踐機體，從而即使各種不可免的帶有投機性的力量湧入，不僅不會左右黨內氛圍，而且進一步，黨事實上並不需要倚賴這些一旦居重要地位便容易改變黨原有朝氣向上的新成員。這麼說，是指許多這類帶有投機性的湧入的力量，更具政權運作經驗和社會活動經驗、組織經驗。因此，國民黨通過北伐在從廣東一

隔迅速躍升爲全國最大力量時，便在很大程度上倚賴了這些現成的精英構成自己的權力與行政機體，一個結構性後果則是蔣一再抱怨的國民黨革命精神的迅速衰敗。相比之下，共產黨在治理時，特別是在迅速擴張治理時，也大量依賴了這些現成具政權運作經驗和社會活動經驗、組織經驗的精英，但共產黨卻基本做到了使這些人爲自己所用，卻未被這些人改變。這一事實，值得歷史學家、社會科學家分析。

蔣介石對國民黨失望後，頗寄望軍隊成爲改造社會與政治的力量。確實，構成國民黨武力核心起點的黃埔，主要由被民族主義救國熱情所激動的熱血青年所組成。以這樣力量爲酵母，改變社會與政治並非可不能。但在事實上我們看到的是，蔣寄望甚深的軍隊，不僅沒有成爲改造不理想政治與社會的積極力量，而且不能避免自身的熱情衰退，乃至腐化、墮落。若不是國民革命軍自身的問題嚴重，我們能設想在1946-1949年的國共內戰中，在數量和武器裝備上都具絕對優勢的國軍，會如此迅速被擊垮嗎？

由於階級論的過分影響，國民黨短時間內由朝氣到暮氣、渙散，國軍由相當朝氣、理想性格變爲犬儒、虛無乃至破壞性，這些和梁漱溟的思考有直接重大關係的當代事實，他並沒有細緻思考，反而快速成爲階級論邏輯正確的佐證。國民黨的暮氣、渙散被認爲沒有根植於一個明確的階級，而軍隊的犬儒、虛無、破壞性，則被歸爲這武力本身缺乏一個政治主體來掌握。孫中山所希望的黨成爲掌握軍隊的政治主體所以失敗，還是被解釋爲國民黨沒有根植於一個階級。

就這樣，現代和梁漱溟的思考直接相關的重大實踐，被回收到了他的階級論視野。而現代史對他理論預設的確證，又讓他把歷史審視意識過度鎖定爲中國爲什麼不能產生西方式的階級，從而產生

一種歷史和現實間的循環論證，妨礙他更深入認識歷史、更深刻體
察現實。

　　階級衝突是西方現代國家建立最重要歷史條件的這個理論預
設，到了梁受到中共建國的成功強烈衝擊後，還影響他對中國共產
革命建國經驗準確深入的理解。梁的階級論邏輯，使他特別容易被
中國共產革命中和階級鬥爭有關部分的論述與實踐經驗所吸引[6]。既
然不能把中國共產革命中的階級鬥爭實踐放在這場革命整個歷史—
結構運動的過程中去理解，勢必導致對中國共產革命中其他具有結
構性作用的實踐理解不足，乃至於無視。

四

　　我們當然可以說，沒有階級鬥爭就沒有中國共產革命。但同樣，
過度強調階級鬥爭視點，過分誇大階級鬥爭在中國共產革命中的作
用，也不可能歷史、深入地理解中國共產革命。

　　回到中國現代史，我們便可以看到，要成功運用階級鬥爭於建
國實踐，實有許多相關的結構性課題必需加以解決。

　　首先，被中共認為革命的階級並不自然起來革命，特別是並不
自然參加國共分裂後中共要生存壯大離不開的武裝鬥爭。毛澤東在
井岡山組織武裝鬥爭時便碰到這個問題。當時，再分配土地的受益
者貧農很少來參加紅軍。結果，紅軍兵員的主要來源是俘虜和遊民。
以這兩種人為主組成軍隊，帶給中共很大挑戰。在1920年代末，行
伍和遊民是有著很強特定習氣的一批人。這些人參加紅軍，必然帶

6　梁漱溟，〈兩年來我有了哪些轉變？〉、〈何以我終於落歸改良主
　　義〉、〈我的思想改造得力於《矛盾論》〉等。

入他們先前的習氣、習慣。而當時紅軍各方面條件極其艱苦，犧牲又大，武力在武裝割據中又易處於中心位置，可以說，在面對武力不受政治控制、易往破壞性方向發展的問題方面，毛比蔣有著更不利的條件。但有意思的是，毛等何以在更不利的情況下扭轉了此狀況，而條件更有利的蔣反沒能成功遏止武力往蔣所不願的方向發展呢？

其次，被喚醒的階級起來，是有它自己很強的慣性和衝力的。不僅不必然和喚醒者所期待的方向配合，反可能是和喚醒者所期待的方向衝突。1920年代國民革命的經驗在這方面便甚為典型。國民革命開展的重要內容之一，便是喚醒工農。這是國民革命的巨大成功之一，但也是國民革命所遭遇的許多重要困難的來源。在國民革命中，工農力量被喚醒後，並沒有自然匯入精英所期待的政治、社會、組織軌道，反威脅到社會所必不可少的社會秩序、社會組織的維持。

所以，當時毛澤東一邊公開發表〈湖南農民運動考察報告〉，稱讚農民運動「好得很」，並宣稱不擁護這個運動的，就是反革命。另一方面則在不發表的給當時中共中央的信中承認，雖然農村要徹底改造，離不開「一個烈風暴雨的農村革命」，非此「決不能推翻封建階級幾千年累積的權力，決不能迅速完成民主革命」，但此革命時期若不能迅速進入「聯合戰線」階段，則農村無政府狀態不能迅速解決，農村的武裝、民食、教育、建設問題也都不能有「最後著落」。不過，看到「烈風暴雨」式農村革命的必要性，看到儘快成立「聯合戰線」的重要性，並不表示當時毛已找到了從階級鬥爭革命時期快速過渡到聯合戰線時期的有效方法。因此，毛在講到當時農村革命所引發出的「農工衝突，農商衝突，農學衝突，農黨衝突，貧農與富農的衝突，農民與政府的衝突等」，並無具體對策，

而只策略性提出，凡面對諸此問題，「均必須抬出K.M.T.的招牌去解決，萬不可馬上抬出CP的招牌去解決。因此農民中必須普遍的發展K.M.T.，讓K.M.T.去調和敷衍這些極難調和敷衍的事情。」[7]

而同樣，中共早期重要工人運動活動家劉少奇在大革命時期對工運的觀察和經驗，也向我們顯示，被喚醒的工人階級的運動組織方式，和毛前面所述的農民革命一樣，不僅常常和喚起者期待的目標異途，而且往往使社會不可或缺的組織與秩序被破壞。

在1937年2月20日劉少奇致當時中共中央負責人洛甫（張聞天）的長信中，他談到國民革命中工人運動的「左傾」問題。他講當時武漢、長沙、廣州工人運動的一些表現，感慨說，這些工運提出的要求已到了一定會使企業倒閉的程度。他概述說：

> 工資加到駭人的程度，自動縮短工作時間至每日4小時以下（名義上或還有10小時以上），隨便逮捕人，組織法庭監獄，搜查輪船火車，隨便斷絕交通，沒收分配工廠店鋪，這些事在當時是極平常而普遍的。……
>
> 這些事幹起來，而且是越幹越厲害，在社會上、經濟上、人心上要發生嚴重的影響，是無疑的。企業的倒閉，資本家的關門與逃跑，物價的高漲，貨物的缺乏，市民的怨恨，兵士與農民的反感（當時有許多小城市的工會被農民搗毀，而且是農民協會領導的），軍官與國民黨人的非難，就都隨著這種「左」的嚴重程度而日加嚴重起來。而工人運動在當時是共產黨負責的，這一切非難，就都加在共產黨身上。人們並不責備工人，而責備這是出於共產黨的指使，這就影響共產黨與各方面的關係。

7　毛澤東，〈視察湖南農運給中央的報告〉。

在起初人們都懇求共產黨想辦法，改正這種情形，就是政府都不直接去干涉工人，共產黨在當時也責無旁貸，答應改正這些事。但共產黨未能改正這些事，而且連阻止這些事的發展都未做到，這就使得人們走入另外的出路。反革命就從而大施陰謀，利用來組織反革命的暴動。

共產黨要來阻止工人這些事，又因為說服得不夠，與採用強迫的辦法（如逮捕工人），就不能不引起工人的反感，大大地喪失了工會與黨的信仰。如是一方面工人不滿意工會與黨，另一方面國民黨人及其他的許多人又責備工會與黨，反革命就更好活動與利用。

……

大革命的失敗，無疑是由於右傾的錯誤（指未能更積極搶抓革命領導權，未能更積極組織自己的武裝、組織力量等。——引者注），但在失敗以前及以前很久，並不是沒有「左」傾錯誤的。這種「左」傾錯誤，至少是幫助了反革命，幫助了右傾。

從毛、劉上述敍述，我們可以清楚看到，大革命所以有後來的逆轉（特別表現在「清共」、「分共」名義下的一系列反動），逆轉還博得相當社會階層的同情與支持，與大革命喚起了工農等社會力量後，不僅不能有效組織這些社會力量走上自己所期待的軌道，甚至不能把這些社會力量控制在一個社會所必需的秩序之內有因果關係。

大革命喚起工農與階級鬥爭開展的程度，無疑比不上後來共產革命階級鬥爭運用的普遍程度，和從階級角度喚起工農的廣度與深度。那麼，一個相關的重要問題就是：後者更大規模的喚起工農、更廣泛的運用階級鬥爭，爲什麼不僅沒使社會必要的運轉被破壞，

而且這被喚起的力量還被有效組織到喚起者所希望的軌道中去了呢？顯然，這得益於中共自身力量的擴張，和一套發展得越來越成熟的政治、組織技術。

但，這引出的進一步問題是：又是誰來運用這套頗爲複雜的政治、組織技術於千差萬別的廣大中國社會呢？顯然，這不可能是原本存在狀態下的工農，甚至不能以短時間內培訓的工農爲主體，而必需以一大批原本就有民族責任感、相當的政治理解力和組織領悟力的精英作爲核心主體，來運用這套頗爲複雜的政治、組織技術。考慮到這樣一批精英在中國現代史中並不現成存在，便又涉及到從既有社會存在中怎麼轉化、訓練出大批這樣精英的重要問題。

從這樣一些角度，我們可以看到黃仁宇關於中國現代史一些說法的初步性。黃說，蔣介石爲現代中國建造了一個上層結構，毛澤東爲現代中國打造了一個下層結構。不過，黃這看似公允、平衡的說法，對比於前面所述被剝削階級並不自然革命，而一旦起來革命並不自然配合喚起者所希望的目標，顯然，中共如不能建立起一個堅固的力量核心，並在實踐和論述中發展出機制，把有責任感有領悟力的現有社會力量，不斷轉化爲自己的堅固組織力量，是不可能成功進行如此大規模又如此徹底的階級鬥爭動員，並成功把這些被動員喚起的力量組織爲可以穩固依靠的社會基礎的。也就是說，中國共產革命不可能在沒建造出一個足夠有力的上層精英結構的情況下，打造出一個下層結構的。

黃仁宇有關蔣爲中國建造了一個上層結構的講法，同樣需要深化。假設蔣真的按梁漱溟有關建國的核心理解，建造出了一個穩定、能牢固掌握武力的政治中心勢力，加上事實上蔣氏已一切佔先的情況下，中共還有機會和蔣抗衡嗎？

毛澤東說，五四運動爲中國共產黨準備了幹部。衡之中共前期

歷史，此說確是事實。但同樣重要甚至更重要的是歷史的另一面，
就是更大多數的五四運動骨幹分子，其實都加入了國民革命和國民
黨。試想，如果蔣和國民黨始終保持了對有責任感、有獻身精神、
有現代眼光青年知識分子的吸引力，並把他們有效轉爲黨和政府內
充滿朝氣和活力的、能帶動氣氛的力量，再結合國民革命軍初起時
那股蓬勃的熱情和朝氣，上下交互支持、黨軍交互影響共進，那中
共還有機會和國民黨抗衡嗎？但事實上，國民革命逆轉後，國民黨
始終沒有再獲得大規模轉化青年知識分子爲自身有效機體的能力。
並不是國民黨缺少機會，最突出的，就是抗戰開始時社會的熱情，
包括多數青年知識分子和學生的熱情，是明確指向國民政府和蔣
的，但國民黨和蔣卻並沒有把握住這些機會。相比，抗戰階段共產
黨倒成功建立起了機制，有效轉化青年知識分子，成爲自己的論述、
宣傳、組織骨幹。此一得一失，衡之歷史，實爲二戰後國共迅速易
勢之重大關鍵。

　　是以，黃仁宇說蔣爲現代中國建造的上層，其實從梁漱溟建國
討論的視角來看，是極不穩固的上層。否則，國民黨就完全有機會
一邊處理國內具有迫切性的社會、經濟問題，一邊開展精英層有普
遍共識的現代化建設方案，從而逐步納整個社會於現代社會、經濟、
制度、法律、教育軌道，發展出黃仁宇所說的現代國家下層。（在某
種意義上，這也正是1949年以後臺灣所走過的道路。）

　　我希望上面的分疏，已初步傳達出，要理解和把握有關國共建
國的歷史，事實上有許多重要問題，先前未進入我們的視野，或已
進入視野，我們卻未能清楚加以意識定位，還需要加以討論、探研。
意識到這一點，便可知我們平時所慣稱的中共階級鬥爭和土地再分
配，只是中國共產革命整個過程中的一個部分，被過度談論了。因
爲，階級鬥爭雖然是中國共產革命核心貫穿性線索，重新分配土地

雖然是啓動一系列政治、社會、組織、宣傳過程的關鍵環節，但若是孤立地強調階級鬥爭和土地再分配問題，而不把階級鬥爭和土地問題放到整個中國共產革命實際歷史過程中去理解，就不可能觸碰到上述在整個中國共產革命實際歷史中具有結構性地位的那些問題。也就是說，孤立地談論階級鬥爭和土地問題，不僅不會把我們引向在中國共產革命歷史中實際具有結構性地位的方方面面問題，也就是引向豐富的歷史實踐本身，反會讓我們無視這種歷史實踐過程，自覺不自覺地，把我們自己有關歷史的狹隘觀念想像與推斷，作爲歷史過程本身。

　　在《中國的建國之路》中，梁著重談到了中國共產革命所組織的階級鬥爭，對全國統一、國權樹立所具有的重要性；但同時梁也以同樣的注意力，認真討論了中共成功引進團體生活，和中共革命成功「透出了人心」，改變了現代人多數麻木陷溺的精神狀況等問題。可惜的是，此後他雖然在參加土改時注意到這幾面的實現，在中共的土改實踐中原是連成一體的[8]，但卻未能歷史地去觀察團體生活和精神問題在中國共產革命中的位置和每面狀況的歷史演變過程。如果他不僅沿著階級鬥爭線索，而且也沿著這些問題來開展他對中國共產革命經驗的理解與認識，他會掌握契機，把他一開始便過於強烈關注的中國共產革命中直接和階級鬥爭有關的實踐，重新植入中國共產革命實際歷史展開過程來理解。而梁所以失掉這個契機，歷史地、深入地理解中國共產革命，固和當時中共對自身成功的解釋越來越意識形態化，也就是越來越偏向階級鬥爭論有關，但和梁本有觀念邏輯本來就偏向強調階級鬥爭對建國的作用亦密切相關。

8　梁漱溟，〈參加土改時一次發言草稿〉。

　　中國共產革命，就意識形態表述上還比較清楚，但一進入實際歷史，我們便發現中間充滿著混沌、曖昧、衝突、緊張和創造性。而不能歷史地、深入地理解中國共產革命，就談不上從這一現代中國最巨大的事件中，成功識取那些在革命的混沌、曖昧、衝突、緊張和創造性中才得以強烈表露出的中國要素和中國可能性；當然也談不上從中尋求豐富視點，對作為中國共產革命產物的中華人民共和國的歷史展開內在、貼近的理解；當然更談不上因這些認識契機與豐富理解，而根植中國真實內在潛能，產生現實介入構想能力和有關中國未來的積極構想能力。

　　賀照田，中國社會科學院文學研究所副研究員，主要研究方向為19、20世紀中國思想史、中國現當代文學，著有論文集《當代中國的知識感覺與觀念感覺》，主編有論文集《後發展國家的現代性問題》等。

失敗者的共同體想像：
回應龍應台的《大江大海一九四九》

孫瑞穗

也許我不知道自己身在何方，但是我知道自己來自何處。
　　　　　　　　　　　　　　　　　　　——W. Stegner
女人沒有祖國，她的祖國就是整個世界。——維吉尼亞·吳爾夫
失憶的反義詞不是「記憶」，而是「正義」。——白永瑞
這是最最遙遠的路程，來到最接近你的地方。——胡德夫

在一張焚燒的地圖上出神

　　龍應台的歷史反思，是從眼前那張吸附著諸多亡魂，帶點兒鄉愁，而今仍被無名火焚燒著的地圖開始的。

　　那明明原本是要指引台北人方向的指標系統，卻不知怎地總是以一種「去地方化」了的街名和空洞的威權符號，銘刻著想像中的大中國，一個當年被冷戰阻隔而遙不可及的「他方」。冥冥中，我們總是被某種系統指示著，時空錯亂地導引著，被迫處於視聽指標系統與身體感知系統之間永恆疏離的狀態。

　　正是這種時空疏離感，想像與現實之間的巨大落差，讓她看著看著，思緒不禁出了神，眼力開始穿透紙背，靈魂彷如出了竅，從四平街，從長春路，從德惠街的街角倏地飛了出去。蒙太奇式接合

的歷史毛片中，泛黃的家庭照片上，生還者的隻字片語裡，在我們
眼前展開的竟是遙遠中國戰場上那一場場數不清的殘酷戰役，血流
成河的廢墟，以及那些不知為何而戰卻又年紀輕輕便橫死沙場的青
年們的屍體。

　　不管頭盔或臂章上註冊的到底是「中華民國軍人」，「日皇護
衛隊」，還是「台灣原住民」，不論「祖國」何屬，總之，他們年
紀輕輕就被犧牲了。那樣純潔而熱情的屍體白白地被隨便丟棄在路
旁，在廣場上堆疊如山，無人聞問，然而，卻成了我們今天進行歷
史反思時最不可承受的重量。而當年，動員青年們去捍衛「祖國」
的各種宣傳、口號、認同以及一切奠基於此的激情與感動，都成了
今日最無言以對，最不堪回首的情結。

　　這張曾經被少數人任意命名的地圖，銘刻著多少大時代的辛酸
血淚，也是日後使得大多數人迷路而回不了家的地圖。望著這張錯
亂又帶有血腥味的地圖，不知不覺地出神。就在這伸手不見五指的
歷史黑洞中，那深受啟蒙主義影響的龍應台發出了一道如光的提問：

　　請凝視我的眼睛，誠實地告訴我：戰爭，有「勝利者」嗎？

用一點點哇沙米加豆油，重新攪拌「失敗者」的滋味

　　不管你祖籍在哪，不管你出生何方，這都是你我曾經真真實實
用身體和生命經歷成長過的「台灣經驗」。是的，一個個被政治力
用意識型態醃過的「偽勝利者的歷史」，與現實之間有著無可言喻
的落差、錯亂、誤認、錯置，一種可以被叫做「後殖民地時空感」
的東西。它很沈重，血腥，殘缺，滄桑，充滿陰影和疊影。它，夠
複雜，複雜到必須把傷口連皮帶肉地層層撥開深究，才得以尋獲一

點點蛛絲馬跡，找到癒合的方法。而那多層次的、有血有肉的、一言難盡的複雜，不消說，絕對是「失敗者」才有的特殊感受。

相較於勝利者的歌功頌德，或刻意用政權來泯滅歷史詮釋的雜音，龍應台在《大江大海一九四九》中最大的貢獻，就是企圖提出一個全新的歷史反思姿勢：**重新擁抱「失敗者」**，並「**以失敗者的下一代為榮**」。這樣一來，她便超越了過去那些為不同政權服務的意識型態史，而能確實地降到移民新生地上的「人」的層次。貼身親臨「失敗者」的痛楚，以現實主義發揮史實澄清效果，還給那在大時代動亂中飽受流離失所之苦的生還者一點原初的面目，一點點遲來的正義。

然而，擁抱歷史中的失敗者並不容易。既然選擇了這個姿態和立場，想要療這種傷，必須有勇氣去揭露更多不為人知、不忍卒睹、可能也一言難盡的「失敗者的歷史」。她選擇的療傷方法是「人道主義」，用的方法是最樸實的口述史，專注地聆聽與凝視每一個離散者的生命故事，細細重新編織他們那凹凸有致卻被歷史割傷的臉龐。

問題可能也出在這裡。太過於貼近經驗的書寫，對於沒有同樣經驗的人便產生了理解的困難。在這樣人道主義式的感動時刻，像我這樣來自有日殖文化影響的台籍家庭的人，瞭解與同情之餘，在歷史經驗中看見的卻是另外一種受苦者的身影，我在猶豫該不該誠實地告訴龍應台一些更殘酷而不忍卒睹的受苦者的歷史。

1945年，你知道嗎，那時二次世界大戰剛結束，受盡戰機轟炸和殖民剝削之苦卻早已定居在台灣島上的那600萬人，在脫離日本殖民政權之後多想回到「祖國」的懷抱啊，多想跟「想像中的祖國弟兄」相擁而泣，一解戰愁。但是，你知不知道，這些代表「祖國」的軍隊還沒上岸之前，1947年，對，就是那一年，因為當時台灣統

領得到錯誤情報便發狠下令殺掉幾乎一整代的台灣精英。當時大戰雖已打完，但這600萬人脫離了熱戰之後隨即陷入了更冷峻的白色恐怖大戰，你知道嗎？

1949年，你知道嗎，失敗的國民黨軍隊零零落落上岸之後，這200萬人從日本殖民者那兒接過政權，卻錯誤地選擇延續殖民治理模式，任意宣布戒嚴令長達40年之久，壟斷了所有的政治、經濟和文化資源，把「台灣」這樣一個原本是「600萬人的家園」硬打造成「200萬失敗軍隊的臨時避難所」，「反攻大陸的跳板」和「中華文化復興基地」。用鄉愁式的中國地圖覆蓋在台灣島上，把可能的新故鄉硬打造成了他鄉，讓600萬人在自己的土地上流浪。你知道嗎？

然後，你知道嗎，他們隨後又在各地設立了「軍眷眷村」，執行「族群隔離」政策，在文化和教育中嚴格執行相當霸道的支配性國語政策，建構外省人的文化優越感。在重要的公共領域中只允許說「北京話」，使得那些歷經日殖時期只會說日語和台語的精英在一夕之間變成文盲，並從此與他們的下一代徹底失去溝通和表情工具。甚至，這兩百萬人又通過各種大眾媒介把那六百萬人再現成「荒謬、可笑、低級、沒知識又不衛生」的刻板印象，在公領域中矮化嘲弄他們的主體，導致族群間長期揮之不去的文化歧視，最後導致嚴重的文化失語。你知道嗎？

我想，我個人在青少年時期的「眷村經驗」，貼身觀察死黨的社群，讓我真心理解龍應台說的那兩百萬人所受的戰亂流離之苦。但是反過來問，那200萬人是否也能夠理解那600萬人在瞬間認同崩潰、面目破碎和文化失語，其實正是來自這兩百萬人延續殖民治理的種種錯誤呢？

如果不能面對歷史錯誤，光是療傷之姿，能夠讓我們具足智慧來解開這個歷史糾結嗎？抑或是，它讓我們用人道的修辭作為藉

口，輕易地避開了更沈重的歷史責任呢？

被迫成爲「復仇者」？從文化失語到新歷史正義的追尋

　　而你知道嗎？正因爲戰後以來一直都沒有領導者願意出面扛起這個歷史責任，承認這個歷史錯誤，導致那600萬人的後代一直難以吞下曾經被一群「失敗者」屠殺和欺負的經驗，因而某種程度地在結構上「被迫」成爲「復仇者」。

　　當然，「復仇者」並非從此得以豁免一切的道德課題。只是，在殖民者離去政權轉交後，如果「『外來者』壓迫『原住/居民』」這個歷史上的壓迫性治理結構一直不能改變，如果公領域中外省人的文化優越感和對弱勢族群的文化歧視一直不能改變，歷史冤屈便一日不能平反，「復仇者」的身影將如同鬼魅一般，如影隨形，永無止盡地輪迴。

　　這可以用來理解爲何代表「台灣本土文化」的陳水扁政權第二屆執政時，在遭受泛藍媒體與群眾圍城之際，他寧死都不願承認「不當使用國家資源可能有錯」，或「執政路線過於偏激教條可能有錯」。因爲，歷史上曾經發生過規模如此之大的歷史錯誤，也從來沒人承認過啊。既然壓迫者不曾認過錯，作爲一個被壓迫者爲何被要求先認錯呢？

　　請注意，我決不是在幫陳水扁的狡辯找理由，而是要藉此指出制度和司法背後極其怨懟的台灣心情，正是因爲種種歷史冤屈不曾被好好梳理過，累積了過多被壓抑而無法言語的「怨」與「恨」，才會導致今日公共政治生活中是非道德與獎賞標準體系被嚴重扭曲，甚至雞同鴨講的窘境。這絕不是單薄的司法正義可以解決的，它需要更隆重地以歷史正義（historical justice）來處理。正如龍應

台在書中所做的努力，恢復受苦的人真實面貌和記憶當然是第一步。然也更如同南韓歷史學者白永瑞所言：「『失憶』的反義詞不是『記憶』，而是『正義』。」明白指出歷史寫作背後真正的動力，在於正義的追求。正是那對新歷史正義和導正歷史價值的追尋與執著之心，帶領我們來到一個全新的許諾之地。在那裡，我們必須拋棄歧視和偏見，藉用理性和反省的力量，求諸歷史批判與反思方法，攜手來進行一場集體而深刻的「歷史重寫」計畫。

「失敗者」提問，需要跨越特定族群經驗的局限，才能成爲有意義的歷史提問

話說回來，我真愛龍應台的「失敗者提問」。我深深地感覺到，這個歷史提問，被狹隘的政權捍衛戰給延遲了太久太久，卻多麼準確地切入了當代台灣。

作爲失敗者，不是「僞勝利者」，他不需要去竄改或編造一個偉大的歷史，用官冕堂皇的修辭欺騙大眾，宣稱要帶領大眾反攻一個不可能回歸的大陸。失敗者，就是想要認真面對「失敗」這件事，並找到正確的修辭來敘述它。失敗者，也不是「受害者」，他不是被動地受傷或受壓迫，而是在主動參與戰役過程中因爲準備不足或策略選擇錯誤而失敗。他願意承認失敗，正因爲他想要修正策略以爭取下一次的勝利。某種程度來說，失敗者，是某種積極的歷史行動者。失敗者，更不是「復仇者」，他不只是站在個人的或個別族群的內部，爲特定人或特定政權辯護而已。

一個在歷史中勇於以「失敗者」自居的人，會願意打開歷史的黑盒子，面對歷史錯誤。在歷史大河和百姓苦難之前，一個失敗者會謙虛地低下頭來沈思：用力找尋促使歷史轉型的轉捩點，爲自我

與他人的受苦找到救贖方法。

而失敗者的提問，勢必跨越既有族群或身分認同的經驗上的局限，才能扭轉乾坤，成為一種有政治擔當又有促進歷史轉型意涵的提問。

歷史反思之道，首要解構文化霸權，解放歷史詮釋權

然而，當「失敗者的提問」要成為一種有歷史轉型意涵的提問時，將會遇到許多障礙和阻力。因為，後殖民地台灣的歷史真實與詮釋被政治綁架太久，已經被玩弄得面目全非了。因此，有心去恢復史實面貌，想要通過歷史經驗的總整理來提問和促使轉型，其策略的選擇就很重要。龍應台的論述策略，很顯然地已經超越了上一個階段對這段「大遷移史」在詮釋上的傲慢和壟斷了，她已經從一個替「偽勝利者」服務的角色，轉型到想以「失敗者」這個經驗基礎和新身分認同來重新整理歷史，召喚一種受苦者特有的同情心和同理心，一種認同弱勢者感受的普同經驗，以進行超越特定生命經驗的歷史反思行動。

這樣的努力是該給掌聲的。然而，這樣人道式的嘗試，或許在道德上有誠意，但是作為促進轉型的歷史計畫而言，「方法」仍嫌不足，還有空間值得努力。我的意思是，有歷史深度和動能的提問和反省，不能只是期待一些善良的人通過人道的撫慰就可以達成，它需要一個更全面、更深刻、更有心的文化霸權解構計畫。

外省人與白種性的文化霸權解構計畫，是新文明的起點

讓我舉公共領域中長期存在的「外省人文化優越感」為例。這

種不自覺的文化傲慢症，其實是使得戰後台灣經驗無法暢所欲言的最大障礙。究其緣由，這是在1945-49戰後期間，從日殖政權到華人政權的轉交過程中，執政者有意無意地採用了殖民治理模式所導致的文化不均等發展的產物。它的背後是由支配性的語言政策以及文化發言權的壟斷所形成的共謀結構。這絕非只是少數人的態度所導致而已。因此，若有心要改變這個結構，敦促歷史轉向多元文化，少數人在道德上調整態度是不足的。當今的執政者勢必需要意識到結構之不義，並願意調整這個結構，才能帶來實質的改變。

　　無獨有偶地，這樣的霸權身分解構計畫作為歷史計畫，不只台灣才有，二次戰後歐洲與北美地區「新國家治理」和「新社會主體」的重建，便是以此為主軸來進行的。舉北美為例，少數的歐洲白人因為逃難或遷徙而移居新大陸，剛開始的時候也是不自覺地選擇了殖民統治模式，長期壓抑宰制新大陸上的原住民。但是兩次世界大戰所帶來的戰爭流離之苦，讓他們對生命、對自我、對他者有了新的體認。因此，除了戰後積極以新身分認同敦促「多元文化治理」來取代殖民治理之外，知識份子也在轉型期提出了相當關鍵的文化霸權解構計畫，呼籲戰後的新文明，不只要關照實現以性別、族群、階級平等為準則的分配式正義（distributive mode of justice）而已，更進一步提出關乎「白種性」（whiteness）的歷史與文化霸權解構計畫。

　　他們的作法不是讓「白種性」文化通過鄉愁儀式回到封建意義下的歐洲，而是通過批判和解構來重新落實在北美新大陸上。用我們熟悉的話來說，就是移民文化的重新在地化過程。這個治理轉型背後有著對當初建立民主國家最基本的精神支持，那就是，既然選擇了民主這條路，便再也不回頭了。選擇有如承諾，選擇之後便要在新大陸上執意建立一個合乎自由、平等、博愛以及合乎社會正義

精神的新共同體文明。為此，當年的準殖民者願意放下身段，公開
自我批判與解構，並通過集體性的歷史反思，來重建新公共文化。
2008年澳洲總理陸克文發表了一篇「公開的道歉文」，為當年執行
「白澳政策」對當地原住民的剝奪與不當致歉，還給他們應有的歷
史正義，正是這種民主精神堅持下的範例。

後殖民地的歷史反思，首要解放受壓迫者的敘事權與記憶自由

　　當然，文化霸權的解構不是一件容易的事。巴勒斯坦裔美國後
殖民理論家薩依德曾提過，後殖民解放計畫中最根本的政治，就是
解放被殖民者對其受壓迫歷史、記憶與文化的「敘事權力」[1]。其中，
首要目標在於通過霸權的解構來解放歷史敘事權，解放一切敘事形
式和記憶內容的自由，並將權力下放給一些在歷史中可能原來並不
是很有權力的人。然後可能會發現，那些受壓迫者、受苦者、甚至
失敗者有了敘事權力之後，他們所說的話，所講的歷史，可能並非
執政者或精英份子最想聽的話。印度裔美國後殖民女性主義者史碧
瓦克在處理印度經驗中就提醒過：「被殖民的『從屬者主體』具有
無可挽回的異質性」[2]。但是為了讓受壓迫的人說話，這種自由和差
異的空間就必須在歷史反思行動中被長久堅持下去。
　　台灣，作為一個曾經被多重帝國殖民有著多重殖民刻痕的地
方，她的歷史反思和新共同體重建勢必遇到比歐美國家更多的結構

1　Edward W. Said, "Permission to Narrate", *London Review of Books*, 16, Feb, 1984.

2　Gayatri Spivak, *A Critique of Postcolonial Reason: Toward a History of the Vanishing Present* 以及 "Can the Subaltern Speak?"一文。

性困難。因爲，在這個地方，所有的失敗者和受苦者，可能也都（曾經／同時）是殖民者和壓迫者。再加上1945殖民政權轉交和1949政權遷移之後，殘留下來的「分斷體制」[3] 並未好好處理過，導致有多重國家認同同時疊影在這座島嶼上。這種多重壓迫結構、多重角色和多重歷史的交纏疊影，正是進行歷史與文化霸權解構，以重建新共同體文明時最大的挑戰。

回到1945，讓台灣重回世界和東亞，回到未來！

讓我們再回到龍應台最初的提問：「戰爭，有『勝利者』嗎？」

這個問題的答案太清楚了，因此，我們堅決反戰。因爲選擇不戰，所以我們必須要用文明的力量來尋求和解之道，以和平共生。

也因此，我們不能止步於人道主義式的療傷，必須徹底開放不同族群所經歷過的苦難和詮釋，找到一個新的和解基礎。而不同族群進行和解的姿勢不同，乃是因爲他們受苦的根源和路徑不同。人死不能復生，不可能的「歷史和解」之所以成爲可能，關乎我們是否願意找到可接受的，互爲主體的，又稍具客觀性的「歷史知識」作爲基礎。只有具備有協商力及有說服力的知識，才能幫助我們超越經驗限制，也才能完成龍應台所強調的「有文明能力的『理解』」，避免繼續把歷史任意政治工具化，陷入歷史霸權或復仇的惡性循環。

爲了取得這個歷史理解力，我想建議龍應台把歷史反思拉回到不只是兩百萬人上岸的那個1949，而是台灣脫戰以及脫殖之後的

3　「分斷體制」是南韓歷史學者白樂晴分析韓半島的用語，我從白永瑞的著作借用他的觀念來理解戰後台灣歷史轉型沒做好，以致在台海之間以及台灣島內所形成的政治分裂狀態。白永瑞作品可以參考《思想東亞：韓半島視角的歷史與實踐》及《台社》季刊相關文章。

1945。只有願意回去看那關鍵的四年脫殖轉型期間，當時的執政者做了多少錯誤的決策，導致了今天價值觀的扭曲，才算真正負起政治與歷史責任。其次，應該全面恢復二次世界大戰的各種苦難記憶，並堅決反戰，承諾不再使用武力來處理台灣的政治議題。只有堅決愛護生命與家園，才是真正具有歷史深度的人道精神。甚至，願意承認今日台灣的國家和國際地位之未決，跟20世紀強權惡意爭奪殖民地引發世界大戰有關。我們更應該決心加入二戰後世界性的反戰聯盟，還原「台灣爭議」，也讓解嚴後台灣社會自主發展出來有普世意義的「新民主文明」，可以驕傲地重回世界與東亞，以重新定位未來。

如史碧瓦克所提醒的：「重建歷史，是為了養育未來。」想在後殖民地紛亂的歷史疊影中進行深刻的歷史反省與文化重建，勢必得義無反顧，披荊斬棘，開出血路。幸好，我們並不來自荒野，這裡有許多失敗者和受苦的人正在努力。

孫瑞穗，曾任台灣藝術大學及世新大學專題教師。關心性別、族群與階級等社會正義議題，常在報章雜誌上發表評論。詳見個人部落格：The Re-imagined・重組想像的：http://blog.roodo.com/ sabinasun

牟宗三先生百年誕辰

落葉歸根：
我對牟宗三先生宗教心靈的默感

林月惠

　　不知不覺，牟宗三先生辭世已14年了；如果牟先生還健在，今年將是百歲的智者了。在我的回憶中，晚年的牟先生，其哲學洞見與慧識，固然令人折服；而其生命與人格，時時透顯高潔與溫潤之感，更是銘刻我心。縈繞於內心深處的，除了牟先生高深的學問外，還有無數次生命的真切相遇，生活的浸潤，透過這些經驗，哲學與宗教有另類的邂逅。

　　牟先生一生講學不輟，桃李滿天下，我是牟先生晚年的學生。從碩士班到取得博士學位，我有將近10年的時間(1985-1995)親炙牟先生，並斷斷續續有服侍先生的機會，默默領受牟先生晚年的生命智慧。這樣的師生情緣，可遇不可求，我常想那是上天賜予的恩寵，而在現代制式的大學教育中，已成絕響。除了課堂正式上課之外，我還能陪伴牟先生散步、用餐、聽戲；及至牟先生病痛時，也能親奉湯藥。自然而然，我融入牟先生活生生的生活世界，而我的一言一行，也全然呈現在牟先生的眼前，無所遁逃。於是由初學時的戰戰兢兢，到日後的自然自在，師生猶如親人，在日常生活中，常常領受牟先生的隨機指點與教誨，我宛如也經過一場生命的洗禮，一生受用不盡。

　　記得1984年牟先生到台灣師範大學國文研究所擔任客座教授

時，對不少研究生而言，是一大震撼與挑戰，也有人望而卻步。在
此之前，我雖然獨自摸索、閱讀新儒家諸先生之書多年，覺得親切
契合於心，但畢竟未能消化吸收。因而每次上課，總是如臨深淵，
如履薄冰，深怕無法承接牟先生氣勢磅礡、廣大精深的課程內容。
有幾近一年的時間，每逢上牟先生課的前一晚，我常常緊張失眠。
在牟先生兩年的授課中，開設了「中國哲學」、「宋明儒學」、「隋
唐佛學」、「齊物論」等專題研究課程。牟先生的每一堂課，都是
析理精闢，一氣呵成，終始條理；猶如交響樂曲，渾然天成。在課
程中，牟先生也適時融入生命的實存感受、時局關懷，更殷殷以中
國文化慧命的護持為念，令人有所憬悟。有時提及天主教或基督教
時，牟先生的態度不像唐君毅先生般地溫和，他總是憂心天主教（或
基督教）將中國文化「天主教化」（基督教化），故他主張要「辨耶」
（辨別基督宗教與中國文化的同異），他也常表明：「我不反對天主
教、基督教，可是我堅決反對他們拿著天主教、基督教來篡奪、改
篡中國文化。」這樣的主張，主觀地說，流露出牟先生堅守中國文
化主體性的立場；而從學術文化的角度來看，這本來是可以客觀討
論的議題。的確，台灣的天主教或基督教，基於傳播福音的真切使
命，當然有將中國文化基督化的主張。如何將基督宗教與中國文化
融合，是天主教、基督教傳教時所面臨的真實難題。顯然地，不論
新儒家或基督宗教，都有各自真切的關懷，這當然可以從很多層面
來探討，但牟先生所要求的客觀上的「辨耶」並未得到迴響，聽在
基督徒耳中，主觀心態上也不免覺得刺耳。傾聽，是生命感通與學
術對話的起點。可惜的是，夾帶著台灣哲學界複雜的學術權力傾軋，
傾聽少，而橫議多，基督宗教與當代新儒家的學術對話始終失之交
臂。

　　不過，面對牟先生一再強調「辨耶」的立場，以及偶有的激切

之言，身爲一個時常隨侍在旁的天主教徒，有時也難免有情緒上的
張力。我之失眠，與此有關。但我更將先生的批評之言，默存於心
中，反求諸己。與先生問學與生活期間，我並未刻意表明自己基督
徒的身分，只是用行動善盡爲學與做人的本分，周遭師友也了解並
尊重我的信仰。有一天，牟先生發現我是天主教徒，便驚訝地問我：
「我批評天主教那麼多，你怎麼受得了？」我微笑地回答先生：「您
有些批評是對的，有些是不相應的。」先生對我這樣的回答並不以
爲忤，只是微笑不言。事實上，如果對於中國文化的存亡有切身之
感，對中國文化之花果飄零有相應的存在感受，就能明白先生護持
中國文化主體性的用心，以及要求客觀上學術論辯的真誠。善解先
生之言不易，如果固執主觀的護教心態，便難以形成開放的對話情
境，不僅無助於雙方的理解，反而加深彼此的誤解。

　　嗣後，牟先生見我對於當代新儒家學問頗能契接，又對宋明理
學也能有相應的理解與體會，也曾半開玩笑，略顯惋惜地建議我：
「你乾脆放棄你的天主教信仰算了！」那一次，我很認真地向先生
表明：「天主教信仰是我的生命之根，伴我一路成長，我有我自己
的宗教信仰體驗，絕對無法捨棄。」長久以來，天主教經典是我的
信仰之根，儒家經典是我的學問之根，兩者的對話，既是學術的，
也是生命的。在我無法從學術上處理兩者的張力時，生命的體證就
是內在融合的真實回應。就在長期的師生相處中，牟先生知悉我的
家庭背景、求學歷程，理解天主教信仰對我的重要性，更能以實際
的愛德尊重我的宗教信仰，這也許是牟先生鮮爲人知的一面。

　　由於我就讀博士班階段已經離開台北，前往嘉義師範學院任
教。師生相處的時間，就只能在週末。在牟先生晚年，平日有孫女
陪伴，照顧生活起居，但也希望能與學生談心、談學問。對他而言，
「讀書」是養生之道，「談學問」是娛樂與休閒。我常在週末一上

完課後，就迫不及待地從嘉義搭車北上，經過近四個小時的車程，前往台北探望牟先生，夜宿先生家中。感覺上，一、兩天的時間過得特別快，我總像回家探望雙親般的心情，陪伴牟先生。直到週日晚上，我才依依不捨搭上最後一班國光號返回嘉義。這樣的週末生活很特別，雖然南北奔波，卻是日後溫馨甜蜜的回憶。牟先生總是像看待孫女般地慈祥對待我，一旦我回台北，便把身邊發生的大小事情、所思考的問題，如閒話家常，娓娓道來。除了關切時局，縱論天下事，品評人物外，先生晚年常回憶山東老家兒時的情景，也感歎五倫之多少不盡分處，而孫女留台依親之種種難題，更是他憂心掛念之事。

　　牟先生晚年很希望家中有兒孫輩陪伴在身邊，一來他與牟師母的身體都需要年輕人照顧；二來家中熱鬧些，有孫女陪伴散步、談天，心中也會寬慰些。那時大陸也正面臨改革開放，山東老家的一對雙胞胎孫女，也希望前來照顧爺爺。小孫女鴻卿較為幸運，順利取得香港的居留權；但另一位孫女鴻貞就沒有那麼幸運。她獨自一個年輕女子，高校畢業後，從山東棲霞老家，先到廣州，再到深圳，吃了不少苦，最後才輾轉來到台灣，陪伴照顧牟先生。牟先生仔細算過，從山東家鄉到濟南將近1000里，而從北京到廣州，必須經過河北、河南、湖北、湖南4個省分，這一趟下來是「八千里路雲和月」，迢迢數千里路，親情一線牽，多麼不容易呀！有了孫女的陪伴，牟先生的懷鄉之思，有了共鳴，也得到紓解。我常在一旁，靜靜聽他們家族中的故事，以及家家有本難唸的經。這雖是平淡的家居生活，卻也烙印時代苦難的人倫世界。

　　對牟先生而言，讀書不分假日與寒暑。儘管週末假日，他仍然清晨5點多鐘就起來伏案，翻譯康德的《判斷力批判》。我則撥鬧鐘醒來，幫牟先生準備提神的人蔘茶或牛肉湯，以便他慢慢細嚼山東

老家寄來的「石斛夜光丸」（這是牟先生維持視力的妙方），接著我
又倒頭再補睡眠。通常我會在8點之前準備好簡單的早餐，接著便從
永和搭車去耕莘文教院古亭聖心堂，參加週日早上9點的主日彌撒。
慢慢地，牟先生知道我望彌撒前不吃早餐，他能理解我無法陪他共
進早餐的理由，有時又擔心我望彌撒的時間來不及，牟先生會催促
我趕快出門：「你與上帝約會的時間到了，快來不及了！」牟先生
的幽默與關心，令我感動而滿心歡喜。我也每每在彌撒時，以真誠
的祈禱回應牟先生的善意，祈求牟先生與師母的身心安康，家庭的
平安和樂。有時彌撒後，我會去古亭國小天橋旁對面的「萊陽桃酥」
餅店買牟先生喜歡的山東甜點，再去南門市場買師母喜歡的紅豆沙
包；隨後帶著愉快的心情與甜點，回去永和與牟先生、牟師母享用
週日的午餐。這是我望完彌撒後所帶回去的有形禮物，牟先生與牟
師母也總以滿滿的笑容作為饋贈。

　　週日的下午，午睡醒來後，牟先生有時會出去散步，有時會留
在家中欣賞百看不厭的《紅樓夢》錄影帶。當時《紅樓夢》錄影帶
是由大陸拍攝，坊間不易購得，輾轉轉錄後的畫質與畫面雖不佳，
但先生仍然看得入神，甚至眼睛一閉上，就可以說出下一個畫面與
情節。興致一來，對於黛玉、寶玉、寶釵都有獨特的品評。襲人與
晴雯的性情，也常拿來作對比。對於錄影帶中黛玉的一顰一笑，心
思眼神，無不觀察入微，連黛玉衣袖隨風而起的飄然，都引發牟先
生的美感讚嘆。而對於黛玉的淒美人生，從其進賈府的惴惴不安，
到含恨氣絕之悲劇，牟先生也不勝欷歔。有一次陪牟先生看《紅樓
夢》告一段落，約近黃昏，客廳有些昏暗，只有牟先生與我兩人。
牟先生話鋒一轉，悠悠然地問我：「你說看看，哲學與宗教有什麼
不同？」我有些愕然，這不是大問題嗎？但畢竟這不是口試場合，
我能回答的僅是憑我生命經驗的直覺與感受。我想了想，回答牟先

生：「我覺得哲學與宗教都引導人尋找智慧，我也嚮往智慧。但是，我在哲學中卻找不到生命的慰藉，反而在真誠的宗教信仰中得到生命的安頓。」說完，我原先以為牟先生會大加批判一番，但意外地是，牟先生卻點頭微笑地稱許說：「你說得不錯！你說得對！」這個對話經驗讓我印象深刻，反覆沉吟，也覺得百般不捨。生命的慰藉是來自於具體活生生的經驗，晚年的牟先生太寂寞了。

牟先生辭世前幾年，隨著康德《判斷力批判》的翻譯，學術上思考的是真善美的合一說與分別說。然而學生當中，能接得上牟先生思路並與之對話的學生很少，我也不例外。牟先生曾在課堂上責備已經任教或在學的學生：「你們都沒有我用功。」偶而也戲謔地調侃需要「備課」的教授們：「我天天都在備課，時時在備課，哪有一個固定的備課時間呢？」這是牟先生的「學不厭」。有時我回台北，牟先生偶爾會抱怨說，整個星期都沒有人來看他，也沒有人可以談學問。學術的世界裡，牟先生的感覺是寂天寞地的。另一方面，雖有孫女陪伴，但當時海峽兩岸的依親辦法很複雜，也很不合理，幾個月就要辦一次，甚至要先出境再入境。原本牟先生以為晚年有孫女留在身旁陪伴照顧，就可以安享晚年。然而，面對千里迢迢前來依親的孫女，牟先生反而操心起孫女能否長期居留，更憂心孫女的身心安頓與未來的前途。這樣的複雜問題，也夾帶著親情的諸多考量，牟先生一念及孫女的不安，自己也憂心忡忡，心情也好不起來。面對兩岸契闊多年的家庭問題，牟先生也有許多難處。

有一天，同門之中有位學長邀請牟先生在和平東路的餐館吃飯，席間學長隨興問牟先生：「近來政府已經開放大陸探親，老師想不想回山東老家看看孩子、看看老師母？」平日在課堂上牟先生常控訴共產黨掘其牟氏祖墳，故根本不願意回大陸。但這一回，牟先生停了一會兒，感慨地說：「人老了，人生哪能再經一次生別離？」

牟先生自27歲離開家鄉，再也沒有返鄉過。因大時代的動盪與悲劇，父喪不能奔，哀痛逾恆。山東老師母則辛苦寂寞一輩子，護守家園，撫養兩個兒子長大成人。兩位公子卻因失學，無法保存一點讀書種子。牟先生於此有很深的遺憾，也對兒孫輩有極大的期待。即使在香港或台灣，牟先生既感念大陸老師母一輩子的辛苦，始終沒有忘掉她，也牽掛山東家中的大大小小，適時給予必要的資助。另一方面，香港體弱的師母與患病的公子，也需要牟先生照料操心。在此兩難中，回到山東老家，如果再次別離，多麼殘忍呀！豈不是更大的折磨？

牟先生的真情至性，對於「悲莫悲兮生別離」是有很深的體會，他體貼著在時代顛沛流離中家人受傷的心靈，難以撫慰的傷痛。以往曾讀過杜甫的〈三吏〉、〈三別〉多次，但對於〈垂老別〉的「人生有離合，豈擇衰老端」，我卻在牟先生的慨嘆中，終於讀懂了。想到牟先生的深情如此沉重，頓時一陣哽咽不禁湧上心頭……最近有機會讀到牟先生的家書，他在給山東家人的書信中寫道：「總怨我多讀了幾本書，遂使骨肉離散。雖一時不能團聚，但異地俱存也算是很幸運的了。」牟先生一生艱苦奮鬥，雖然建立起哲學思想的宏偉大廈，惜乎無家庭幸福的滋潤。牟先生雖以「安之若命」來排遣，也以此勸勉山東家人不可暗自傷懷。但牟先生的情感世界也與哲學深度一樣深邃，甚為孤寂，天若有情，亦與之同憾。

記得牟先生病危之前，曾要我向老一輩的學生轉達他要尋找墓地之意。我聞之訝異，也不願意聽到這樣的話。牟先生卻一派輕鬆地安慰我：「沒有關係，這是中國的老傳統，唐先生生前就選擇好寶地，自己還親自看過呢！」幾個星期過後，牟先生的體力更差，以微弱的聲音問我：「墓地找到了嗎？萬一找不到合適的地方，回山東老家也可以……」我握著牟先生的雙手，心都碎了，無法言語，

潛然淚下，「落」、「葉」、「歸」、「根」，一字字那麼具體形象化地敲痛我的心。牟先生真的想回家了⋯⋯

　　牟先生走過近百年中華民族最動盪、最不幸的時代，他是這個時代的見證者。大至於「中國文化的存亡」，小至於他個人的「骨肉離散」，都是他最真切的存在感受。再者，不管從政治或學術上來看，牟先生這一代的新儒家，都是四無依傍，踽踽獨行，僅能以真誠的生命與學問，獻身於儒家聖聖相傳的智慧與道路。因而，牟先生以中國文化爲本位來看待基督宗教，本是可以理解的立場。尤其，面對離散、苦難、生死等諸多觸及存在本源的生命處境，當代新儒家之所感、所悟、所思，遠遠超過當時的諸多主義與思潮，因它植根於中國文化的傳統與本土。對於中國人的文化心靈，既有相應的理解，也有內在深刻的批判。

　　從某個意義上說，如牟先生的《五十自述》，就深具宗教性，感人至深。此書既是牟先生最內在的生命精神史，也反映民族文化生命的最深切悲痛與昇華。故上一世紀當代新儒家對中國文化的了解，對中國哲學所抉發的深度，實在值得華人基督徒與教會虛心了解，加以正視。聖保祿不也說過：「對猶太人，我就成爲猶太人，爲贏得猶太人⋯⋯對軟弱的人，我就成爲軟弱的，爲贏得那軟弱的人；對一切人，我就成爲一切，爲得是總要救些人。」（《格林多前書》9：20、22）平心而論，以今天台灣多元的文化處境來看待宗教，牟先生堅持文化民族主義的立場，雖然有其局限；但基督宗教所傾向的包容論之立場也值得檢討。然而，從我與先生晚年的相處經驗，我看到具體生活中，牟先生對於基督宗教的尊重與開放。唐君毅先生曾說：「在遙遠的地方，一切虔誠終將相遇。」不過，在當今全球化與在地化不可分割的存在處境中，我深信：就在對「近人」生命的關懷中，一切虔敬必將相遇。

　　昔日牟先生〈說「懷鄉」〉一文寫道：

　　離別，有黯然銷魂之苦；團聚，有遊子歸根之樂。僑居，有懷
　　念之思；家居，有天年之養。

現在靜靜細讀，彷彿於此看到牟先生的宗教心靈，安身立命的乾坤
世界……

　　林月惠，中央研究院中國文哲研究所副研究員，研究宋明理學、
中韓儒學比較研究。主著有《陽明「內聖之學」研究》、《良知學
的轉折：聶雙江與羅念菴思想之研究》、《詮釋與工夫：宋明理學
的超越蘄向與內在辯證》、《朱子學與朝鮮時代性理學》。

歷史哲學與儒家現代化：

論牟宗三思想從黑格爾到康德的轉折

施益堅

　　牟宗三是20世紀東亞文化圈最重要的思想家之一。他的哲學思想近幾年成爲中台港三地哲學界的熱門議題，並逐漸開始吸引西方學者的注意。牟宗三屬於所謂「當代新儒家」思想運動，但他的哲學興趣與知識並不限於儒家思想本身，他採納來自其他傳統的種種觀點，因而產生高度「混生」的哲學術語。因此，把握他關鍵性概念的精確意義並不是容易的事。除非我們先清楚牟宗三個人最關心的問題是甚麼，否則我們恐怕無法理解他哲學思想極爲複雜的涵義。問題在於，牟宗三所撰寫的30幾本書包羅萬象，內容包含一系列哲學議題的討論，但其中牟宗三最關心的問題究竟是哪一個，非常難以回答。因此，本論文採取間接進路，從牟宗三思想的歷史脈絡切入觀念的分析。此進路同時能夠印證，牟宗三的思維雖然看起來是一套高度抽象的、來自學術象牙塔的哲學體系，但事實上它卻反映出中國當時的歷史狀況與政治困境。

　　本論文著眼於牟宗三1950-60年代中的思想轉折，即他從討論黑格爾歷史哲學過渡到康德倫理學研究的過程。筆者將證明，此轉折代表牟宗三辯論策略的樞紐，它開拓儒家現代化的路線，提供牟宗三最關心問題的創新性答案。

一、出發點：儒家現代性如何可能？

筆者認爲，若要知道一位哲學家最關心的問題是甚麼，應該提出的問題是：他從甚麼樣的困境中尋找一條出路？關於牟宗三甚至一整個新儒家運動，此困境可視爲一種兩難；從19世紀末起，中國知識界逐漸意識到中國在各方面落後於西方，知識分子對落後狀態的原因加以思考，同時尋找能讓中國發展起來的路線。當時知識界最熱烈討論的問題亦是「中國爲甚麼沒有發展出科學與民主此兩個代表西方現代性的巨大成就？」。五四運動以來，許多自謂「先進的」知識分子把落後的責任放在儒家傳統的身上，認爲儒家傳統思想與現代性是兩件互爲排斥、絕不兼容的事。按照這個「反儒」立場，中國現代化所以可能的基本條件就是擺脫儒家傳統、解脫中國長久歷史的精神遺產、遵循西方的榜樣走上現代化路線。根據這種「偶像破壞」的思潮而言，中國的現代化與西化其實是同一個過程的兩個面向。但如上所述，從新儒家角度看，此思路導致一項兩難：在儒家與現代性不兼容的前提下，中國人必須作一個選擇，「儒家中國」還是「現代中國」，兩者只能擇一。

牟宗三當然無法接受此選擇。他認爲，選擇的前提根本是錯誤的；先進知識分子因爲沒有深入儒家思想、沒有把握到其哲學本質而只看表面上的面貌，所以他們作出非常籠統的判斷，完全忽略儒家傳統本身具有現代化潛力。從此可看出牟宗三眼下的兩大課題：一，他必須闡明儒家傳統的哲學本質；二，他必須證明此本質與現代性的兼容性。這樣他才能夠反駁五四運動的反儒立場，同時開拓一條前往儒家現代性的路線。在筆者看來，牟宗三坦然接受此哲學任務，以「儒家現代性如何可能？」爲指導問題，向一條漫長遙遠

的思路啓程。

接下來，筆者將觀察此路途上兩個主要階段。第一個階段是牟宗三在1950年代時，接受友人唐君毅的建議閱讀德國哲學家黑格爾的著作，以黑格爾的歷史哲學爲準繩，進行儒家政治思想的徹底批判。第二個階段是牟宗三在1960年代時以康德的「自律」概念爲標準，重新分判宋明理學思想，整頓正統與異端系統，並且主張儒家正統是一種「自律倫理學」。筆者將證明，此兩階段代表同一個辯論策略的兩部份。

二、第一個階段：牟宗三與黑格爾的歷史哲學

1950年代牟宗三閱讀黑格爾的主要著作，在一篇小論文中概括他的印象如下：「黑格爾不是一好的哲學家，而是一好的歷史哲學家」（《生命的學問》，頁242）。從此可知道牟宗三對黑格爾保留相當曖昧的態度，他並不是對黑格爾全部的哲學系統都有興趣，比如他沒有深入黑格爾的哲學邏輯與現象學，反而，他的興趣基本上只限於黑格爾的歷史哲學。

在1950年代的時候，牟宗三思考「中國爲甚麼沒有發展出民主制度？」此關鍵性問題時，深入中國政治思想與政治歷史，尋找現代困境的歷史根源。正好在這個探究過程中，他得到黑格爾歷史哲學的啓發與指導。首先，黑格爾提供一個新的歷史概念。他把歷史視爲「辯證過程」；此複雜觀點至少有三個意思：一，歷史包含一個原則，歷史過程看起來是偶然的，但事實上它卻是此原則的發展過程。二，這個發展過程是必然的，它按照一個可理解的法則進行。通過歷史哲學分析，我們能夠把握歷史的原則，也能夠理解它的發展法則。三，有別於某種自然發展，歷史發展包含戰鬥與衝突，此

即黑格爾所謂「分裂」、「反對」、「對立」等現象。在黑格爾看來，除非有分裂，歷史不可能有進步，因爲分裂是歷史過程一個不可跳過的階段。

這三點中第三個意思對牟宗三特別重要。在《歷史哲學》與《政道與治道》兩書中，他把黑格爾的觀點連接到儒家傳統的「內聖外王」思想，認爲儒家政治思想忽略分裂、反對、對立的重要角色。傳統思想家以爲「內聖」與「外王」的關係應該是「直通」，而不是「曲通」（《政道與治道》，頁56）。從傳統的角度看，外王的正當性依賴著執政者的內聖，就是他的修養工夫等等。如此看來，政治問題首先是道德問題，你如果是好人，你就可以做一個好政治家。在此種道德的政治觀之下，體制問題、政治制度等問題基本上都是次要的。牟宗三認爲，這是儒家傳統政治思想最明顯的缺點。但是在他的探討中，「內聖外王」觀點的批判只不過是初步的工作而已。他接著還找出儒家傳統更爲基本的缺點。筆者認爲，牟宗三日後所提出的徹底批判也反映出黑格爾歷史形上學的影響。

在黑格爾那裡，通過歷史辯證法所開發的東西叫做「實體」。此歷史實體是動態的，但嚴格說來，它不算是「行動的」或「主動的」，因爲它在歷史上的實現過程依賴著人的行動，通過人的行動，實體才能夠實現。進而言之，黑格爾所講的「現實」是兩個原則合作的結果。除非有此兩個原則的合作，歷史實體不可能完全是「實的」，而是抽象的、空虛的。比如說，黑格爾認爲，自由是歷史過程的基本原則，但除非有一群人把自由的實現視爲他們行動的目標，亦即除非他們建立一套保障人類自由的政治制度，否則自由只不過是一個抽象的觀念而已。因此，黑格爾說，除了實體的「普遍性原則」外，我們還需要一個「個體性原則」，而只有通過這兩個原則的合作（合作可包含對立、反對等等），自由才能夠實現，才能

夠變成一個社會的現實與事實。

隨著這些想法，牟宗三認為他掌握到中國文化的基本缺點之所在。他立論說：「中國只有普遍性原則，而無個體性原則。普遍精神，若沒有通過個體之自覺而現為主體自由，則主體精神與絕對精神間之對立不能彰著」（《歷史哲學》，頁68）。這顯然是黑格爾式的看法；牟宗三把中國所缺乏的個體性原則視為「個體之自覺」，而此自覺是個人的自我意識，就是說，一個人把自己視為一個自由的人。中國因為沒有此觀點、即沒有這種自覺，所以也沒有自由意識的進步。因此，保障人類自由的政治制度（即民主）在中國過去的歷史不可能發展出來。牟宗三繼續說，因為沒有歷史發展，所以中國傳統的「大實體」（這概念代表儒家的道德思想，就是孔孟的思想傳統）在歷史上「弄成硬固而僵化，虛浮而掛空」（同上）。結果是中國過去兩千年的歷史只是「重複而無進步」（《歷史哲學》，頁63）。值得注意的是，這套徹底批判用的雖然是黑格爾高度抽象的哲學術語，但內容卻是十分具體的：儒家傳統沒有把人視為自由的存在，因此沒有建立一套保護人類自由的政治制度。問題在於，從儒家的角度看，這條思路陷入死胡同，亦即他否認儒家現代化的可能性，肯定五四運動的反儒立場。怎麼說呢？

在黑格爾看來，民主制度是個體性原則的現代表現。換言之，個體性原則（即人的自由意識）通過世界歷史一步一步開發，到了西方現代性才變成一個普遍觀點。根據此立場而言，某一個國家或文化圈除非有個體性原則，否則它不可能現代化，無法達到現代性地步。何以如此，我們從牟宗三的論述必須推論，中國因為沒有個體性原則，所以無法現代化。現代性是個體性原則發展過程的最終階段，但中國傳統如果根本沒有一個這樣的原則，它的現代化過程可以依靠甚麼？從哪裡開始？

討論至此，我們可以知道黑格爾的歷史哲學提供中國之所以陷入政治困境的深刻解釋，但對牟宗三1950年代的思想立場而言，它並不開拓出路。因此，尋找一條出路的牟宗三不得不進一步深入思考儒家傳統思想與現代性的複雜關係。接下來我們會發現，在這條思路上牟宗三保留黑格爾歷史哲學的基本構想（以康德哲學詮釋之），但同時他也推進他對儒家傳統思想的理解。幫他開拓一條前往儒家現代性出路的，終究還是上述康德的自律概念。

三、第二個階段：牟宗三與康德的自律倫理學

如上所述，牟宗三哲學最凸顯的特色是術語上的混生性。從1960年代起，德國哲學家康德的概念在牟宗三思想中扮演主要角色。智的直覺、現象與物自身、道德法則等等，這些康德哲學的重要概念後來都變成牟宗三思想體系的主幹。再者，在《心體與性體》一書中，牟宗三要證明儒家正統思想——此即從孔孟至程明道、陸象山、王陽明等宋明思想家、以「心」概念為主的儒家傳統——是一種「自律道德」或「自律倫理學」。眾所周知，「自律」是康德《道德形上學之奠基》一書的關鍵性概念，它在牟宗三的著作中成為分判儒家傳統的哲學標準。關於此點，李明輝先生寫過：

> 根據這個標準，他[牟宗三]判定儒學在基本型態上屬於自律倫理學；而朱子系統不在此列，它是他律倫理學，是「別子為宗」。對於牟先生底這套詮釋，各方反應極為分歧。譽之者目為當代中國思想界對儒學最具開創性的詮釋。反對者則認為這是把康德哲學硬套在儒家身上，反使儒學底本質湮而不彰。（《儒家與康德》，頁12）

從此可看出，牟宗三所引起的熱烈討論都圍繞著「他的詮釋對不對？」、「儒家是否是自律倫理學？」、「朱子系統是否是他律倫理學？」等重要問題。偏離此論爭，筆者要提出另外一個相當重要、但卻未受到充分注意的問題，就是：自律概念對牟宗三思想的重要性何在？他為甚麼花了7年的工夫、寫了《心體與性體》3冊，篇幅共達1700多頁的大作，證明儒家正統屬於康德式的自律倫理學一套呢？筆者的論點是，在牟宗三從黑格爾得來的歷史觀之下，自律概念既然代表西方現代性的哲學核心，因而牟宗三也視它為儒家現代化的主要標準。

不過，在處理此問題之前，我們不妨先看自律概念在康德倫理學中所扮演的角色。大略而言，康德以自律概念闡明「自由」觀點的哲學意義。他覺得自由並不是一種甚麼都可以、個體意志不受到任何限制的狀態；此不是自由，而是「恣意」。自由仍是一種服從法則的狀態或行為，而問題乃是：法則的立法者是誰？如果服從的是外來的、由他人制定的法則，你的行動則不能說是自由的；相反的，如果自己是立法者，亦即服從一套你自己訂定的法則，你的行動便未受到外來的限制，因而它可說是自由的。因此，康德提問：「除了自律之外，亦即除了對於自己來說是一個法則的那種屬性之外，意志的自由還能夠是甚麼東西呢？」，他自己回答：「意志的自由和意志的自己立法二者都是自律，因而是可以互換的概念」(《道德形上學的奠基》，第三章)。值得留意的是，類似的想法在法國思想家盧梭的政治哲學中首次呈現。在《社會契約論》第一書的第八章，盧梭把自由定義為「依從自己所定的法則」，藉此定義他點出共和國的成員皆有雙重身分，他們不但是立法者(主權者的成員)，同時也是服從法律的公民。在此條件下，盧梭認為公民是自由的。

康德從盧梭的想法獲得巨大啟發，日後把它進一步發展為一套

道德哲學，認為以自律概念不僅可以說明政治自由，而且可以理解
道德性的內在結構。他寫道：

> 道德性是行為與意志自律的關係，亦即通過意志的準則與可能
> 的普遍立法的關係。能夠與意志的自律相容的行為是允許的；
> 不能與之一致的行為則是不允許的。（《道德形上學的奠基》，
> 第二章）

必須強調的是，據康德的想法，某種動作或行為是否被允許，此問
題不是以外在權威與權力來決定，作出此判斷乃屬於所謂「實踐理
性」範圍，是一種每一個人都具有的能力。康德在此所描述的不是
盧梭所講的政治立法，亦即康德不討論個體與政治團體（即共和國）
的關係，他所描述的是個人心裡的反思過程。通過此反思，每一個
人都能夠建立道德法則，也就是按照此法則，能夠知道在道德角度
下自己的行為是否被允許。康德認為，「以實踐理性的使用建立道
德法則，然後按照此法則行動」，就是人類的自由。我們也可以說
這是一種普遍的道德自由，與政治制度無直接關係。

四、轉折點：自律概念的歷史意義

討論至此，我們必須注意自律概念在康德思想中除了倫理學意
義以外，還有另外一個更為基本的意思。有趣的是，康德本人對這
個意思雖然可能沒有太具體的概念，但他的一些說法卻有相當暗
示。比如，在〈答「何謂啟蒙」之問題〉一篇論文當中，康德說：
「啟蒙是人之超脫於他自己招致的未成年狀態。未成年狀態是無他
人底指導即無法使用自己的知性的那種無能。」（李明輝譯注《康德

歷史哲學論文集》，頁27）。在此，康德雖然不使用「自律／他律」概念，但是「超脫未成年狀態」顯然是一種從他律到自律狀態的過渡。一方面這是個人的動作——康德以「勇於求知吧！」口號鼓勵大家進行此過渡——而另一方面是在啟蒙時代中所發生的歷史轉變，某種程度上可以說是西方現代性的起始。從此角度看，自律倫理學並不只是任一種倫理學類型而已，它是一套現代倫理學。在《道德形上學之奠基》中康德本人不太強調這點，但是康德之後的思想家並沒有忽略這個意思。黑格爾對自律概念的歷史意義可能有最敏銳的意識。眾所周知，在西方哲學史，首次建立起現代性的哲學概念不是康德的成就，而是黑格爾的。康德沒有現代性概念。雖然如此，黑格爾卻覺得，現代性之特徵正好在康德系統中呈現得最明顯。對於這個有些奇特的現象，德國哲學家哈伯瑪斯提供解釋：

> 黑格爾認為，在康德哲學中現代世界的本質成了一個焦點。康德把現代世界說成是一座思想大廈。由此可見，康德哲學盡管明確地反映出了時代的本質特徵，但康德並沒有把這個時代當作我們所討論的意義上的現代來看待。黑格爾也只是從歷史回顧的角度把康德哲學看作是現代的標準的自我解釋。（《現代性的哲學話語》，頁23以下）

從上面的論述可看出，牟宗三的黑格爾論與康德論並不是兩套互相獨立的詮釋，而是一條思路的兩個階段。兩者跟儒家現代化的路線有不可分之關係。重點在於，牟宗三認為，康德的「自律原則」就是黑格爾所謂的「個體性原則」，兩者以不同的字眼表達類似的思想觀點。在概念的層次上，此看法有一定的道理；黑格爾把個體性原則設想為人的自由意識，而且康德所講的「自律」就是自由觀

點的哲學詮釋。黑格爾從歷史哲學角度看自由意識在歷史上的發展，康德從倫理學角度看自由意識的內在結構，但牟宗三明白，這兩個思想家只是以不同的方式表達西方現代性的哲學核心。西方現代性可視爲「自律時代」，而民主與科學是此時代最凸顯的屬性。同時，兩者可視爲自律觀點的「實踐用途」。

　　筆者認爲，自律概念對牟宗三的真正重要性源自於此，但背後還有他個人思想觀點的轉變。如上所述，在1950年代時牟宗三覺得中國傳統沒有個體性原則，但日後他發現此立場會導致上述的死角。牟宗三若要證明儒家現代化的可能性，他必須承認中國傳統已有某種自由意識。這就是牟宗三1960年代時在《心體與性體》的〈綜論〉中所採取的立場。他說，中國不是完全沒有自律原則，此原則只是在傳統思想中沒有很清楚的呈現出來。它不是不存在，只是沒有被突現，沒有被建立而已。中國傳統思想家沒有把握它，因而沒有清楚地成立一套自律倫理學。因故，在儒家古代的文獻中，「自由」、「自律」、「自我立法」等概念沒有出現，但雖然如此，牟宗三還是主張儒家心學傳統最關鍵性的就是自律原則。此如何可能？

　　簡言之，牟宗三認爲康德的「實踐理性」與「道德法則」兩概念正好等同於儒家心學所謂「良知」（或「本心」）與孟子所提出的「理義」概念。哲學術語雖然大不相同，但背後的想法如出一轍。李明輝同意牟宗三的看法：

> 我們自然無法期望孟子像康德那樣，設計出一套完整的論證策略來證成其道德普遍主義底觀點，但是康德倫理學所包含的基本洞見幾乎均見於孟子底學說中。（《康德倫理學與孟子道德思考之重建》，頁94）

筆者在此不對此詮釋作出判斷，而要點出牟宗三辯論策略的重要隱含。從黑格爾的角度看，「儒家傳統沒有自律原則」與「儒家思想家沒有意識到自律原則」兩套觀點的差別並不大，因爲在歷史上兩者最終會導致同樣的結果，亦即中國無法現代化。但是對牟宗三的辯論策略來講，差別可說很大。如果中國傳統思想具有一個自律原則，中國的現代化過程不僅是可能的，而且它可以靠中國自己的精神資源來進行。若可以如此，現代化過程不會喪失傳統思想，而傳統本身會進行現代化過程，達到一個更完美的、高一層的狀態。必須強調的是，從1960年代開始，康德毫無疑問是牟宗三思想的主要對象；但是我們如果要理解「康德何以對牟宗三這麼重要？」，就必須從黑格爾的歷史哲學來面對這個問題。牟宗三1960年代以來探討康德哲學，以康德的概念重建儒家傳統思想，但是這個探討過程卻以黑格爾歷史哲學爲基礎，在此基礎上牟宗三找出中國現代困境的出路。

接下來，筆者要概括地總結歷史哲學與中國現代性的關係。

五、前往終點：歷史哲學與現代化路線

從中國的角度看，黑格爾歷史哲學兼採「批判」與「建設」兩個面向，或者說，用黑格爾歷史哲學的構想既可以以批判性的方式、又可以以建設性的方式詮釋中國歷史。黑格爾提供一個批判中國傳統的思想立場，但是只要超越黑格爾個人的歷史觀，也就是擺脫歐洲中心主義，進一步推進他的歷史哲學，就可以預見中國現代性的興起（前提當然是要先承認中國傳統已有某種自由意識）。從《歷史哲學》的論述我們看出，牟宗三對黑格爾的歐洲中心主義非常清楚。黑格爾認爲，東方是世界歷史的起點，西方是終點，他所謂的「世

界精神」從東方移到西方，最終在黑格爾自己的哲學系統中獲得自我意識，達到它發展過程的終點。牟宗三當然不接受此推斷，他認爲，黑格爾歷史哲學提供一種普遍「歷史性的自我意識」，只要東方思想家獲得這種自我意識，他們就能夠開拓東方現代化的路線。換句話說，黑格爾歷史哲學本身不但可以作爲東方現代化的工具，而且牟宗三拿著這工具馬上就開始使用。他寫道：「世界歷史有一決定之東方，有一決定之起點，而此亦即是決定之終點……。西方之發展，終必因東方之自覺與發展而回到此起點……。中國之歷史，自表現出合理的自由後，一直是孕育之歷史，是一部大器晚成之歷史」。(《歷史哲學》，頁64-65)

從這個角度看，中國19-20世紀的困境，就是陷入一種自我異化狀態，這個現象可以說是中國前往現代性的必然而暫時的階段。牟宗三把這個階段叫做「自我坎陷」，把它視爲「暫時脫離了道德」的動作(《政道與治道》，59頁)。用黑格爾辯證法的術語，此動作代表辯證過程的「反題」階段。背後的想法是：爲了進行現代化過程，中國需要暫時脫離傳統的道德要求、傳統的道德實踐，著重理論思維與政治制度的發展。此想法有兩個重點：一，傳統的否定或坎陷是暫時的，並不是最終的，它最終會導致一個更完整的肯定；這個肯定的便是「現代的儒家中國」。這是牟宗三反對五四運動知識分子的看法。二，否定是一種自我否定，中國傳統不是被坎陷，中國是坎陷動作的主體；此意表著中國的現代化過程不是西化過程，反而，中國可以做一個自律的歷史主體，自己決定它的現代化路線。

大陸學者鄭家棟批評牟宗三，說他的新儒家思想「走出歷史」(《牟宗三》，頁21)，意思是說，牟宗三以純粹理論的思想觀點取代傳統的道德實踐。筆者希望，從上面的論述讀者可看出，此責備

不是完全無道理，但牟宗三最終目標正好是相反的，亦即他隨著黑格爾的定義「歷史是自由意識的進步」，尋找中國能夠進入歷史的路線。

施益堅（Stephan Schmidt），目前在德國研究聯合會的獎學金支持下，在台大人文社會高等研究院擔任訪問學者，研究現代詮釋學、當代新儒家、跨文化倫理學等。主要著作有《他者的挑戰：跨文化詮釋學與儒家思想》（德文）。

牟宗三論兩岸關係與台灣認同

彭國翔

一、引言

在《朱熹的歷史世界》中，余英時先生曾經精闢地以「內聖外王連續體」來概括宋代儒家知識人的整體規劃。筆者以為，「內聖外王連續體」一語不僅適用於宋代儒學，也適用於整個儒家傳統。從孔、孟到余先生本人，每一位真正的儒家知識人身上都體現了這種精神。只不過不同人物在「內聖」與「外王」這兩個方面的輕重與表現方式，因時因地各有不同而已。

以往的宋明儒學研究，過多圍於哲學史的視域，不免忽略了理學家政治社會實踐的「外王」一面。若非余先生的《朱熹的歷史世界》，理學家的這一面仍難免隱而不彰。事實上，對於現代儒學來說，同樣存在這樣的問題。以為現代新儒學諸家只談「心性」，不論「政治」，實在是缺乏了解所致。以牟宗三先生為例，雖然他以「哲學家」名世，但其實具有很強的政治與社會關懷，其中有些方面針對特定歷史境遇下的問題[1]，有些方面則貫徹終生[2]。牟宗三1949

1　譬如1930年代他對於中國農村問題的關注和探討，參見彭國翔，〈牟宗三早年對中國農村問題的研究〉，《清華學報》，36卷1期（2006

年來台，1995年去世，在台灣（包括香港）生活的時間超過大陸。
因此，對於兩岸關係與台灣認同問題的關注，也構成其政治關懷和
思想的一部分。但這一面似乎從未有人探究。哲人的智慧結晶未必
都是真理，但至少有觸發進一步思考的意義。尤其對於兩岸關係與
台灣認同這一「此亦一是非，彼亦一是非」的「難題」，仔細品味
一下牟氏的看法，或可收「溫故知新」和「舉一反三」之效。

　　需要說明的是，以下筆者將比較大量地徵引原文，以便如實反
映牟宗三本人而非筆者自己的看法。

二、牟宗三論兩岸關係

　　對於兩岸關係，牟宗三所論始終是原則性的問題，並非具體技
術上的各種措置。對他來說，首先需要明確處理兩岸關係的基本原
則，然後才可以在此前提下考慮各種具體的措置。處理兩岸關係的
基本原則是什麼？牟宗三1981年10月曾經指出：

> 最近，大陸要和台灣和談，期達到中國的和平統一。和談是個
> 好事情，但和談要有和談的根據，要有共同的原則。這個和談
> 不像美蘇之間的和談。美蘇之間的和談是談外交上的問題，是
> 談技術上的問題。但中共與台灣和談必須接觸到原則問題，既
> 沒有共同的原則，這怎麼能談呢？此中有很多迷惑，也就是說
> 這裡面有很多可能的幻想。若離開了原則問題，一切想法便都

（續）─────────────────
　　年6月），頁135-195。
　2　譬如他對共產主義的批判，參見彭國翔，〈牟宗三的共產主義批
　　　判──以《全集》未收之《共產國際與中共批判》為中心〉，《新
　　　亞學術集刊》（香港），第19期（2006年10月），頁451-494。

只是迷惑。最近海內外就有很多迷惑，這是我們要留意的。

中共的和談建議說，只要台灣把中華民國的國號取消，其他的我都讓步。可是既爭著熱烈紀念慶祝辛亥革命，尊崇孫中山，你為什麼不放棄馬列主義，取消中華人民共和國的國號呢？好，一談到這裡，就不能談下去了，這個算得什麼和談呢？這叫做吞併，吞併並不是和談。

還有一種想法，說是這樣好了，兩方面一半一半，各讓一步，這就等於是不分青紅皂白各打五十大板一樣。現在社會上有很多人就是這個想法。諸位在此想一想，這個對等的看法行不行，有沒有問題。

其實稍微想一想，就知道這個看法是不通的。舉例來說，有兩個人，一個專欺負人，一個堅持不欺負人，我們可以叫那專欺負人的人讓一步，變得稍為不欺負人。但是我們不能叫那不欺負人的人也讓一步，變得稍為欺負人一點。這個說法是不通的，……亦如美蘇的和談，我們只能叫蘇聯變得自由一點，不能叫美國變得極權一點。凡是這種把極權與自由看成是對等，把欺負人與不欺負人看成是對等，或把惡與善看成是對等，要兩方各讓一步，這種辦法就是等於各打五十大板，完全不分青紅皂白，不知道這裡有一個標準的問題，有善惡是非的問題！堅持四個原則，不和別人講理，這就像以前打天下一般。天下是老子打來的，這個政權的根源你不能問。……如此，怎能和談呢？不能和談，就是僵持，僵持到最後或是幡然悔悟，皆大歡喜，或是終不醒悟，訴諸戰爭。……說到這裡，我想問題可真困難，中共大叫和談，這只是吞併，只是招降。……戰爭是我們所不希望的。但要達到真正的和談，而不是吞併或投降，這需要把僻執放棄，從非理性轉成理性。那個各打五十大板的

態度是不行的，因為這態度本身就是非理性的。

現在大陸要和台灣和談，要真能到達和平，那也得先放棄那四個原則。你要讓開一步，讓人家存在，讓人家過得去。大家都得過得去，這才是和平，這才算理性。一定要堅持四個原則，那是討便宜，讓人家過不去，這是非理性的。你不要迫害人，將來也不會迫害你自己，這樣大家都過得去。如此一來，就顯出一種超然性的原則，這樣的超然性的原則正是現代化所嚮往的，所要求的。[3]

這裡，牟宗三所論兩岸關係的原則包含兩個要點。對台灣方面來說，是要堅持中華民國的國號；對大陸方面而言，是要放棄馬列主義，尤其是放棄中共所謂的四項基本原則，即「第一，必須堅持社會主義道路；第二，必須堅持無產階級專政；第三，必須堅持共產黨的領導；第四，必須堅持馬列主義、毛澤東思想」。不過，在上引文字中，牟宗三主要的是針對大陸，即強調大陸方面中共應該放棄「四個原則」。

牟宗三說這幾段話時，還是在蔣經國時代。在蔣經國之後，台灣進入了一個新的政局。蔣經國去世李登輝繼任之後不久，牟宗三於1988年4月再次談到了處理兩岸關係所當遵從的基本原則，他說：

自從蔣經國先生過世，台灣處在一個時代的轉關上，這關鍵是什麼呢？我用簡單的兩句話來表示，即是：台灣看李登輝總統

3　這幾段話出自1981年10月17日牟宗三講於新亞研究所的〈僻執、理性與坦途〉一文，該文最初刊於香港《百姓》半月刊）第11、13期，後收入《時代與感受》，見《牟宗三先生全集》（台北：聯經出版公司，2003），第23冊，頁122-133。

領導的國民黨如何來頂，大陸就看共產黨如何來變——台灣能
頂得好，頂得住，順民族文化的要求方向，一方面配合經濟的
成就充分完成民主憲政，給大陸做個模範，催促它變；一方面
要放開眼界，對大陸有所承擔有所承諾，那怕是口頭上的承諾，
不要忘了復國建國，以自由民主統一中國，這個方向是文化意
識所要求的。不但是台灣要有這樣的眼光氣魄，即使大陸上的
十億人口也都如此期待，這是不可推卸和逃避的使命。這兩方
面都做得好，我們影響大陸，促成他的改變，不只是經濟改革，
而且使他必然地要放棄他的意識型態，改變他的政治體制，使
馬克思主義完全垮台；馬克思主義一垮台，不統一也算統一了。
要不然，憑什麼統一呢？你一放棄自己的擔當，就註定要被吃
掉。從來沒有人能跟共產黨和談，他不放棄四個堅持，所謂和
談就是他把你吃掉。所以我常說若台灣大陸要和談，則非共產
黨降格不可，所謂降格就是拿掉他的一黨專政四個堅持。他不
僅要經濟學台灣，而且政治亦要學台灣，學得大家的生活水準
生活方式差不多了，當然可以統一，那時談也可，不談也可，
本來就是一個中國！這個願望能否達成，是一個未知數，要靠
未來台灣的努力。[4]

　　在這一段話中，對於處理兩岸關係的基本原則，牟宗三同樣是
從大陸和台灣兩個方面來談的。不過，這裡的重點轉到了台灣方面。
台灣應該怎麼做？牟宗三認為有兩個方面。一是要「配合經濟的成

4　〈「唐君毅先生逝世10周年紀念會」講辭〉，1988年4月刊於《鵝
　　湖月刊》第13卷第10期，收入《時代與感受續編》，《牟宗三先生
　　全集》，第24冊，頁365-367。

就充分完成民主憲政，給大陸做個模範，催促它變」；二是要「放開眼界，對大陸有所承擔有所承諾」，「不要忘了復國建國，以自由民主統一中國」。尤其是後一個方面，在牟宗三看來，作為一個根本方向，既是「文化意識所要求的」，也是台灣方面「不可推卸和逃避的使命」。

此處，牟宗三特別強調了台灣對於大陸的「承擔」和「承諾」。這種「擔當」，就是「不要忘了復國建國，以自由民主統一中國」。牟宗三認為，台灣要有這樣的「眼光」和「氣魄」。如果台灣放棄了對於大陸的擔當，自甘「株守一隅」，結果不僅是「自立門戶」不成的問題，更會反而因此喪失自身的存在，所謂「你一放棄自己的擔當，就註定要被吃掉」。顯然，牟宗三這裡的預設仍然是兩岸之間的一體關係，目標仍然是統一，所謂「本來就是一個中國」。但是，李登輝時代以來，這一預設和目標在台灣不斷公然遭到挑戰，如今似乎再也不是一個不言自明的前提和目標了。之所以如此，顯然與台灣認同的變化密切相關。

在牟宗三提到的台灣應該怎麼做的兩個方面中，「配合經濟的成就充分完成民主憲政」這一方面儘管仍存在相當問題，但其實已經取得了很大的成就。因此，這一方面台灣的發展可以說是在沿著牟宗三所說的方向前進。但是，後一個方面，卻似乎是沿著與牟宗三所希望的相反的方向在發展。在一定意義上，台獨就是要切割與大陸的一體關係，不再對大陸有所「承擔」和「承諾」。對台獨來說，「以自由民主統一中國」不僅不切實際，更仿佛成了不掃自家門前雪，要管他人瓦上霜的奇怪想法。一旦兩岸之間的一體關係受到質疑，統一不再成為一種「願望」和「目標」，牟宗三關於如何處理兩岸關係的一切論說，自然便都成了不相干的東西。

三、牟宗三論台灣認同

在其有生之年，牟宗三對於這種台獨認同顯然有充分的意識。因此，緊接著上引的那段話，牟宗三立刻談到了台灣認同的問題。他說：

> 假定台灣不能認清這個文化方向，政治不走向民主憲政，對中國大陸不肯有所承擔，譬如說，想要獨立、自決，「獨立」如果真能「獨」而「立得住」，倒還可說；但到「獨」而不能「立得住」的時候，則很悲慘。怎樣才能「立得住」呢？縱貫地說，要和文化掛鈎，要和歷史掛鈎，要繼承中華民國的正朔，以穩住自己的立場。橫的方面，要知道全中國十億人口都屬於中華民族，都要求統一。若既不和歷史掛鈎，又不和中國大陸廣大群眾掛鈎，則「獨」是「獨」了，但只成一「前不見古人，後不見來者，念天地之悠悠，獨愴然而涕下」的孤獨的「獨」，這就不是「立」，而是飄零。自己立不住，寄望他國來保駕，都是靠不住的。

表面上看，牟宗三似乎也並不反對獨立。從他強調處理兩岸關係不能放棄中華民國的國號以及中共必須首先放棄「四個基本原則」這兩個彼此緊密相關的方面來看，甚至給人感覺他是主張獨立的。但是，必須指出，牟宗三堅持不放棄「中華民國」的國號，以之與「中華人民共和國」相抗，這種保持中華民國的獨立，不是要在台灣和大陸之間進行一刀兩斷的切割，而是在兩岸一體相關的前提下，肯定中華民國對於中國的正統地位。這是在政治的意義上來說

的。而一旦從文化的意義上來談認同，即如上文所引所謂「文化方向」，牟宗三顯然更是反對台獨的。在他看來，台灣如果要和中國的歷史文化脫鉤，和中華民族脫鉤，其獨立的結果必然是「只成一『前不見古人，後不見來者，念天地之悠悠，獨愴然而涕下』的孤獨的『獨』」。這種「孤獨」的「獨」既然前不見古人，後不見來者，失去了自身所系的歷史文化的傳統和脈絡，自然「立」不住而只能流於「飄零」了。

　　因此，對於文化意義上謀求與中國歷史和中華民族「互不相干」的那種台灣認同，牟宗三不但不以爲然，更是頗感沉痛。緊接著上面的話，他直接批評了這種台灣認同的乖謬不通。他說：

> 台灣的政經工作大體不錯，但文化意識卻差，誰能保障中國往哪裡走呢？……本來，台灣人就是中國人，不僅是中國人，而且可以指出來是福建人、是客家人。而且還是漢人；本來就是中國人，誰還要認同？這個名詞根本就不通，我們山東人從來不說山東人要向中國認同。問題就出在這裡，你文化意識把不住，中國在那裡都成問題，要認同也無從認同起。誰負起歷史責任？這樣，中華民族飄零，要飄零到什麼時候呢？[5]

對牟宗三而言，台灣的特殊意義恰恰在於它代表中華民國而秉承了中國文化的正朔。在1995年13-15日刊於《聯合報》的一篇講辭中，牟宗三再次強調要從歷史文化開始自我認同。他說：

> 從人本身來講，人要尋求自我統一；自我統一才有人格，才有

5　　《時代與感受續編》，《牟宗三先生全集》，第24冊，頁367-368。

個體。生命有統一，就是生命不要分裂，人格不要分裂；如果
分裂就找不到自己。因此自我統一，也是如何認同自己的問題，
從自己來證明自己。自我的問題從哲學上就很複雜，現在我們
是從歷史文化上來講。

我們住在台灣的中華民族的人，要如何認同自己？山地同胞是
土著，其他皆從大陸上遷來，播遷又分為幾個階段。為什麼台
灣會發生認同的問題，在大陸上卻不發生？山東人是山東人，
也是中華民族的人，他們在認同上不發生問題。所以前任總統
蔣經國先生說：「我也是台灣人。」這表示他認同他自己了，
這種說法有其根據。我是中國人，我也是台灣人，這種說法是
通的；我是台灣人，我也是中國人，這種說法就不行。因為中
國人包括較廣，中國只有一個，而不是許多省分許多個。當然
這只是附帶提到的閒話一句。但是在這個時代裡，我們先要了
解如何認同自己呢？認同自己，只有從了解我們的歷史文化開
始。[6]

在該篇講辭的最後結語部分，對於台灣的認同和自我定位問
題，牟宗三表達了自己的立場，他說：

住在台灣的人，如何認同自己。鄭成功先來，後來是客家人來；
外省人是民國三十八年來，也是靠「洪荒留此山川，作遺民世
界」。這遺民世界就是要反共，我們不贊成共產黨的魔道，這
裡並非國民黨與共產黨的兩黨問題，而是共產黨的本質就是個

6　〈在中國文化危疑的時代裡〉，《時代與感受續編》，《牟宗三先
　　生全集》，第24冊，頁474-475。

魔。這個魔，當初不了解，到現在大陸的知識分子仍然不了解，不但年輕的知識分子不了解，老的知識分子經過文化大革命這樣地摧殘、糟蹋，卻至死仍似未覺悟，真是可惜，應該已經可以了解，卻仍不了解。

共產黨的魔道，就是借用平等性的觀念來作惡，來殺人，因為以前已經講過，今天就不細說。康德這位十八世紀的大哲學家在共產黨還未興起之時，就發現人有這種基本的罪惡，就是人因為要求同等待遇的平等來作惡，每個人要吃同樣的麵包。其實孟子「不恥不若人，何若人有？」如果我能力不及你而不自以為羞恥，這人就太沒出息了。孔子也說：「見賢而思齊焉，見不賢而內自省也。」你能達到的境界，我也能達到；需要的是努力，這是較為正常地了解，自由世界也都這樣來了解。所以平等是個機會，但人要努力。共產黨卻借用平等來打第三階級的自由、民主，說我們要麵包不要選票，假借平等的觀念來作惡、來殺人，這才是以理殺人。殺這麼多人，文化大革命殺那麼慘，居然還有人不以共產黨為罪惡，還相信那些宣傳，有什麼覺悟呢？康德這段文字，我已翻譯出來並附錄在我的《圓善論》中，大家可以參考。共產黨怎能視作標準，視為中華民族的正朔呢？凡是住在台灣的人，應該在此珍惜自己，作到如何認同自己、了解自己，台灣能有今天，就不應該再瞎胡鬧，否則這種天地就沒有了。而要從鄭成功「洪荒留此山川，作遺民世界」來認同自己。[7]

牟宗三於1995年4月12日去世，因此，這篇刊於4月13-15日《聯

7　同上，頁482-483。

合報》的講辭可謂其晚年定論。這裡，牟宗三所謂的「台灣能有今天，就不應該再瞎胡鬧」，所批評的就是那種企圖在歷史文化的意義上「去中國化」的台獨立場。這種台獨所謀求的，是在政治與文化雙重的意義上與中國一刀兩斷的前提下，獲得國際社會之中的一個獨立位置。但是，一旦台灣在歷史文化的意義上與中國大陸徹底脫離干係（這在實際上恐怕也是難以做到的），台灣的前途不但是「自小門戶」，更嚴重的是恰恰反而會因此喪失事實上1949年以來本已存在的獨立地位。就算是獨立了，也勢必淪為文化上無所憑藉、國際上無足輕重的小國。牟宗三說：

> 海外華僑在歐洲、美洲、澳洲者，歸心台灣是因為中華民國乃是正朔，否則對他們而言，台灣只是個小地方，沒價值，只是個地理名詞。中華民國才是正統。[8]

這句話台灣的民眾尤其具有台獨意識的人聽起來未免刺耳，但忠言逆耳，牟宗三這裡所言不能不說是事實。牟宗三所謂台灣認同必須從沈葆楨的「洪荒留此山川，作遺民世界」這句話中去認識，正是意在強調中國的歷史文化不但構成台灣認同不可或缺的重要組成部分，在大陸尚未真正徹底拋棄馬列主義意識形態之前，更是在台灣這塊土地上得到了保存。而台灣認同只有歸宗於中國傳統的歷史文化，才能真正凝聚全球華人，從而真正在國際上獲得地位。

在這個意義上，對牟宗三來說，台灣應該是一個復興中國文化的「蓄勢待發」的基地。

8　同上，頁473-474。

四、結語

表面上看，對於兩岸關係和台灣認同，牟宗三的看法似乎可以
而且應當區分爲政治和文化兩個不同的層面。在政治的層面上，牟
宗三主張堅持中華民國的獨立性。他自己1949年之後幾乎從未踏上
中華人民共和國的領土[9]，1980年代之後在屢次受邀回大陸的情況
下，他表示中共不放棄馬列主義的意識形態，絕不回去。這無疑是
他在政治層面上主張台灣保持獨立的表現。但是在文化的層面上，
由上可見，牟宗三顯然認爲兩岸一體相關，台灣認同不能脫離中國
的歷史、文化傳統。如此，在政治的層面和文化的層面之間，似乎
牟宗三的看法存在一定的張力。但是，深入體貼牟宗三的看法，筆
者以爲，這兩個層面之間其實並無相悖之處。事實上，對牟宗三來
說，可以說正是其文化立場決定了他的政治態度。換言之，牟宗三
在政治上主張堅持中華民國的獨立性，實在是其文化價值立場在政
治層面上的反映。牟宗三一生反共，並不是在國民黨與共產黨之間
的取捨，即他自己所謂「這裡並非國民黨與共產黨的兩黨問題」，
而是一種文化價值的抉擇。因爲從20世紀初直至牟的有生之年，中
國共產黨一直是中國歷史文化尤其是中國傳統價值體系最大的破壞
者。對他來說，中華人民共和國的建立就是蘇俄傳來的共產主義徹
底征服中國的象徵，也是中國數千年的價值系統幾乎被徹底摧毀的
象徵。因此，只要文化上認同中國的傳統和價值，就勢必不能接受

9　據牟宗三的弟子回憶，唯一的例外大概是在1993年，爲了接他的孫
　　女到香港和他團聚，他以85歲的高齡兩次經過羅湖橋，探望在深圳
　　的孫女。參見吳甿主編，《一代儒哲牟宗三》（香港：經要文化出
　　版有限公司，2001年7月），頁144。

「中華人民共和國」對於「中華民國」的取代。再者，更深一層來看，牟宗三所主張的政治層面的獨立，與台獨意義上的獨立也不可同日而語。表面上看，二者都主張台灣不能變成中華人民共和國的一個部分。但是，台獨是既要把台灣從中華人民共和國中脫離出去，也要把台灣從中華民國中脫離出去。無論是作為「中華人民共和國」的中國還是作為「中華民國」的中國，對於如今的台獨人士來說，都是與台灣不相干的他者。突顯「台灣」而淡化「中華民國」，正是這種台獨意識的反映。牟宗三與此顯然不同，他心目中的台灣是作為中華民國的台灣，台灣的獨立只是「中華民國」相對於「中華人民共和國」的獨立，絕不是要將台灣從中國中切割獨立出去。並且，台灣不但不能自絕於中國，而且更要積極主動地擔負起以中國傳統文化和自由民主統一中國的歷史重任。前引文中他所謂的台灣對於大陸的承擔，正是這個意義。這一點，也是他在政治上有別於台獨的關鍵和根本所在。

　　事實上，牟宗三關於兩岸關係與台灣認同的看法，並不是他個人的「獨唱」，而是不少當代一流華人學者和知識人的共識。譬如，在兩岸關係與台灣認同這一問題上，余英時先生不僅在基本方向上與牟宗三一致，其思考更為深入、全面和明確。余先生的相關思想需要另文專門研究，此處不能枝蔓。筆者在此僅徵引他的一些相關的話語，既作為對牟宗三論兩岸關係與台灣認同的進一步發明，同時也作為本文的結束。

　　對於兩岸關係，余先生指出：

　　　「統一」有各種不同的涵義，但有一種統一卻是除了中共當權派以外，大家都反對的，那便是在近期內，讓中共來統一中國，而講在台灣的中華民國降級為一個地方政權。這樣的「統一」，

不僅是台灣和海外的中國人所絕對不能接受的，而且也是大陸
上人民所不願看見的。[10]

這和牟宗三的立場顯然是一致的。對於那種「去中國化」的台灣認
同或者說台獨，余先生更爲明確地指出了其危害性。他說：

> 「獨立」和「統一」一樣，也有許多不同的涵義。就實質而言，
> 台灣今天本來已經獨立於大陸之外，根本用不著再爭什麼獨
> 立，但這只是一種政治獨立，而且是暫時的。長遠的說，台灣
> 和大陸最後必然走上統一之路。但這最後的統一，是統一於政
> 治民主、經濟富裕，更重要的是文化歸根。但如果「獨立」的
> 意義，使台灣和中國永遠分離，變成一個所謂台灣人的國家，
> 那必將招致毀滅。因爲問題還不在最後無法獲致國際上的承
> 認，或中共可能動武，而是首先製造出所謂「本省人」和「外
> 省人」的分裂，永遠斷絕了民主的先機。[11]

對於牟宗三所強調的台灣對於大陸所應有的「擔當」，或者說
以中國傳統文化及自由民主統一中國的胸襟和魄力，余先生更具卓
識，他說：

> 今天的台灣瀰漫著一片低沉的現實主義和功利氣息。對於隔海
> 的中共政權，有人恐懼、有人諂媚、更多的是漠不關心，但是
> 卻很少有人敢存「彼可取而代之」的念頭。這和早期「反攻大

10　余英時，《民主與兩岸動向》（台北：三民書局，1993），頁16-17。
11　同上，頁19。

陸」的高調形成了最尖銳的對照。其實這兩個極端正是所謂過猶不及。前者失之過分不切實際，後者則失之完全丟掉了理想。我可以武斷地說，台灣的命運是和大陸連在一起的；只要大陸的殘暴政權存在一天，台灣的安全便一天沒有保障。今天一談到台灣和大陸的關係，許多人首先便在尋找「模式」，是「一國兩制」呢？還是「一個國家兩個政府」呢？是「邦聯」呢？還是「兩個國家」呢？這種種「模式」的後面顯然存在著兩個不可動搖的假定：第一是大陸的現政權是永遠不會動搖的；第二是大陸強大而台灣弱小，因此主動權永遠操之在大陸一面。由於缺乏理想主義的精神，沒有人肯相信孟子所說的「湯七十里、文王百里」的話了。[12]

這番話是在李登輝就任時，余先生發表的〈對李總統的兩點期待〉一文中說的。顯然，余先生正是在兩岸一體相關的意識下希望李登輝不要以台灣自限而自絕於大陸，所謂「希望李先生不僅自許爲在台灣的中華民國的總統，而且還要自勉爲整個中國的總統」[13]。牟宗三所謂的「眼光」和「氣魄」，正在於此。當然，現實的發展無疑是讓余先生失望的，李登輝之後一直到民進黨執政時期，台灣正是沿著對大陸漠不關心以至於視同敵國的方向漸行漸遠。如今，這種「自小門戶」、「自我孤立」的意識似乎已滲入意識、習焉不察，其危險正如余先生所說，「還不在最後無法獲致國際上的承認，或中共可能動武，而是首先製造出所謂『本省人』和『外省人』的分裂，永遠斷絕了民主的先機。」這一點，已漸成現實。正因如此，

---

12 余英時，《民主與兩岸動向》，頁90。
13 同上，頁89。

牟宗三和余英時等先生多年前已發的遠見卓識，才益發值得台灣的
各界人士認真思考並從中汲取智慧，以期力挽狂瀾。本文的撰寫不
僅是爲了紀念牟宗三先生的百年冥誕，也更是由台灣近年來的現實
局面所觸發的一個結果。

　　台灣的民主來之不易，但如果在兩岸關係和台灣認同的問題上
不能高瞻遠矚，將來未免貽害無窮。余英時先生1993年說的如下這
段話，宛然如同針對當下台灣時局，讀之實在不容不值得再三致意：

> 如果說今天台灣的民主進程有什麼值得令人憂慮的地方，那也
> 許便是理想主義精神的稀薄。民主作為一種政治原則，它的精
> 義不僅在於少數服從多數，而且更在於多數尊重少數。民主作
> 為一種生活方式，它所體現的價值是寬容、開放、多元、不趨
> 極端、富於同情心等等。所以一個民主的社會往往也是一個最
> 有人情味的社會。但今天台灣的政客，甚至高級知識分子則似
> 乎把民主理解為人數的操縱，一切權位的爭奪都可通過簡單的
> 多數而獲致。選舉大有成為解決一切問題的無上法門，甚至高
> 等教育和研究機構也開始要以選舉來決定領導權誰屬了。我們
> 毋需譴責政客的趁火打劫，因為那是他們的本色。但高級知識
> 分子的無識和嘩眾取寵則不能不說是台灣的一大隱憂。正是由
> 於民主變成了人數的操縱，才有人在「省籍」意識上刻意地煽
> 風點火。如果真有一天到了「火炎崑崗，玉石俱焚」境地，政
> 客們也許另有全身而退之道，但知識分子又將何以自處呢？[14]

　　余先生寫下這段切中時弊的話時，牟宗三尚在世，但不知他是
否看到過。假如他曾經看過的話，根據他對於兩岸關係與台灣認同

14　余英時，《民主與兩岸動向》，〈序〉，頁2。

的看法，相信他必定深以爲然，以爲發心中所未發。余先生所謂「低沉的現實主義和功利氣息」以及「理想主義精神的稀薄」，也正是喪失了牟宗三所謂「眼光」和「氣魄」的表現。台灣的政治人物和知識人如果不能於此有深切著明的體知，並在教育領域等各方面逐步採取各種實踐的舉措以扭轉乾坤的，非但兩岸關係死結難解，台灣認同由於不能「文化歸根」，也勢必難逃自我迷失、主體不立的「飄零」的命運。當然，對於大陸的政治人物和知識人來說，則必須深刻意識到，切實推進政治改革以真正實現自由和民主，是不容躲閃的必由之路。否則，同樣也會嚴重妨害兩岸關係並在客觀上助長「台獨」。

彭國翔，北京清華大學人文學院哲學系教授。著有《良知學的展開：王龍溪與中晚明的陽明學》、《儒家傳統：宗教與人文主義之間》、《儒家傳統與中國哲學：新世紀的回顧與前瞻》等。主要從事中國哲學、思想史以及中西哲學與宗教的比較研究。

如何繼承牟宗三先生的思想遺產？

李明輝

多年來我撰寫了不少論文，為當代新儒家（尤其是牟宗三先生）的觀點辯護，因而常被視為牟先生的辯護者。又由於我在德國波昂大學以康德倫理學為論文題目，取得博士學位，並且長期研究康德哲學，更加強了這種印象。友人林安梧甚至帶有貶意地（雖然他不承認）加給我「護教的新儒家」之封號。「護教」一詞通常意謂對宗教教條不加批判的接受與維護。這個封號對宗教信徒而言，未必有貶意；但對於以哲學思考為職志的學者而言，決非恭維之詞。

今年是唐君毅、牟宗三兩位先生的百年冥誕。在此，我不想對牟先生的哲學思想作學理上的討論，而只想針對環繞著牟先生所發生的種種現象（或許可稱為「牟宗三現象」）提出我的觀察與思考，而這種觀察與思考與我個人的經驗是分不開的。

研究過哲學史的人都不難觀察到：一位哲學家在不同的時代所受到的評價與對待，往往不是取決於其哲學思想本身，而毋寧是取決當時的時代氛圍與學術權力關係。牟先生於上個世紀1950年代任教於台灣師大及東海大學時，對台灣的文史哲界無疑有相當大的影響力。但是1970年他與徐復觀先生遷居香港之後，新儒家的影響力便大幅消退。我於1970年代初就讀於政治大學哲學系時，在課堂上幾乎聽不到牟先生的名字，遑論其觀點。當時台灣各大學的哲學系

也沒有任何關於當代儒學的課程。有一次我在逛舊書店時發現一批由香港流到台灣的《民主評論》及唐、牟等人的著作(例如,唐先生的《哲學概論》是由香港孟氏基金會出版),眼睛為之一亮。他們的文章令我感覺到一份親切感,不知不覺間便被吸引住了。於是我開始大量蒐求他們的著作,熱切地加以鑽研。但是說實在話,當年較吸引我的是唐先生「筆鋒常帶感情」的文章。由於我的哲學基本知識有限,對牟先生的著作雖有親切之感,但卻是似懂非懂。事後我才得知:幾乎在同一時期,台灣師大國文系的一批學生(如廖鍾慶、岑溢成、楊祖漢)也自發地組成讀書會,研讀新儒家的著作。直到七十年代下半葉,唐、牟兩位先生到台灣講學,加上學生書局大量重印他們的舊作,並出版了他們的新作,他們對台灣學界與社會才開始形成不容忽視的影響力。

1980年代中期,方克立和李錦全主持的「現代新儒家思潮研究」課題成為大陸「七五」期間國家重點研究課題之一,這對新儒學的發展而言,也是一個重要的里程碑。儘管主事者仍帶有明顯的政治意圖,但這畢竟意謂新儒學在大陸已不再是禁忌,而可以成為學術研究的對象。1988年兩岸研究新儒學的學者在香港「唐君毅思想國際會議」中首度碰面以來,迄今已超過20年。在這20年間,新儒家的著作在大陸大量出版(儘管仍有所刪節),對大陸的學界造成難以估計的影響。當年課題組的若干成員(如郭齊勇、顏炳罡、羅義俊、景海峰)也已超越了政治意識形態,而成為某種意義的「大陸新儒家」(儘管他們並未以此為標榜)。

在兩岸的對比之間觀察牟先生對兩岸學界的影響,是個很有意義的角度。首先,可以確定的是:對於兩岸的中國哲學研究者而言,牟先生的相關著作已取得類似於經典的地位。但這不是說:牟先生的觀點已為大多數學者所接受,而是說:不論你是否贊同他的觀點,

都不能略過它們。這種情況類乎鄭昕在《康德學述》的〈弁言〉中所言：「超過康德，可能有新哲學，掠過康德，只能有壞哲學。」同樣的，我們也要說：中國哲學的研究者可以不贊同牟先生的觀點，卻不可不理會它們。已故的傅偉勳教授也表達過類似的看法。任何人只要稍稍留意近年來兩岸學界有關中國哲學的期刊論文與學位論文，便可以證實我的論斷。

但弔詭的是，我不時聽到台灣學者勸告年輕人不要讀牟先生的著作，其理由是：牟先生思想的系統性太強，一旦進入，便不容易出來；或者是：牟先生的論斷太過強烈，會影響我們對中國哲學的客觀了解。說這種話的人往往是中國哲學的研究者，甚至有些人與牟先生的關係非淺。他們要年輕人保持思想的獨立性，乍聽之下，似乎沒什麼不對，但這種說法其實是似是而非的。因為有哪個大哲學家的思想不具有強烈的系統性呢？柏拉圖、亞里斯多德、多瑪斯、康德、黑格爾的思想難道不具有強烈的系統性嗎？但我似乎沒聽過有人（包括這些人）基於這個理由而勸告年輕人不要讀這些西方哲學家的著作。其次，如果一個年輕人由於怕受到牟先生思想系統的影響而拒讀他的著作，這正好顯示他自己的思想欠缺獨立性，經不起考驗。再者，我們研讀過去哲學家的著作，本來就是為了要汲取其中的思想資源，如何可能不受到其影響呢？研讀過去哲學家的著作，卻拒絕受到其影響，這實在是很奇怪的態度。一個有獨立思想的人不會拒絕讀過去哲學家的著作，不會擔心其影響，而是會在研讀的過程中形成自己的判斷；即使他的結論與這位哲學家的觀點相吻合，也不影響其思想的獨立性。思想獨立與刻意立異畢竟是兩回事。

說這種話的人還有一個嚴重的盲點，即是不知學問的艱苦。在任何一個行業訓練學徒的過程中都要經過一個模仿的過程。譬如，

學畫的人需要先臨摹大畫家的作品，訓練其基本功夫，在此基礎上才有可能進行推陳出新的創作。以我研究康德哲學的過程爲例，我是藉由逐句翻譯來精讀康德的三大批判，這是我的基本功夫。藉由這種基本功夫的學習，我熟悉了康德的文字表達與論證方式，了解了真正的哲學思考是怎麼回事，這是從一般的教科書與哲學史中所無法學到的。我因而認識到：哲學語言與哲學思考之間有直接的關係。因爲哲學思考是一種概念性思考，它需要一套哲學語言。因此，我們學習一套哲學語言，其實便是學習一套哲學思考的方式。在兩岸的學術界不乏一些哲學教授，儘管著作等身，但由於他們從未在任何一個哲學系統上下過基本功夫，他們所使用的語言充其量只是將日常語言批上學術的外衣，根本稱不上是哲學語言。對他們的著作，只要稍加推敲，便可發現漏洞百出或是內容貧乏，這其實反映出他們根本不知哲學思考爲何物。在我「吃透」了康德的三大批判之後，自然便形成一種鑑別力，能判斷學術著作之高下，也能一眼看穿那些貌似深刻、其實貧乏無物的所謂的「哲學著作」（不論其作者的名氣多大），這正是所謂「觀於海者難爲水」。以打拳爲例，練過基本功夫的人與基本功夫不紮實的人一交手，便能立刻判斷對方拳法的虛實。

過早向學生強調思想的獨立性，可能使學生因欠缺基本功夫而徒具花拳繡腿。我在兩岸的學位論文中都發現這種現象：學生在未能把握牟先生的基本觀點之前，就急於立異翻案。大陸學生因長期隔閡與資料不足，猶情有可原。但台灣學生如此，就不可原諒了。其實，何止學生如此，連教授亦不能免。近年來，復旦大學哲學系的楊澤波教授發表了一系列的論文，批評牟先生藉康德哲學對中國

哲學所作的詮釋。最近他將這些論文輯成《牟宗三三系論論衡》[1]一書出版。有幾份國內外學術期刊的編輯向我邀稿，希望我評論此書。但我一直未答應，因為回應這類夾纏不清的批評，極為費時費力。但我願意趁此機會簡單回應如下：楊澤波從未對宋明儒家的任何一家下過基本功夫，如何能妄議牟先生對宋明儒學的分系？又楊澤波從未對康德哲學下過基本功夫，如何敢說牟先生「誤解」了康德呢？

　　牟先生的「宋明儒學三系說」是他爬梳宋明儒學九大家的基本文獻之後所提出來的「類型學畫分」。當然，一切畫分都是依其判準而定，不同的判準會產生不同的畫分。在這個意義下，一切畫分都是權法，任何人都可以根據另一套判準為宋明儒學提出另一種畫分。牟先生提出三系說的主要判準有二：一是心性關係，二是自律與他律之區分。前者之判定需以基本文獻的解讀為根據，後者之判定需要對康德哲學有深入的把握。不幸的是，楊澤波在這兩方面均欠缺基本功夫，其批判自然如隔靴搔癢，毫無說服力。

　　例如，楊澤波在書中提到：牟先生主張「就知識上之是非而明辨之以決定吾人之行為是他律道德」，並據以判定朱子的系統屬於他律道德(頁203)。楊澤波反駁說：「……牟先生關於以知識講道德即為道德他律的說法其實並不符合康德道德哲學的基本精神，而且嚴格堅持這個標準的話，康德也難避道德他律之嫌。」（頁233）他的理由是：康德在《道德底形上學之基礎》中運用「分析法」與「綜合法」來探討道德，即是在運用「反思性的認知」（相對於「經驗性認知」），而這屬於「知識」的範圍(頁229)。這完全是對康德哲學欠缺整體理解而望文生義、斷章取義的結論。

　　首先，楊澤波望文生義地將康德所使用的「分析法／綜合法」

1　上海：復旦大學出版社(2006)。

與「分析命題／綜合命題」這兩組概念中的「分析／綜合」混爲一
談(頁213)。關於其間的區別，我在拙著《康德倫理學與孟子道德思
考之重建》對於「分析／綜合」這組概念的不同涵義已有清楚的分
辨(頁41-45)。楊澤波在註解中也提到了拙著中的這段說明，但不知
何故，他卻誤解了我的意思，因而也誤解了康德的意思。

其次，他不知道「知識」一詞在康德用法當中有兩個對應的德
文字彙，即Wissen與Erkenntnis。前者有嚴格的意義，後者的涵義較
爲寬鬆。牟先生說以知識講道德即爲道德他律，其根據就是康德在
《純粹理性批判》第二版〈前言〉中所言：「我必須揚棄知識，以
便爲信仰取得地位。」(BXXX)[2] 這是康德哲學的綱領，勞思光先生
曾經很恰當地以「窮智見德」一語來表述此義[3]。康德在此使用的是
Wissen，而非Erkenntnis。又康德此處所說的「信仰」，並不是指宗
教信仰，而是指他所謂的「理性信仰」或「道德信仰」。他在《純
粹理性批判》的〈先驗方法論〉中比較「意見」（Meinen）、「知識」
（Wissen）、「信仰」（Glauben）三者之確切性(A820/B848)，也是
就這種嚴格的意義來說「知識」。

至於康德在《道德底形上學之基礎》經常使用的「理性知識」
（Vernunft- erkenntnis）一詞，未必屬於Wissen的範圍。對康德而言，
邏輯是「形式的理性知識」，自然哲學與道德哲學是「實質的理性

2　A＝1781年第一版，B＝1787年第二版。

3　例如，其〈致唐君毅先生〉云：「康德秉承重智精神之傳統而興，
　　獨能窮智見德〔……〕」（見其《書簡與雜記》〔台北：時報文化
　　出版公司，1987〕，頁216）；又參閱其〈論「窮智見德」〉，收入
　　其《儒學精神與世界文化路向》（台北：時報文化出版公司，1986），
　　頁226-231。

知識」[4]。邏輯與自然哲學屬於Wissen的範圍，但在道德哲學中，「道德底形上學」（包括楊澤波所說的「反思性的認知」）並不屬於Wissen的範圍。甚至在這部著作中，康德明白地表示：「我們不需要科學和哲學，便知道我們必須做什麼，才是真誠而善良的人，甚至是賢明而有德的人。」[5] 這是「道德不可建立在知識的基礎上」的另一種較通俗的表述方式。走筆至此，已足以顯示楊澤波斷章取義、望文生義之失。

武漢大學哲學系鄧曉芒教授的批評則屬於另一種類型。近年來，他發表了一系列的論文，批評牟先生對康德的理解。這些論文包括〈牟宗三對康德之誤讀舉要(之一)：關於「先驗的」〉[6]、〈牟宗三對康德之誤讀舉要(之二)：關於「智性直觀」〉[7]、〈牟宗三對康德之誤讀舉要(之三)：關於「物自身」〉[8]、〈牟宗三對康德之誤讀舉要(之四)：關於自我及「心」〉[9]。在這四篇論文當中，第一篇僅涉及康德哲學本身的詮釋問題，後三篇則涉及牟先生藉康德哲學的概念與架構來詮釋中國哲學的進路。此處自然無法詳論其間的是非得失。

鄧曉芒曾根據德文本譯出康德的三大批判，他對康德哲學的理解自然遠非楊澤波所能及，他的中譯本按理也當勝於牟先生透過英

4　康德著、李明輝譯，《道德底形上學之基礎》（台北：聯經出版公司，1990），頁1-2。

5　同上，頁22。

6　原刊於《社會科學戰線》，2006年第1期，頁34-42；收入鄧曉芒，《康德哲學諸問題》（北京：三聯書店，2006），頁278-297。

7　原刊於《江蘇行政學院學報》，2006年第1期，頁14-20及第2期，頁12-15；收入鄧曉芒，《康德哲學諸問題》，頁297-318。

8　刊於《學習與探索》，2006年第6期，頁1-6。

9　刊於《山東大學學報》，2006年第5期，頁1-14。

譯本轉譯的三大批判中譯本。因此，以他的學術背景指出牟先生對康德的「誤讀」，頗能取信於一般人。由於我也是研究康德出身的，故不時有人要我對鄧曉芒的牟宗三批判表示意見。首先，我要指出「理解」所涉及的兩個不同的層面：一是專家研究的層面，二是哲學思考的層面。牟先生不通德文，以當前的學術標準來看，他當然不能算是康德專家。因此，我完全無意在專家研究的層面上為牟先生的康德詮釋辯護。但是面對鄧曉芒的上述批評，我不免要問：儘管牟先生是透過英文來理解康德，但他以其不世出的哲學頭腦，窮其一生的心力來理解康德，如何可能如鄧曉芒所言，在康德的重要概念上頻頻「誤讀」呢？

其實，鄧曉芒所提到的「誤讀」，多半發生於牟先生藉康德的概念來詮釋中國哲學之處，而這是屬於哲學思考的層面。鄧曉芒的批評主要是想證明兩點：第一、牟先生使用「物自身」、「智的直覺」（或譯為「智性直觀」）等概念均違背康德的原意；第二、牟先生對康德的批判並非出於理性思考，而是出於民族情感。鄧曉芒花費如此多心力來證明第一點，是毫無意義之舉。一則，既然牟先生自己也承認他並非按照康德的原意來使用這些概念，何勞鄧曉芒來證明？再則，藉由改造前人的概念來建立自己的學說，在中西哲學史上是屢見不鮮的現象，否則就不會有「概念史」的研究。甚至康德自己也這麼做，並且為這種做法辯護。例如，康德借用柏拉圖的「理型」概念、亞里斯多德的「範疇」、「實體」等概念，而賦予它們以新義。康德在《純粹理性批判》中便寫道：

> 面對我們的語言之豐富財富，思想家往往會為了尋求完全適合
> 其概念的語詞而不知所措；而在欠缺這種語詞時，他既無法真
> 正為他人所理解，甚至也無法為他自己所理解。鑄造新詞是對

於在語言中立法的一種過分要求，這很少成功；而在我們著手
採取這種無望的手段之前，最好在已不再使用的學術語言中搜
尋，看看其中是否存在這個概念及其適當的語詞。如果由於這
個語詞底創造者之不謹慎，它在過去的用法變得有點游移不
定，那麼確定這個語詞所特有的主要意義（儘管我們當時是否準
確地領會了這個意義，仍有疑問），猶勝於只因我們無法讓自
己為他人所理解，而致糟蹋了我們的工作。(A312/B368f.)

康德從柏拉圖的「理型」概念中擷取「超越經驗及知性概念（範疇）」
與「源於最高理性」二義。接著，他表示：

在此我無意涉入任何文獻研究，以確定這位崇高的哲學家賦予
其語詞什麼意義。我只要說明：在日常談話或著作當中，藉由
比較一位作者對其對象所表達的思想，我們對他的了解甚至會
勝過他對自己的了解，這決非不尋常之事，因為他並未充分地
確定其概念，且因此其所言、乃至所思偶而會違背其本意。
(A313f./B370)

換言之，康德在借用前人的語詞時，往往不是根據其原先的意
義來使用，而是根據他自己的哲學思考來重新界定它們。這與其視
為對原先概念的「誤讀」，不如視為一種「創造性的詮釋」，而這
種詮釋屬於哲學思考的層面。難道康德也「誤讀」了柏拉圖與亞里
斯多德嗎？

由此便關聯到鄧曉芒的第二點批評。在鄧曉芒看來，中國傳統
學術（尤其是儒學）都是獨斷的、未經啟蒙的，與康德的批判哲學正
好相反；因此，像牟先生那樣，從儒家的觀點來改造康德的概念，

只會使康德哲學成爲獨斷的。鄧曉芒毫不掩飾他對中國傳統學術的不屑，這明顯地表現於他與大陸儒家學者有關儒家「親親相隱」的辯論。他對儒家的理解水準似乎停留在百年之前的五四時代。在此，我只想問：難道中國人不需要下功夫，就可以了解中國傳統學術嗎？鄧曉芒肯花數十年來理解康德哲學，爲何不願花十分之一的時間來客觀地理解中國傳統哲學呢？

　　我這麼說，並非要否定專家研究的價值。牟先生畢竟是上一代的人，如果我們這一代對康德哲學的專家研究沒有超越牟先生，那是極爲可恥的事。牟先生自己也肯定專家研究的價值。當年我在台灣大學哲學研究所攻讀碩士學位時，牟先生正好在那裡擔任客座教授。當時我打算以康德倫理學作爲碩士論文題目，本來考慮請他擔任指導老師。但他表示：他不通德文，不適於指導我，因而建議我請黃振華先生擔任指導老師。他也曾建議政府設立「中國哲學研究中心」，其中一項目標便是疏解重要的中國哲學文獻。他翻譯康德的《道德底形上學之基礎》與《實踐理性批判》二書，合成《康德的道德哲學》一書。他在其〈譯者之言〉中表示：「吾之所作者只是初步，期來者繼續發展，繼續直接由德文譯出，繼續依中文來理解、來消化。」[10]後來我陸續譯出《通靈者之夢》、《道德底形上學之基礎》、《康德歷史哲學論文集》、《未來形上學之序論》，也是由於他的鼓勵。台灣本地有些學生迄今還是亦步亦趨地根據牟先生的中譯本來研讀康德哲學，實不可謂善學，當非牟先生所樂見。

　　以下試舉一例來說明「善學」之義。牟先生曾提出「儒學開出

10　牟宗三，《康德的道德哲學》（台北：台灣學生書局，1982），頁ix；
　　亦見《牟宗三先生全集》（台北：聯經出版公司，2003），第15冊，
　　頁15。

民主」說，引起了不少批評。連林安梧都認為這是「假議題」。針對此說，已故的蔣年豐教授受到羅爾斯的啟發，而提出從康德的道德哲學開出法政主體的構想。他的基本構想如下：

> 我認為法政主體雖然不是從固有的中國文化中開發出來的。儒家的原始思想中也的確沒有這個精神側面在。儒家雖然沒有開出這個精神側面，但它卻以道德主體為法政主體預定了位子。……我的論證之一是康德的道德形上學所凸顯出來的形式主義性格的道德主體可以輾轉轉化成法政主體，而與真實的道德主體並立。就在這樣的意義之下，我們可以說儒家的道德主體為法政主體預定了位子。[11]

在這個脈絡下，他批評牟先生未能善用康德哲學的資源：

> 牟先生的成就在於將康德道德形上學中形式意義極強的道德主體拿來彰顯孟子、象山與陽明這個傳統的義理模式。牟先生似乎不知道康德在法律哲學與政治哲學上也有相當重要的地位。牟先生極度關切民主政治的精神基礎——法政主體，卻不知道康德哲學在此正是一大觀念資源，而竟然引進精神上不大相應的黑格爾哲學來證成之，寧非尚未窮盡康德哲學之義蘊？[12]

　　牟先生是在1950年代提出「儒學開出民主」說，而羅爾斯的第

11　蔣年豐，《海洋儒學與法政主體》（台北：桂冠圖書公司，2005），頁257-258。
12　同上，頁258。

一部重要著作《正義論》則出版於1971年，牟先生當年自然不可能參考羅爾斯的理論。此外，甚至在1950年代的西方（包括德國在內），康德的法政哲學亦不受重視。在這種情況下，牟先生忽略康德的法政哲學，自然不足爲奇。其實，何止牟先生，連當時台灣的自由主義者（如殷海光、張佛泉），由於受限於冷戰思維，也根本未想到康德哲學與自由主義的可能聯結。儘管牟先生並未特別注意到康德的法政哲學，但是他在其「外王三書」（即《歷史哲學》、《政道與治道》、《道德的理想主義》）中卻一再強調自由主義須以道德理想主義爲基礎，這無異肯定了康德哲學與自由主義之間的理論關聯，只是中間缺了一個理論環節，即康德的法政哲學。蔣年豐的這個構想若能實現，必然可以將牟先生的政治哲學向前推進一步，而另開生面。可惜天不假年，蔣年豐並無機會完成這項工作[13]。近年來我翻譯的《康德歷史哲學論文集》，以及目前正在翻譯的《道德底形上學》，都是康德法政哲學的主要著作。或許我可以完成蔣年豐的上述構想。

近年來，我除了在台灣的大學開課之外，也常到大陸開會與講學，因而有機會接觸兩岸的大學生。相較於我們當學生的時代，台灣文史哲科系的學生對牟先生思想的隔閡明顯增大，而有兩極化的趨勢：不是毫無興趣與感應，就是亦步亦趨，無力消化。大陸學生雖然受到資料與思想框框的限制，而不免仍有所隔閡，但我發現有不少學生很認真地消化牟先生的著作。經常有我認識或不認識的大陸學生通過電子郵件與我討論牟先生的思想，或是將他們的文章傳

13　參閱拙作〈關於「海洋儒學」與「法政主體」的省思〉，收入林維杰編，《文本詮釋與社會實踐：蔣年豐教授逝世十週年紀念論文集》（台北：台灣學生書局，2008年12月），頁1-25。

給我。他們對牟先生著作的認真思考，常令我回想起我當年閱讀這些著作時的興奮與熱切。

牟先生就像古往今來的大哲學家一樣，留下一大筆思想遺產，唯善學者能受其惠。善學者既能入乎其內，亦能出乎其外，但此非易事。能入乎其內，而未能出乎其外者，猶有所得，勝於在門外徘徊張望者。即使像康德這樣的大哲學家，在他生前與身後都受到不少人的批評與誤解。例如，當時有一位學者史達特勒（Benedikt Stattler, 1728-1797）特別撰寫了《反康德》（*Anti-Kant*）一書，嚴厲批評康德的哲學立場。在1827年至1967年之間，康德的《純粹理性批判》甚至被羅馬教廷列為禁書。康德的遭遇似乎驗證了一個具有諷刺性的定律：一位哲學家的偉大與他受到批評與誤解的程度成正比。明乎此，我們對牟先生所受到批評與誤解或許就不必太過在意了。

李明輝，中央研究院中國文哲研究所研究員。主要著作有《儒家與康德》、《儒學與現代意識》、《康德倫理學與孟子道德思考之重建》、《當代儒學之自我轉化》、《康德倫理學發展中的道德情感問題》（德文）、《儒家思想在現代中國》（德文）、《孟子重探》、《四端與七情：關於道德情感的比較哲學探討》、《儒家視野下的政治思想》，譯作有康德的《通靈者之夢》、《道德底形上學之基礎》、《康德歷史哲學論文集》及《未來形上學之序論》等。

政治哲學_與
在地社會

2008年11月12日至15日，香港中文大學政治與行政學系以「社會正義與人類發展」為主題，召開學術研討會，邀請香港、台灣、以及中國大陸二十餘位政治哲學的工作者參加。在宣讀、討論正式論文之外，主辦單位另以「政治哲學與在地社會」為主題，安排了一場座談會，參與者自由發言，反省中文的政治哲學與身處的社會發展具有甚麼樣的關係。

　　研討會結束之後，共有分別在香港、台灣、以及北京工作的六位學者，應邀將他們的意見寫成文章，交給《思想》發表，是為這裡所見的「筆談」。

編　者

中國政治哲學需要自己的「議事日程」

慈繼偉

　　我想先做兩點說明。第一，在2008年11月題爲「政治哲學如何與身處的社會互動：兩岸三地的經驗與前瞻」的座談會上，有大陸學者對大陸政治哲學的現狀和前景表達了某種茫然和焦慮，對此我十分認同，並當場簡述了我個人的一些感想。本文是對這些感想的整理和引申。由於這一話題的對象是大陸，所以本文標題中的「中國」亦指大陸。至於香港和臺灣的情形是否與大陸相似，留待讀者去做判斷。第二，本文的意圖主要是建設性的而非批評性的。如果我有時不免直接或間接地提出了批評，我首先把自己也放在批評對象之列。在與本文相關的意義上我視自己爲大陸學者，因而我所做的批評是局內人的自我批評。

　　我們的政治哲學起步時間不長，現正處於摸索方向、尋找話語的階段。在這時感到某種茫然實屬正常，甚至是健康的。之所以茫然，是因爲我們在很大程度上是在模仿西方（主要是英美），但又不安於繼續這樣下去。作爲實踐哲學，政治哲學有兩個面向，一個是學術的，另一個是現實的。就學術面向而言，我們在現階段模仿西方政治哲學的話語是可以理解的，也許是在所難免的。問題在於，一旦這樣做，我們就自然而然地同時也接過來了西方政治哲學的「議

事日程」，也就是西方政治哲學的問題、側重和方向。然而，西方
政治哲學的議事日程畢竟不(應該)是我們的議事日程，因為在現實
的面向上，我們身處的社會，我們試圖理解和影響的社會，向我們
呈現的問題不同於西方社會的問題。這種學術面向和現實面向之間
的緊張，讓那些同時注重這兩個面向的學者不能不感到某種不安，
甚至無所適從。在學術面向上使用了西方現成的學術話語，就難以
充分顧及現實面向上的相關性。而執著於現實面向上的相關性，就
會發現我們尚缺乏與之相應的學術話語。在我看來，這是中國政治
哲學的「客觀」狀況，某些學者感到的茫然和不安就是這一狀況的
反映，而不是過分敏感者的庸人自擾。

　　既然是客觀狀況，就只有面對，甚至可以說，清醒地面對這一
狀況可能是在中國做有意義的政治哲學的前提。我們的社會是一個
既不同於傳統中國也不同於西方、但又兼有這兩者深刻烙印的現代
社會。由於種種原因，這一社會沒有人們普遍認同的公共政治文化，
因而也就缺乏現成土壤，讓規範性的政治哲學提煉政治價值，進而
形成規範體系。這當然不必意味著規範性政治哲學在當下中國沒有
可能或沒有意義，但可以比較有把握地說，它與我們熟知的羅爾斯
政治哲學之於美國乃至西方語境的性質大不相同。哪怕我們試圖建
立儒家政治哲學，這種差別依然存在。而如果我們在中國做羅爾斯
式的政治哲學，這種差別就更為明顯。我們面臨的首要挑戰，可能
就來自於這種公共政治文化缺失的局面。貓頭鷹躍躍欲試，但其實
離起飛的時候還遠。

　　在這種情形下，可以做的不是在現存的公共政治文化的基礎上
提出理論建構，而是首先促進公共政治文化的形成。這很可能不是
政治哲學學者作為學者能夠勝任的事情，但我們別無選擇。而要對

公共政治文化的形成做出哪怕微小的貢獻，我們首先需要弄清中國的道德和政治文化目前是怎麼回事，這一文化中的自我是怎麼回事。在這一點上，我們的處境是比較特殊的。一個社會的道德和政治文化，包括其中的自我，都是通過複雜的歷史過程逐步形成的，而這一過程的任何一步，都可能沒有被當事人充分地理解和消化就融入下一步並影響下一步，如此繼續，久而久之就會以人們通過日常知識意識不到的方式，形成一個充滿內在矛盾的道德和政治文化，以及一個充滿內在矛盾的自我。在這個意義上，一個社會的道德和政治文化，以及其中的自我，往往是一筆「糊塗賬」。西方的這種情形在尼朵、福柯以及麥金泰爾等人的筆下得到了反思和揭示。而在當代中國，制度和文化在很大程度上壓制了這種反思和揭示，造成了大規模的曲解和忘卻，也造成了這種反思和揭示賴以存在的思想文化土壤的貧瘠。這樣一來，本來就難以名狀的認知對象就變得更加撲朔迷離，以至於我們全然不知，我們在何種程度上並以何種方式被我們未經消化的過去所決定。中國目前道德和政治文化的支離破碎和雜亂無序，在很大程度上源自於此。對這種局面缺乏焦慮甚至覺察，而單一地致力於純規範性政治價值體系的建構，無異於沒有弄清地質結構就計畫大興土木，因此或者（如果計畫被採納）是一種危險的試驗，或者（如果計畫未被採納）是一種脫離實際的自娛。這當然不是說從事規範性的建構不是政治哲學的要務，而是說在中國目前的情況下，弄清我們是在什麼地質結構上從事這種建構，實在是不應越過的先決條件。

依我之見，這是在中國從事政治哲學的特殊語境，可以說是一種窘境，但也不失為一種機遇。有鑑於此，我以為中國政治哲學的當務之急是發展出敏感於這一特殊語境的議事日程。這樣一個議事

日程不是排他的而是切己的。我們從自己所處的語境出發，提出對
於這個語境最具相關性和重要性的問題。當然身處這一語境提出的
問題不一定就是符合這一標準的問題，而最初產生於西方語境中的
某些問題，可能恰好也是中國語境中的重要問題。所以我們不求表
面的「中國特色」，只求對中國語境的相關性和重要性，不論以此
爲標準提出的問題與西方語境中的問題有無重疊，有多少重疊。哪
怕（在純粹假想的情況下）在使用這一標準前後的兩組問題完全一
樣，後一組問題也具有不同的意義和價值，因爲只有這一組問題才
具有自覺的相關性和重要性。有鑑於在中國做規範性政治哲學缺乏
公共政治文化的基礎，也有鑑於西方規範性政治哲學具有話語主導
地位，我們在中國從事規範性政治哲學，需要有比西方學者更清醒
的語境自覺。

這種語境自覺本身並不排除政治哲學具有帶普遍意義的問題，
也不排除我們提出的對中國語境具有相關性和重要性的問題部分或
全部屬於這類問題。但我們不必就此做任何定論，甚至不必對此直
接關注。重要的是，不論帶普遍意義的政治哲學問題是否（應該）存
在，只要是活的問題、真實的問題，都必須是對我們所處的語境具
有相關性和重要性的問題，而這當然也是有意義的政治哲學出現的
充分條件。

我們的語境有何特徵，我在前面已經談到。概而言之，在這一
語境中，有可能構成普遍認同之基礎的公共道德和政治文化還有待
形成，而且，作爲成就這一過程的前提條件之一，中國道德和政治
文化的複雜狀況及其成因還有待充分揭示。由於這兩個原因，我們
對政治哲學應當有一個開闊的構想，避免單一地把政治哲學理解爲
對政治制度問題的規範性研究。與此相應，當我們借鑑西方政治哲

學的時候，也需要有一個開闊的視野。甚至，中國的政治哲學學者把自己的本分限定在嚴格意義上的哲學範圍之內，這本身也許就是一種奢侈。如果我們未能不惜一切代價首先確立自己所做的工作對於中國語境的相關性和重要性，那麼在清醒之時怕也難免懷疑自己（除了是學術「產業」的一部分之外）到底在做什麼。

　　然而，政治哲學又離不開其學術面向。不錯，我們需要與中國的複雜局面相匹配的問題意識和問題域，但我們同樣需要在這種問題意識和問題域的基礎上，做出嚴謹而有深度的思考。我們不僅需要建立自己的議事日程，我們同樣需要發展出與之相應的學術話語。沒有前者就無從發展後者，而沒有後者就不能使前者成為學術的議事日程。坦白地說，我們還沒有自己的學術話語，而且即使形成了自己的議事日程，建立這種話語也不可能是短期之功。好在我們無須從零開始，就像建立自己的議事日程一樣，我們發展自己的學術話語也不是排他的，而是切己的。西方學術有很多可以學習和借鑑的思想資源，中國傳統亦然。有鑑於此，中國傳統哲學的研究和西方哲學的研究都有不可低估的意義，哪怕以闡釋西方哲學或中國傳統哲學為出發點和歸宿的研究，也有其存在的必要。然而只有當這種闡釋促成了我們自己學術話語的建立時，它才能獲得真正的生命，才能昇華為有自足存在理由的政治哲學，即兼具現實面向和學術面向、兼具相關性和思想性的實踐哲學。建立這種學術話語需要長期共同努力，而提出我們自己的議事日程則是刻不容緩的第一步。

　　關於這一議事日程應當包括什麼內容，我自然有自己的想法，但對本文來說這些想法是什麼並不重要。我們是否需要有自己的議事日程，和這一議事日程應當包括什麼內容，是兩個不同的問題。

我在此只想支持對第一個問題的肯定回答。至於(如果我們接受了對
第一個問題的肯定回答)第二個問題應如何回答,這是大家共同的事
情,也是一件開放的事情。

　　慈繼偉,香港大學哲學系教授。主要從事道德哲學與政治哲學的
研究。著有*Dialectic of the Chinese Revolution*(1994),《正義的兩
面》(2001),*The Two Faces of Justice*(2006)。目前的研究興趣涉
及規範性政治哲學與意識型態批判的關係,以及中國大陸的道德危
機。

政治哲學如何與身處的社會互動：
一個台灣哲學家的嘗試

謝世民

　　政治哲學家可以研究非常抽象的問題，如「甚麼是政治？」、「參與政治是美好人生之構成要件嗎？」、「合乎正義的政治社會是否可能在人間出現？」；也可以研究相對而言較具體的問題，例如「在什麼條件下、針對什麼問題，民主決定具有（如果有的話）正當權威（因此，該社群的成員即使不同意也有義務遵守，而且/或別的社群也有義務尊重）？」，「爲什麼性別歧視、種族歧視是不合乎正義的？」。在特定社會中工作的政治哲學家還可以研究（通常也會關心）非常具體的政治問題，以台灣爲例，譬如「台灣人民是否有權利去建立一個新而獨立的國家？」、「居住在台灣社會的原住民族是否有權主張政府歸還各民族過去被統治者強占去的土地？」、「ECFA是否應該透過公投得到多數人民的支持才具有政治正當性？」、「什麼樣的民主對台灣社會不僅是可能的，而且也是必要的？」[1]這些問題，不會因抽象程度不同，而具有不同的重要性。我傾向於持羅爾斯在《政治自由主義》所倡議的包容態度：我認爲，對台灣社會而言，這些問題同樣重要，在台灣社會工作的政治哲學

1　對最後這個問題之精闢分析，請參考，錢永祥，《思想》，11期，頁173-180。

家，可以因個人能力、興趣、訓練而分工，但不因所處理的問題在抽象程度上不同，而有貶低或批評同行的理據；具體的問題，甚至實踐的策略(和變革的方案)，要想得透徹，一定會觸及有待釐清的抽象概念和價值，只要大家在各自關心和設定的問題上，把研究做好、嚴謹地論證自己的答案或方案，那就是資源，那就會對同行(包括在其它社會工作的政治哲學家)和自己的社會有用，只是遲早而已。

不過，這種強調抽象／具體相依的籠統說法，雖然正確，但恐怕難以令人十分滿意。在台灣工作的政治哲學家，時常被要求去證明自己確實有存在的理由：去「具體地說明」自己關心和研究的問題「如何」與台灣社會相干或「如何」對台灣社會有用。這種要求是非正式的，是一種氛圍、一種質疑的眼神，特別當學生來找我討論、釐清自己是否決定要投身政治哲學的研究行列時，或者遇見其它學門的學者時，我都感覺得到。我自己並不認為這是不公平的要求，畢竟我工作的條件是台灣社會提供的，至少我必須努力去把自己工作的意義和價值做個定位，和社會對話，接受這個社會的公評。當然，任何這類的說明總是有其極限的，因此，我也希望社會有最大的容忍度，即使在政治哲學對台灣的意義和價值未臻顯明之際，能夠保持耐心，以免扼殺了政治哲學家可能的貢獻。

基於這種相干性的考慮，我嘗試以「台灣社會的公共哲學」來稱呼一種自己正在發展的政治哲學：它是一套為台灣社會、為「主權完整但不穩定」的憲政民主社會而建構的政治哲學。這套哲學的內容，尚待開展之處甚多，在此先略述幾個重點。就憲政民主這個部分，我的理解是自由主義式的：

一、政治體制，作為社會產生集體決定的一套程序，必須合乎民主。

二、集體決定（以及獲得集體決定授權的政治決定）不得不利於政治體制的民主化。

三、集體決定（以及獲得集體決定授權的政治決定）不得侵犯個人的基本權利。

四、現行的政治體制是否合乎民主、集體決定（以及獲得集體決定授權的政治決定）是否不利於政治體制的民主化、是否侵犯個人的基本權利或背離其他重要政治價值（如機會平等或分配正義或正當程序或法治或共善），社會成員之間不可避免地會有爭議，雖然這些爭議本身，並非集體決定所能置喙，但現行的政治體制是否應該調整、或過去的集體決定是否應該取消或修正，大家仍然應該尊重現行的政治體制，依照現行的政治體制所規定的程序來決定。

五、如果一項集體決定不利於政治體制之民主化、或侵犯了個人的基本權利、或背離了其他重要的政治價值，那麼國家強制貫徹這項集體決定、或依據這項集體決定行使強制力，其正當性便有不足。

我認為這種自由主義式的理解已經是台灣社會人民的共識了。這樣的共識使得台灣社會的政治體制在一定程度上合乎民主，而且也使得通過此一體制而產生的集體決定大部分都沒有不利於民主化、沒有侵犯個人的基本權利、沒有背離其他重要價值。瑕疵和錯誤當然還是存在的，因此改革或變革永遠必要。就憲政民主這個部分，台灣社會的公共哲學，作為一項哲學計畫，主要的任務在於針對上述大家彼此有共識的價值或原則（民主、個人基本權利、機會平等、分配正義、政治正當性……），提出更為明確的詮釋，深化我們對這些價值或原則的理解，並說明為什麼憲政民主社會的成員最有理由優先訴諸這些價值或原則，作為他們參與政治、公開證成其決定的依據。

　　由於學術訓練的背景使然，我個人在思考如何建構台灣社會的公共哲學時，受到羅爾斯和德沃金影響很大。他們的著作豐富了我對憲政民主的理解。我個人從閱讀羅爾斯與德沃金的著作中得到這樣的結論：憲政民主社會的成員應該都是政治哲學家，至少都應該針對「憲政民主的價值何在？」、「憲政民主爲甚麼值得我們去捍衛？」等問題，有所反思，去形成一套自己認爲他人也可以合理接受的憲政民主觀，或去形成一套自己認爲最佳的憲政民主觀；具備這種反思的能力，並且無時不善加運用，以避免恣意的政治決定，若不是憲政民主社會公民的道德責任（相對於法律責任），那應該也是大家可以相互期許的公民理想；而以政治哲學作爲專業（或謀生）的人，在憲政民主社會裡，他們的角色則在於爲這樣的反思提供理論資源；而如果做的好，專業的政治哲學家應該可以深化憲政民主社會整體的自我理解，有助於憲政民主社會的自我完善、鞏固與穩定。我相當認同這些結論，也認爲羅爾斯和德沃金的著作本身就是「做的好」的典範。他們所倡議的理論（而不是西歐北美任何具體的社會）是我自己在設想憲政民主社會時的主要依據：滿足羅爾斯正義兩原則或德沃金資源平等觀的社會，「大概」就是最理想的憲政民主社會了。至於憲政民主社會（以最理想的形態出現時）是否就是（盧梭心中想到的）人類「能夠」建立的、最好的一種社會，則是另外一個問題，不過，我目前並不懷疑。之所以不以當今西歐北美的社會作爲我設想憲政民主社會的依據，主要是因爲這些具體的社會多少還是不夠理想，至少從羅爾斯或德沃金的理論來看，還不夠理想。

　　不過，台灣社會的公共哲學也承認，台灣社會雖然是一個憲政民主社會，但卻是個主權不穩定的憲政民主社會。說明台灣社會應該依據什麼原則在主權不穩定的條件下完善其憲政民主大業，是台

灣社會的公共哲學之另一項任務。

在此，讓我解釋一下為什麼以「主權完整但不穩定」去定位台灣社會。首先，所謂「台灣社會」，我指的是1949年之後，台澎金馬地區所形成的社會。台澎金馬地區在1949年之前並不構成一個社會。台灣和澎湖二島在1945脫離日本殖民統治，因國共內戰之故，才和金門馬祖在1949年之後逐漸形成一個社會，而由中華民國這個政治組織統治將近60年。台澎金馬這四個島嶼在1949之前只是四個地理位置接近的島嶼，並不具備任何有意義的統一性，因為在1949之前，這四個島嶼所構成的地區在血緣、文化（語言、宗教、習俗）、或政治的面向上，如果有共同性的話，這樣的共同性並不足讓這個地區具有獨特性而必須被作為一個整體來瞭解和認識。不過，1949年之後，台澎金馬地區構成了一個政治社會，因為它具有了政治的統一性：這意思是說，這個地區有了集體意志，而且它的集體意志是由國家這種政治組織（中華民國）的決定和行動來展現的。在台灣社會已經存在60年的此刻，我們可以合理地將它作為一個整體來看待，至少就政治的層面而言，我們應該將台灣社會當成一個憲政民主社會來瞭解。因為，就現況而言，目前不論世界各國是否承認中華民國（因為多數國家不承認中華民國，因此台灣社會缺乏國際法主權），台灣社會不折不扣是一個以憲政民主國家這種政治組織來建立公共秩序的社會，不僅存在於台澎金馬地區，而且它的政府有能力不讓外來因素介入統治結構之設定與統治權之行使（因此，台灣社會具有西伐利亞主權）[2]：就體制的形式而言，從解除戒嚴算起，台灣

---

2 台灣社會存在於台澎金馬地區（territoriality），中華民國政府在很大程度上有能力排除外來因素介入統治結構之設定與統治權之行使，根據國際關係學者Stephen D. Krasner的說法，這兩項特色使得台灣社會雖然不具有international legal sovereignty，但具有Westphalian

是一個憲政民主社會已經有20多年了。

中華民國的主權完整，對台灣社會的絕大多數人而言，毫無疑問。過去60年，如果說台灣在政治上有什麼成就的話，其中至少有一項應該是：主權、人權與民主已經是社會的政治共識了。雖然兩大政黨對於人民的政治共識，也許存在著南轅北轍的理解，目前大家原則上都會同意，政府必須發展經濟，提昇人民福祉，但絕對不能以矮化主權、弱化人權保障、抑制民主為手段；政府必須時時刻刻伸張和捍衛我國的主權，但也不能不計代價，犧牲民主和人權。不過，由於中國對台灣主張主權，以及台灣社會一定比例的成員並不排除將來和中國統一（馬總統甚至說中台之間不是國與國的關係，而是區與區的關係），因此，我們必須說，中華民國的主權雖然完整、不容矮化（這是共識），但是**不穩定**：台澎金馬地區有可能會失去政治的統一性，不再是個政治社會、不再有「由國家的決定和行動來展現台灣社會的集體意志」這回事，甚至不再有「台灣社會的集體意志」這回事[3]。或者說，台灣社會是「主權不穩定」的憲政民主社會。依我的觀察，最讓台灣社會多數人感到共同焦慮的，正是「主權不穩定」這件事，而在台灣工作的政治哲學家也理當去正視這個焦慮，在理論的層次上去說明：台灣社會在主權不穩定的狀態下應該依據什麼原則去繼續完善憲政民主的大業，包括處理主權不穩定的狀態本身。對我而言，台灣社會的公共哲學的重要任務，便在於為主權不穩定的憲政民主社會建構最高的政治原則，並說明

(續)————————————

sovereignty。見 Krasner 1999, *Sovereignty: Organized Hypocrisy* (Princeton University Press), p. 4.

3 吳介民在〈中國因素與台灣民主〉一文中，用「主權受挑戰的國家」一詞來表示本文所說的主權不穩定狀態。請參考《思想》，11期，頁141-157。

這些原則的合理性，而我也呼籲在台灣工作的政治哲學家公開去介入這個辯論、去挑戰或回應這項哲學計畫。在台灣社會提倡憲政民主的政治哲學，最常遭遇的質疑是：這套政治哲學不足以解決台灣社會中最艱難的問題，即台灣社會的主權不穩定，以及潛藏在國家主權不穩定背後的族群衝突。這是個相當嚴肅的質疑，但我不認為，主權不穩定會使得憲政民主的政治哲學失去相干性和重要性。

事實上，每個憲政民主社會可能都有自己獨特而困難的問題，（例如，美國有來自恐怖組織的威脅和攻擊、日本的人口老化、兩德統一後的整合），都必須各自在這樣或那樣的困難中繼續完善憲政民主的大業。這些困難的問題，如果處理不好，都有可能造成社會分裂，讓每個社會的憲政民主陷入選舉對抗和內戰的狀態，埋葬憲政民主所承諾的一切美好價值，因此不可不慎，但這些問題的存在並不會使得憲政民主的政治哲學（對這些社會而言）失去相干性。

台灣社會除了主權不穩定之外，還有其它問題（例如，原住民族長期被歧視和邊緣化的問題，以及過去省籍衝突和白色恐怖所遺留下來的轉型正義的問題）。我們都同意，這些問題應該要在憲政民主的架構下得到解決：許多人衷心希望，在經過不斷完善化的憲政民主架構下，我們所採行的各項方案，可以逐漸地讓受害族群的成員都能認同台灣社會確實是「自己的」社會。當然，對台灣社會而言，主權不穩定的問題特別令人憂慮：因為主權的不穩定似乎可以讓其它大大小小的問題都變形成為主權問題，其所衍生出來的對抗和衝突，恐將阻礙憲政民主的自我完善化、不利台灣社會落實公民平等的理想。不過，我們還是必須在主權不穩定的條件下朝著憲政民主的大道上前進，在完善憲政民主的架構和過程中，處理主權不穩定的事實。但這如何可能呢？

歷史因素使得台灣社會有主權不穩定的現象，也使得主權不穩

定對台灣社會的憲政民主有巨大的負面影響，其中起作用的因果機制相當複雜，有待歷史學家和政治社會學家的研究與說明。但台灣社會應該如何面對主權不穩定的問題，是應然性的，僅僅說明現象出現的來龍去脈，並不是充分的答案。由於過去10年之中，台灣發生了兩次政黨輪替，中國也日益強大，有些論者也許會強調：經過多年的對抗和衝突，台灣社會對於如何處理主權不穩定一事，已有共識，那就是：任何改變主權的方案，都必須經過台灣人民的同意；政府也不可以採取「可能會導致主權改變之政經方案」和「會矮化主權的決定和措施」。

對此一涉及規範和原則的說法，我並不質疑，但值得注意的是，關於政府的決定和措施，是否違反了這個共識的後半部，在實際案例上（例如加入WHA、簽署ECFA），由於涉及到判斷和詮釋，政黨之間的爭議（不一定都是出於惡意扭曲政敵或故意欺瞞民眾）都相當大，因此共識的深度不足，也許還有待進一步補強的必要。不過，我們也不能排除說，除了政治角力和訴諸社會公評之外，其實不存在可以作爲共識對象而又可操作的驗證標準。不可否認地，主權不穩定狀態所產生的分裂，往往在這些爭議的時刻顯現。台灣社會是否能夠克服這種分裂，或者不讓這種分裂的存在成爲「問題」，決定於公民的品質。關於如何提升台灣社會公民的品質，我稍後再論。至於這個共識的前半部，由於還沒有機會適用，因此政黨之間還沒有爆發爭議，不過，我認爲，爲了尊重少數人（反對改變主權者）的政治自由，任何改變主權的方案都必須有恢復原狀之條件的但書（例如，主權改變若干年後，每隔若干年或在一定人數之連署要求下，台灣人民應再次舉行公投確認或恢復原狀）。這項但書的主張，來自於我對憲政民主的理解。

在憲政民主社會裡，一般人都會同意，在論證和決定公共事務

時，大家必須根據事實、提出理由，說明自己的立場。然而，對於公共事務，尊重事實、講究理由，並不會保證我們的立場會趨於一致。這是因為我們除了對於相干事實的認定會有差異之外，我們對任何被提出來的理由，反應有時也不盡相同。一個人所提出的理由是否真的具有效力（force; validity; weight），以及如果有，具有多大的效力，我們並沒有先驗的或不證自明的答案，每個人最後僅能依自己對理由以及議題本身的瞭解來定奪。這種對於理由效力的爭議，會出現在各個層次的公共事務上，甚至對解決爭議的*程序應該是什麼*也是如此。事實上，在憲政民主社會裡，我們不僅有以上這些爭議，我們還爭議價值的最終來源、美好人生的本質、道德對錯的內容、正義的標準……。

不過，有爭議並不代表沒有正誤可言。憲政民主社會，針對有必要產生集體決定的議題所做的決定，若要具有正當性，在程序上必須賦與人民參與決定之權利，包括享有自由去鼓吹說服多數人一起去推翻、改變已經產生的集體決定。這種自由，我稱之為「平等的政治自由」。上述倡議恢復原狀的但書，理由即來自於平等的政治自由。平等的政治自由之所以重要、需要保障，乃是因為它使得台灣社會的成員可以透過參與政治過程，提出充分的理由，贏得多數成員的支持，合理地去修改這個社會的體制（但不可以藉此剝奪成員的基本權利和自由，否則就是不合理的修改）。例如，如果我們可以提出充分的理由說服足夠多的社會成員，便可以修改有關墮胎、安樂死、死刑的法律。以這些法律為例，主要是因為這些是涉及生死決定的重要法律，而對於涉及生死決定的法律，許多人有非常強烈的意見。這些人可能非常不滿意目前台灣社會在這些方面的法律，現在可能也沒有足夠的力量說服足夠多的人來改變這些法律，但是他們並非毫無機會：台灣的社會體制為他們的政治立場留有空

間。因此，即使目前的法律規範，就他們的道德觀而言並非合理，但他們不能僅就這點而說這個社會體制不具正當性或背離社會正義。未加但書的主權改變原則，將使得反對主權改變的少數人無法恢復原狀。也就是說，台灣社會一旦改變了她的主權，那麼在接受新的政治關係時，我們所接受的某一部分社會體制，將來是無法被更動的：不論以後有再多台灣社會的成員認為有充分的理由應該要更動這些部分，還是無法像修改墮胎、安樂死、死刑的法律一樣，去修改這部分的規範，我們還必須得到大陸的認可才行。換言之，若缺乏此類恢復原狀的但書，台灣一旦與大陸建立某種政治關係，那麼某些成員便在一定程度上被剝奪了憲政民主所要保障的政治自由，因此便並不具正當性。

　　我必須承認，這個但書的說明和辯護，在某個意思上，無法「解決」主權不穩定的問題。台灣社會的政治人物或政黨曾經（將來恐怕也還會）藉著指控政敵的「統獨立場」或「國家認同」去競逐政治權力；也有民眾確實會出於統獨立場或國家認同的考慮而投票。這是台灣社會的現實。作為社會實在的一部分，國家認同分歧和統獨爭議不是任何哲學理論可以消除的現象，因為理論終究是理論，理論必須被接受之後才有力量。因此，我所倡議的公共哲學，作為理論，本身無法消除台灣社會裡的國家認同分歧和統獨爭議，並不足怪。值得我們正視的問題應該是：就國家認同分歧和統獨爭議而言，一旦一套憲政民主的政治哲學被接受了之後，人的態度和行為是否會改變、社會體制是否會有所調整、構成問題的社會實在是否會跟著消失？如果不會消失，是否還構成「問題」？以及，這套哲學理論是否「可能」在社會實在未產生變化的情況下被接受？

　　這些都是需要進一步分析的問題，是倡議台灣社會的公共哲學者不能迴避的。但說來慚愧，我自己並沒有很有系統地去思考這些

問題。不過，公民教育無論如何都是不可或缺的手段：畢竟，憲政民主終究要通過人的理解來落實。以下我以政治哲學家對公民教育可能的貢獻作爲結束。

　　對憲政民主的價值有能力反思、有所反思，我稱之爲憲政民主社會的「哲學家公民」（相對於「哲學家皇帝」、「哲學家國師」、「專業政治哲學家」而言）。哲學家公民首先必須認識到的是，憲政民主社會存在大量的合理爭議：尊重事實、講究理性的公民，在面對許多社會、政治、經濟議題時，即使經過充分的審議與溝通後，並不一定會有共識，甚至也不一定會形成紮實的多數。因此，如何面對合理爭議，如何在合理爭議中做出具有正當性的政治決定，構成了憲政民主社會的一大課題。意識到這個課題的存在，以及可能的解決之道有哪些，並且能夠反思甚麼樣的解決之道相容於（或不相容於）憲政民主所要保障的價值，是哲學家公民非常重要的基本素養。當然，哲學家公民並不是意識形態的奴隸，憲政民主本身是否真的值得捍衛，也在他們反思批判的範圍內，因此，我們不能排除說，哲學家公民經過反思之後，發現憲政民主（在最佳的理解下）並不值得捍衛（憲政民主沒有價值），或認爲自己更有理由去捍衛其它的社會政治體制（這些體制更完整地實現憲政民主所欲保障的價值）。不過，沒有排除這個可能性，並不代表台灣社會現在有理由放棄憲政民主。

　　哲學家公民不是天生的，而是需要訓練的。先不談訓練，我們可以很確定地說，一個憲政民主社會的成熟度或優質度，決定於哲學家公民的多寡。就我對台灣社會的觀察，雖然學術界對羅爾斯和德沃金的政治哲學並不陌生，但我不確定台灣社會目前有足夠多的哲學家公民。不過，台灣社會應該已經在一定程度上意識到培養哲學家公民的重要性了，因爲知識界大致上都能同意，憲政民主不能

只是形式主義，憲政民主制度必須由具有憲政民主素養的公民來實踐，才可長可久，可大可遠。也許我們可以說，將選民轉化成哲學家公民，一直都是台灣知識界、教育界認為重要的目標，但在具體的做法上，各方還在摸索、實驗：台灣的憲政民主歷史畢竟並不長，威權的烙印仍在，實踐累積的經驗還相當有限，再加上升學主義的遺毒尚未消去，要看到哲學家公民的大量出現，恐怕還需要一段時間。

　　但整體而言，我並不悲觀。就我所知，教育部最近在考慮推動一些計劃，想要在提升公民的民主素養方面有所作為，例如，鼓勵大學教師去設計相關的通識課程，以培養公民具備參與民主審議、面對合理爭議所需之知識、技巧與美德。因為是個實驗性的計劃，屆時會有甚麼課程、成效如何，要一段時間後才能知道，而如果到時候有評價不錯的課程和教學方式，那麼下一步就會推廣。沒有一套轉化選民的訓練，哲學家公民將是一個空的理念，因此即使是實驗性的，我認為這類的計劃還是一個很重要的嘗試和起點。台灣的大學數量相當多，幾乎每個想進大學的年輕人（如果在經濟上沒有太大的困難）都可以如願，而中學教育仍然難以擺脫升學主義的糾纏，年輕人若在大學裡有機會接受一些正式的訓練，產生對哲學家公民的認同和自我期許，那麼台灣未來才可能避免憲政民主形式化的危險，或者說，一個優質穩定的憲政民主台灣才有可能。而就訓練而言，我們必須承認，歐美社會的公民教育可資借鏡之處甚多，他們在這方面的課程設計通常係透過討論幾項存在合理爭議的具體問題（例如，代理孕母、性工作／賭博除罪化、廢除死刑、同性婚姻、仇恨言論自由、非核家園、國民年金、選舉制度、賦稅制度），去啓動學生獨立思考與理性批判之能力，去誘導學生自覺地去反思民主審議的意義與價值之所在，而讓學生逐漸習得面對和處理合理爭議的

民主精神。我相信，在教育部的鼓勵下，我們大學裡的教師應該有能力和熱情去參與這個轉化選民的工程，而專業政治哲學家更是沒有缺席的道理。作為專業政治哲學家，我們必須參與這樣的轉化工程，至少要去研究、評估這些合理爭議背後的各種論證，甚至去介入這些爭議，提升公共討論的品質。就轉化選民成為哲學家公民這項工程而言，專業政治哲學家的潛在貢獻相當大，我個人也非常期待台灣社會專業政治哲學家的人口數能夠增加。

謝世民，執教於中正大學哲學系，專攻政治哲學與道德哲學。

政治哲學家與現實政治

周　濂

在過去的幾天裡面，各位精彩的發言讓我受益良多。印象最深刻的是最後半天的那個座談會，每個學者都暫時放下學術的面具，袒露自己的爲學爲人的心聲。其中兩個關鍵字「焦慮感」和「無力感」尤其引發共鳴，借用慈繼偉老師的說法，因爲焦慮所以無力，因爲無力因此就越發的焦慮。焦慮感和無力感的成因有很多，對於一些學者來說，自己的理論不能真正有效地「解釋」中國經驗，所以會有「智識」上的焦慮無力；而另一些人則會因爲「理論建構」無法真正有效地「介入」現實政治的進程，所以會有「實踐」上的焦慮無力；當然，也有學者因爲生存論層面的意義缺失所導致的「價值」上的焦慮無力，我猜想這也是最貼身的那種焦慮無力。某種意義上，個人始終是行走在信心的荒涼地帶，讀書寫字思考會在很大程度上平復它，但終究無能徹底解決它。

我今天想討論的話題是政治哲學家與現實政治的關係，我希望能夠盡可能客觀且平和地去探討它。

盧梭在《社會契約論》開宗明義：「人們或許要問，我是不是一位君主或一位立法者，所以要來論述政治呢？我回答說，不是；而且正因爲如此，我才要論述政治。假如我是個君主或者立法者，

我就不會浪費自己的時間來空談應該做什麼事了；我會去做那些事情或者保持沉默。」

盧梭的意思再明白不過：「政治哲學家們」之所以「論述」政治，正是因為他們手中沒有權力，所以才會借論述去間接地觸發行動。後來蕭伯納說了一句非常精闢的話：能者做事，不能者教育！

如果教育（或者言說）是作為「不能者」的政治哲學家的必然處境，那麼接下來的問題自然就是，政治哲學應當對誰言說？言說什麼？以及什麼樣的言說才有可能真正觸發行動？在下面的論述中我只能將一些問題呈現出來，但無法給出確定且信心滿滿的答案。

第一個問題，政治哲學的言說對象。在2008年秋季的第一堂課上，我曾經向學生提出過這個問題。令人驚訝的是，幾乎所有的學生都對這個問題表現出極其強烈的興趣，答案五花八門，總結一下大約有以下5種選擇：1. 外國人；2. 專家學者；3. 自己；4. 執政者；5. 普羅大眾。

粗看起來上述這5個選擇彼此毫不相干，但仔細想來卻發現其中意味深長，各自隱含了對於政治哲學乃至哲學本性的不同理解。第一個答案「外國人」貌似最不相干也最不靠譜，儘管也許隱含著「與國際接軌」的學術溝通和評價問題，但畢竟在國力強盛、民族自信心日趨高漲的今天，任何讓人聯想到西方霸權主義和東方殖民主義的行為都極易成為攻擊的靶子，我們還是暫時放過這個備選項。第二個言說對象是專家學者。在學術日趨專業化的今天，如果想在學術圈裡面立足，這似乎是哲學家們主要的言說對象。第三個言說對象是「自己」，某種意義上我認為這是哲學反思的本質功能，恰如德爾斐神廟上的箴言：「認識你自己」。如果我們回到古希臘對於政治哲學的最原初理解，最根本的考量就是柏拉圖借蘇格拉底之口

在《理想國》說到的：一個人應該如何生活？這是一個真正重要的
問題！就此而言，說給自己聽非常之重要。但是今天我不想重點談
這個問題，我想說的是後面兩個選項：說給普羅大眾聽，或者說給
執政者聽。

　　傳統的政治哲學家，無論中外，大多都是面向執政者寫作的，
原因很簡單，執政者是「權力的來源」。相比之下，我們今天據說
是一個民主的時代，民主的核心定義就是權力來自於人民。我前兩
天看了一部片子叫做《夜車》，相當沉悶，不過其中有一個橋段很
有趣。一群執行死刑的法警帶著犯人去鄉村的刑場，半路被村民截
下來，因為村民相信法場的不潔會影響他們的風水。法警以國家的
名義和村長交涉，村長回答他，我是村民選出來的，你說我應該聽
你呢還是聽村民的呢？這是一個切中肯綮的回答。作為一個「民選」
村長，究竟應該聽從群眾的聲音還是國家的命令？類似的，對於今
天的政治哲學家來說，言說的對象到底是普羅大眾抑或執政者，在
今天的中國語境下同樣是一個問題。顯然，不同立場的人會選擇不
同的答案。我猜想自由主義者在今天之所以相對邊緣化，其根本原
因之一就在於他們也許「誤判」了現實，權力的源泉還不是人民。
而新左派、新保守主義者一直堅定地面向執政者，也正是因為他們
相信——借用德魯麗對施特勞斯學派的分析——「知識份子可以在
政治中扮演重要的角色。讓他們直接去統治是不明智的，因為大眾
傾向於不信任他們；但是他們一定不能放過在權勢者的耳邊低聲細
語的機會。」

　　錢永祥先生在一篇評論汪暉的文章中指出，1990年代末大陸知
識界的自由主義—新左派論戰，其分歧多部分來自於對現實現象的
理解與判斷，其次一部分來自關於政治原則的理解與詮釋，真正原

則上的差異所占分量相對是輕微的。這是一個相當精到的觀察，事實上，政治哲學家究竟是選擇對大眾說話還是對執政者說話，其中既涉及到經驗性的觀察，又涉及到理想性的目標，而這些問題又與我今天想談的第二個問題「政治哲學的言說內容」相關。

　　概括而言，政治哲學的言說內容包括三個層面：經驗性的描述；理想性的目標；以及可操作的路徑。所謂經驗性的描述，是要回答這樣一個問題：「我們現在究竟在哪裡？」、「我們處於一個什麼樣的現實的歷史進程之中？」毫無疑問，新左派、自由主義、保守主義對於這個問題的回答是不一樣的。如果有人認為今天中國最緊迫的問題是貧富差距以及沒有賦予每一個自由平等的個體以尊嚴，那麼他很可能接受羅爾斯的觀點「正義是社會制度的首要美德」；如果有人認為今天中國最嚴重的問題是道德敗壞，那麼他的立場自然會比較接近於保守主義；如果有人認為民主是一個已經實現的現實，那麼他很可能選擇對人民說話；如果有人認為這仍舊是一個權貴與寡頭的社會，那麼他一定會嘗試在「權勢者的耳邊低聲細語」。不過必須承認，經驗判斷的分歧儘管可以訴諸社會科學的研究成果解決，但是歸根結底，這些分歧還牽涉到每一個人的道德直覺以及每一個人的道德理想，而這也正是道德分歧和政治分歧的根本所在。

　　中國社會科學院的趙汀陽先生最近完成一本書，書名很有意思，叫做《壞世界研究》。政治哲學顯然不僅是要去研究壞世界，更重要的是要去思考如何在這個壞世界的基礎上建立一個好世界，或者不那麼壞的世界。因為，我們孜孜以求的不是「一個人事實上是如何生活的？」而是「一個人應該如何生活？」換言之，我們希望過一種正確的或者美好的生活，而這是屬於「規範性研究」或者「理想性研究」的範圍。

　　大陸的新權威主義代表人物吳稼祥先生，不久前寫了一篇有趣的文章〈從新權威主義到憲政民主〉，他的基本結論是新權威主義並非一個政治理論，而是一個政治改革的方案和策略。這個自我辯護非常耐尋味。我們不好妄加揣測作者背後的動機，不過從另一個角度看，我認爲吳稼祥的觀點揭示出政治哲學考量的一個核心面向，也即從當下的經驗現實到理想的規範目標之間，我們應該選擇什麼樣的路徑實現它？經驗性的事實、理想性的目標以及可行的路徑，這三個因素相互制約又彼此支撐，只有找到最爲合理的平衡，才可能生產出真正有意義和有價值的知識成果。

　　最後一個問題，政治哲學的言說方式。在進入這個問題之前，請允許我長篇引用休謨在《人性論》第三卷開篇的一段話：

> 一切深奧的推理都伴有一種不便，就是：他可以使論敵啞口無言，而不能他信服，而且它需要我們做出最初發明它時所需要的那種刻苦鑽研，才能使我們感到它的力量。當我們離開了小房間、置身於日常生活事務中時，我們推理所得到的結論似乎就煙消雲散，正如夜間的幽靈在曙光到來時消失去一樣；而且我們甚至難以保留住我們費了辛苦才獲得的那種信念。在一長串的推理中，這一點更爲顯著。

　　如果休謨的這個判斷是對人類理性以及哲學論證之限度的正確描述，那就迫使我們思考這樣一個問題：既然道德哲學和政治哲學旨在改變人們的性格與行動，那麼傳統的理性論辯和論證的方式是否真正有效？如果在這個時代，「大部分人們似乎都一致地把閱讀轉變爲一種消遣，而把一切需要很大程度注意才能被人理解的事物

都一概加以擯棄。」那麼當代英美政治哲學那些技術化的、長程而且複雜的理性論證與推理就真的只能面對專家學者，而與普羅大眾無緣。這是一個相當糾結的難題。我傾向於接受伯納德·威廉斯對於蘇格拉底工作的一個基本判斷：對於「一個人應該如何生活」這樣基本的生活問題，學院式的專題化研究很難給讀者提供一個真正能夠導致行動的答案，除非，像蘇格拉底所相信的那樣，讀者本人認識到這個答案其實是「他本人賦予他自己的」。

假定蘇格拉底對於道德哲學、政治哲學的理解是正確的。那麼，一個選擇是依舊相信人類的理性能力和道德能力，比如羅爾斯，事實上他所構想的原初狀態和無知之幕，作為一種人人都可以進入的思想試驗，其背後的根本要旨在一定意義上是蘇格拉底式的：每一個參與到思想試驗的理性人都會得出「他本人賦予他自己的」那個（全體一致的）答案。不過問題仍舊在於，羅爾斯不得不通過假定人人都有「正義感」來確保「假然認可」的約束力。

如果不相信理性論證的力量，那麼另一個選擇就是訴諸情感和意志。麥金太爾認為「對於哲學核心論題的最成功的論辯永遠不會採取證明的形式。（證明的理想是哲學中相對無趣的一個）」「講述故事是道德教育的主要手段。」羅蒂的觀點與麥金太爾頗為類似，他指出人類團結是大家努力達到的目標，而達到這個目標的途徑不是透過研究探討，而是透過想像力，把陌生人想像為和我們處境類似、休戚與共的人。因此，團結不是通過（理性）反省發現的，而是創造出來的。只有提升我們對陌生人所承受的痛苦和侮辱的敏感度，我們才能創造出團結，因為一旦我們提升了這種敏感度，我們就很難把他人「邊陲化」，如此一來，就不存在我們和你們的分別，而是逐漸把他人也視為「我們之一」。羅蒂方案導致的一個直接後

果是擯棄理性(理由)在人類團結中的關鍵作用，轉而訴諸人所共有的「想像力」和「同情心」，這也就是羅蒂所謂的「背棄理論、轉向敍述」。進而言之，羅蒂的方案其實是否定了哲學方法在解決人類團結(道德實踐)問題上的積極作用。

有趣的是，中外歷史上兩個最著名的哲人——柏拉圖和孔子——同時又都是教育家。我個人認爲，柏拉圖從敍拉古倉皇逃回雅典，最終決定在雅典城邦的西北角建立Academy，原因之一是他對於道德哲學和政治哲學言說方式的一種自覺。自蘇格拉底死後，特別是自敍拉古政治實踐失敗之後，柏拉圖就逐漸認識到，在市場(agora)之中通過哲學論辯的方式說服一個與你根本意見相左的人收效甚微。怎麼辦？只能退回到學院中，面對一些尚未被玷污的年輕人進行教育。

借用哈貝馬斯的話，這是一個啓蒙尚未完成的時代，思想家如何運用其思想資源去說服群眾，而不是天真地相信理性的原生力量，這或許政治哲學家必須要認真思考與對待的主題。

非常遺憾，以上所談全都是一些沒有最後答案的問題。事實上，今天的確是一個問題叢生的時代，我常常想作爲一個政治哲學的研究者，生於當代中國何其有幸！以賽亞‧伯林說政治哲學原則上「只能在一個各種目標相互衝突的社會中」存在，當今中國恰恰就是這樣一個各種目標相互衝突的社會，而其間的張力和複雜性無出其右。

見事太明，行事則失其勇。對於行動者而言，果敢或許是一種美德，但是對於思想者而言，卻需要用更加謹慎的態度去面對這個複雜的世界。據說，一個人在30歲之前不是一個自由主義者是沒有良心的，到了30歲之後仍舊是一個自由主義者則是沒有頭腦的。我認爲這個判斷過於簡單。事實上，這個時代對於思想者的要求會更

多，它要求我們不要做沒有頭腦的憤青，不要做淺薄的自由主義者，不要做沒有心肝的保守主義者，不要做替既得利益說話的國家主義者，不要做不負責任的無政府主義者，不要做一個理想高蹈的空想主義者。在設定了如此之多的禁區之後，最後你成為一個什麼樣的人，要每一個思想者細細斟酌。

周濂，中國人民大學哲學院副教授，主要著作有《現代政治的正當性基礎》(2008)以及論文多篇，專業興趣為政治哲學、倫理學和分析哲學。

政治哲學：
身分認同、存在危機、全球責任

梁文韜

　　我們從事政治哲學思考的研究者及學生（以下簡稱同好）難免遇過類似以下的問題：「政治哲學是在幹嘛？唸這個有啥用？」思考這些問題是追尋身分認同的過程，沒有什麼標準答案。就動機而言，推動自己從大二電子工程系毅然決定畢業後轉唸哲學的因素，是1989年天安門民主運動期間示威學生領袖跪在人民大會堂外請願的一幕；對一個從小到大都是唸自然科學及數學並立志成為工程師的小伙子來說，這景象確實是一個震憾。「跪」所創造的意象是十分獨特的，非暴力、含蓄、哀求等聯想隨即而來，年輕的大學精英一向被視為國家的未來，心裡的唯一疑問是「他們受了什麼委屈？」

　　當時我在香港，作為學生社團領袖參與發起由香港大學學生領頭的示威，不多久後北京民主運動以鎮壓收場，全港市民四分之一上街遊行抗議，民主、自由及人權等口號不絕於耳。但當時我對什麼民主、自由等根本不太了解，也許這是長期在英國殖民地香港被奴化的必然結果。激情過後回歸平靜，部分同學繼續參與死灰復燃的學運，推動香港民主化；我卻決定退一步去思考中國大陸到底出了什麼問題，唸工程系的最後一年，主動提出研究中國大陸經濟特區的科技轉移問題作為畢業論文題目，對在大陸處於開放改革第一線的勞工密集企業，有了第一手接觸。那些企業的工人大多從事12

小時以上的機械式工作，跟我暑假期間在香港某國際知名剃鬍刀品
牌工廠實習時看到的情況相似，結束研究後的深刻體會是：中國大
陸在搞香港化。當時對什麼是資本主義或共產主義只略知皮毛，但
將中國大陸變成香港是好的嗎？既然想追問什麼是好社會，於是下
定決心畢業後放棄工程所學轉唸哲學。一心認爲工程師太多，要做
一個社會治療師才是。所幸有緣到英國學其最精，可是學得愈多，
無力感愈強。一方面，歷史的洪流似乎有其方向，另方面，華人社
會卻正處於迷失的狀況。我不敢自稱政治哲學家，但作爲政治哲學
同好，總該想一想。學成歸港後發現理想始終是遙遠，連一份得體
的工作都找不到，只好靠一週曾最高教授21小時通識科目來餬口，
結論是香港不需要超過屈指可數以外的政治哲學研究者，也許這不
單是我個人的困境，而是政治哲學的困境。

※　　　※　　　※

在講求專業分工的現代社會，學術分工在所難免，分工的好處
是將所學的精益求精，壞處是給人閉門造車的感覺。政治哲學自然
也是專業分工下的產物，知識的傳遞依靠制度的建立及延續，大學
正是在這制度的最高層次。韋伯對官僚主義的分析告訴我們，大學
作爲官僚體制的一部分會自然膨脹，次學門會愈來愈多，可是，吊
詭的是，現代社會不單充滿官僚主義，更受資本主義下的管理主義
所影響，管理主義卻會以效益爲由限制次學門的膨脹。

政治哲學同時作爲哲學及政治學的次學門，有其獨特性，但亦
出現潛在的被邊緣化甚至存在危機。從哲學角度看，政治哲學屬於
應用哲學的一種，有別於邏輯學、形而上學及知識學，是跟生活更
具連結性的次學門，甚至比道德哲學及宗教哲學更貼近現實。若哲
學的目的是追尋永恆不變的至高真理，而政治哲學跟現實又那麼貼
近，加上現實是常變的，關於政治哲學的討論結果都是暫時的，即

使有共識也是偶然的，因此，政治哲學根本不夠「格」稱爲哲學。

從政治學角度看，政治哲學有別於被認爲是「科學」的次學門，甚至有人可能因實證主義的影響而認爲「實然」及「應然」二分對立之不可挑戰性，而政治學只應關注「實然」，故此斷定政治學只包括政治「科學」而將政治哲學排除在政治學之外。由於只有科學才能傳達真知識，政治哲學的討論結果是僞知識，儘管有了共識也不是真理，因此，政治哲學根本不能是政治學。

假如從「純」哲學及政治「科學」的質疑是合理的話，也許政治哲學就應該退場，政治哲學家也應放棄霸占任何學術領域或占據大學寶貴的員額。高尙的哲學家及有崇高理想的政治科學家都訴諸「真理」來質疑政治哲學，可是，兩方面的真理觀很顯然是截然不同的。我們不難想像，的確有哲學家會認爲政治科學所宣稱獲得的真理不是真理而是偶然的事實，政治科學會認爲哲學家所追求的真理不是真理，更何況他們根本找不著想找到的真理。若然高尙的哲學家之真理觀是對的，政治科學也許亦會變得多餘，相反地，若然政治科學家之真理觀是對的，哲學也許亦會沒有必要存在。

在此大家沒有必要探索什麼真理觀是合理的、或實證主義是否扭曲知識的性質，原因是任何相關的爭論都忽略一個更基本的課題，也就是道理（reason）在追尋知識的角色。在某種意義上「純」哲學運用臆測式道理（speculative reason），科學運用理論式道理（theoretical reason），而包含政治哲學在內的各種應用哲學運用的則是實踐式道理（practical reason）。以上三種道理運用在相關三種推論（reasoning）：臆測式推論、理論式推論及實踐式推論。

大部分相關理論都將臆測式道理歸爲理論式道理，而只關注理論式道理及實踐式道理，並強調兩者的差異。但我認爲可以清楚區分三者，臆測式道理指出普世合適及必然的邏輯、存在及宗教原則，

理論式道理提供描述及解釋大家認為存在的事物及事件的原理，實踐式道理則提出有行動力的單位如何行動的導引。不過，值得強調的是三者之相同處：一切知識都是行為的基礎，不同道理是決定行為背後的信念，換句話說，道理告訴我們應該相信什麼。牛頓定律告訴我們應該相信從18樓跳出窗外會掉到地上。科學主義者大可認為只有他們所談的才是道理，但假如一切道理所衍生的都是某種形式的「應該相信」（ought-to-believe），他們必須解釋為何只有理論式道理的「應該相信」具有絕對優越性。

倫理學家告訴我應該相信能孝順父母是幸福的，而幸福是好的；物理學家告訴我應該相信從18樓跳出窗外會掉到地上；生物學家告訴我應該相信作為血肉之軀在這樣的高度跌下來會死；唯物論者告訴我應該相信人死後如燈滅，不會以任何形式與父母相遇，更不用說孝順。若我相信以上的全部說法，就可以為我不往十八樓窗外跳的「不動作」，提出比較完整的道理。若要為我們關於行為的決定說出個道理來，難免牽涉價值考量。邪教教主告訴信徒，應該相信集體自殺會帶領他們到極樂世界，基督教牧師會告訴大家不應該如此相信。即使邪教信徒沒有被物理學家及生物學家說服從十八樓窗口往外跳會死，也還是會用他們相信能致死的方法去自殺。此例子或許有點極端，但這告訴我們，重點是挑戰信徒關於集體自殺的「應該相信」，而非應否接受物理學家或生物學家的道理。

假如不單個人是行動者，大大小小的集體，從聯合國、區域組織、國家甚至社團等都可以是行動者，那麼政治哲學的重要性不言而喻。跟「純」哲學及科學不同，應用哲學探討實踐式道理，政治哲學按照應該相信的價值去提出對政治權力的規範以導引政治行為。

※　　　※　　　※

　　政治哲學同好要做什麼，跟政治哲學所關懷的事務當然不能分割。傳統上，政治哲學家只關注在地的政治環境，兩岸三地的政治哲學同好卻不能忽略三地互動下的改變。縈繞在心直至如今的疑問是「西方意念及制度適用於華人社會嗎？」一直深信出生於1968年這動盪年份的我，身在極為獨特的歷史處境，中、臺兩地由西方兩大對立的意識型態所支配，香港則要經歷任由資本主義英國宰制的年代變為由共產主義中國大陸掌控的未知將來，而身為香港人卻不能作主，毫無反抗能力，任人擺佈。與其說來到臺灣是一種逃避，不如說是新的冒險。我一直深信，若不真正長居某地，就不可能真正認識該地，在臺的這些年印證了此想法。

　　的確，能生活在才真正開始享受民主的國家似乎相當幸運，可是，第一次政黨輪替後，帶來的只有膚淺的口水戰，選舉時各種操控選民的技倆，更可嘆的是昔日的民主鬥士、臺獨戰士及學運領袖又一次印證權力使人腐化的鐵律。造成弊案數量之多，牽涉金額之龐大，主要是因為從國家資本主義轉型到財閥資本主義的過程中缺乏監督力量。「正常的」狀況是執政黨以各種堂皇的理由賤賣國產後，受益的財閥以政治獻金方式回饋執政黨以利其繼續執政。由於缺乏政治獻金法規及相關制度的規管，龐大的非法利益難免有機會直接流入可惡掌權者的私人口袋。不過，我們不禁要問的是，國家資本主義轉型到財閥資本主義是正義的嗎？財閥資本主義崛起後，從堅尼系數不斷上升來看，便可推斷臺灣的貧富懸殊已變得愈來愈嚴重。另外，中國大陸資本主義化的勢頭不會扭轉，早在十年前我就在〈鄧小平理論與中國大陸社會主義發展的前景〉一文中提出，中國大陸將迅速從改革開放初期轉變為國家資本主義，並於1993-4年左右正式邁入私人資本主義。的確，私人資本主義在金融大海嘯前更真的搞得有聲有色，大海嘯讓大陸政府更不可能逃離自由化的

不歸路，結果不難想像，貧富懸殊只會加劇，這是大家樂見的嗎[1]？

隨著全球化的影響持續擴大，已開發國家都了解，由於資金流動高度連結，各國彼此的經濟已不可分割。當某國出了問題，其他國家也難置身事外，由近幾月的烏克蘭及巴基斯坦都瀕臨破產便可略知一二。

金融大海嘯帶來殘酷的現實，不單在於升斗小民失業，小商家的生意做不下去，或退休族的退休金因投資連動債而付諸流水，也不在失業率節節上升。可怕的是，多少人命將因而不保。根據世界銀行統計，已有逾一億人墜入了貧窮線以下，高達20億人瀕臨災難邊緣。全球有接近半數人口，每日生活費不足2.50美元。每年有數以百萬計的人因飢荒而餓死，逾10億人缺乏淨水可用。由於人口不斷成長，自然資源逐漸減少，即使沒有金融大海嘯，這些數據仍會大幅上升。

每次經濟大衰退受害最深的是全球最弱勢的人，這局資本主義遊戲後又有一大堆人永遠出局，更令人心寒的是多少人命因而煙消。全世界的貧富差距，有愈益擴大的趨勢，而歐美都經歷著最大的貧富差距。全球經濟若進一步惡化，就連歐美都有更多人墮入貧困的深淵。原本正在享受高成長的新興市場依賴歐美經濟而茁壯，全球資本市場崩潰後，這些國家將會因資金持續流出而深受其害。至於本來就不是處於良序的落後國家，由於原來從已開發國家得到的援助會因金融大海嘯而驟減，不知道還有多少人因而陷入絕境。

也許我們依然可以高談闊論羅爾斯的公共哲學或霍布斯的主權論，繼續過著中產階級「高級」知識分子的優渥生活，又或被迫糾

1　收錄在陳祖為、梁文韜編，《政治理論在中國》（香港：牛津出版社，2001）。

纏在天天備課、應付週遭人事政治及開不完的會議之生活中，但夜深人靜時想著人們苦痛指數不斷升高，總會時有要做點事的衝動，卻似乎又有強烈的無力感……。

　　梁文韜，成功大學政治系暨政經所副教授。研究領域包括政治哲學、西方思想史、應用倫理以及當代中國思潮。現集中研究全球正義及民主等議題，正在撰寫有關人道干預及國際倫理的專書。

政治哲學：
形勢與任務

王　利

　　近些年來，政治哲學受到越來越多的關注，專門性研究和譯著明顯增多，以政治哲學爲主題的學術會議的規模和次數有明顯增長，尤其是受到一批年輕人的青睞，學術梯隊得到明顯充實，呈現出欣欣向榮的景象。這種情況，一方面有賴於西學研究的深入，已經逐步從「跟風式」和「追蹤式」的尾隨者轉變爲具有明確問題導向的自覺性研究，另一方面也有賴於經濟社會的不斷發展，使得搭建以政治哲學爲基礎的理性平臺來探討公共問題成爲大勢所趨。如何把握住歷史的脈搏，以政治哲學的視野和知識來闡釋、激發和推動現實，就成爲一項新的課題。因此，政治哲學必須對形勢與任務有十分清楚的認識。

　　從內部來說，政治哲學亟須開展多種形式的對話和交流。究竟什麼是政治哲學，還存在著很多不同的見解。有人說，政治哲學是對政治事務的哲學探析，用哲學方法，尤其是當代分析哲學的方法來剖析政治問題。有人說，政治哲學是對哲學的政治辯護，似乎哲學與政治之間存在著天生的不睦，哲學要在如何免於政治迫害中尋找生存之道。有人說，政治哲學是對天道人道一些最基本問題的持續探求，因爲事關權力而必須是政治的，因爲事關根本而必須是哲學的，所以是政治與哲學的聯姻。有人說，政治哲學是一種跨學科

的研究，兼有政治學和哲學兩個學科的特點，具有交叉學科的性質。
等等。支持這些不同見解的，是一些不同的理論資源。有些是以當
代英美政治哲學爲背景，如自由主義、社群主義、文化多元主義等。
有些是以保守主義者爲支持，如列奧·施特勞斯、埃瑞克·沃格林、
漢娜·阿倫特等。有些是以劍橋共和主義學派爲依託，重視波柯克、
斯金納、杜恩等人。藉助不同的理論資源，所彰顯的是不同的立場，
究竟是激進還是保守，是自由還是權威，是公平還是效率，各持一
說，爭執不下。由此，政治哲學的研究愈加深入和廣泛，就愈加呈
現出「自說自話」的理性傲慢和「道不同不相爲謀」的人爲疏隔。
其實不同的研究進路和立場間，若能以更加開放的心態和更加廣闊
的視野來看待問題，對於政治哲學的整體發展定會大有裨益。

　　雖然進路和立場有所不同，但關心的問題還是有相近之處，畢
竟都在政治哲學的名義下開展工作，就必然要對一些關係到公共價
值和普遍秩序的基本問題有共同的關注，那麼就有可能找到相通
點。如果說政治哲學是「政治」的哲學，那麼，無論出發點是某一
個思想家，還是專門問題和特定概念，則都必須圍繞一個秩序展開，
因爲人類爲了能夠過上某種形式的群體生活，必須構建秩序。這個
秩序表現爲一個間架結構，最表面是經濟—社會秩序，中間是政治—
法律秩序，最高則是精神秩序，即靈魂政治。這個秩序是一個歷史
性的經驗存在，體現爲一個族群的共同體生活，以及構建和維續共
同生活的標準與能力。這個秩序由價值、制度和主體構成，其中有
提供發展方向、維繫共同生活的核心價值、有充分體現核心價值的
制度體系、有能夠承擔價值、運行制度、護衛秩序的擔綱主體。政
治哲學就是對構成秩序的價值、制度、主體的理論闡釋和具體論證，
就是對經濟—社會秩序、政治—法律秩序、精神秩序之相互關係和
內在理路的說明，就是對秩序之爲秩序的現實性以及如何實現美好

秩序的合理性進行探詢的智識努力。以秩序為主題，以秩序的具體展開和表現形式為管道，政治哲學的各種研究進路得以統一，並能在適當的層面上進行充分的溝通和協商，政治哲學也必能獲得整體性的提升。

從外部來說，政治哲學面臨著理論和實踐關係的質疑。這種質疑是針對一切人文社會科學的，對政治哲學尤甚。就政治哲學而言，問題的提法並不是理論是否能夠應用於或指導實踐，或者說，實踐是否能夠作為檢驗政治哲學正確與否的尺度；真正的問題在於，政治哲學作為一門實踐性很強的學科，能否在求疑解惑的理論化過程中真正實現理論和實踐的統一？這就是要把有關理論和實踐關係的外部質疑內在化，因為這是「政治—哲學」的題中應有之義；它本來就是既要探求理想秩序的可能性，更要理解現實秩序的必然性。在這個意義上，政治哲學重點在於實現兩個過程的統一，一個是論證「凡是現實的都合乎理性」，一個是論證「凡是合乎理性的都會實現」，前者是所謂的理性化過程或合理性過程，後者是所謂的現實化過程或可能性過程。理性化以現實秩序為出發點，走的是一條同情式理解的道路；在這個時候，政治哲學尊崇斯賓諾莎的教誨，既不笑，也不哭，更不詛咒，而是理解。理解現實存在的合理性就是理解秩序之為秩序的理由，這些理由有的是自然的，有的是血緣的，有的是傳統的，有的是因緣際會的，有的是非理性的，有的是信念的，不一而足。重要的是找到這些理由的相互關係和內在邏輯，以及涵括這些理由的總的理由，或形式因與目的因。這並非是要論證不義的正當性或惡的必然，不是要確認假醜惡的道理和暴力的不得已，而是要以寬宏博大的心胸，以自然整全的視角，以理解之上的批判去審視現實之為秩序的可能與不可能、必然與機緣，而不是一上來就否定、咒罵、棄絕。那樣既失去了現實，也沒有力量，只

是空洞而蒼白的理論中夾帶的軟弱無力，根本無法找到理性化的一
丁點門道。現實化是以理想秩序爲出發點，走的是一條審慎的貫徹
落實之路。在這個時候，政治哲學尊崇的是洛克式的小心翼翼，他
深諳馬基雅維利給現代政治帶來的實質改變，也深知費爾默和哈林
頓的激進主義會帶來危險，於是將自己的思想掩藏在明智的胡克的
論述下，將各種傳統巧妙地嫁接在一起，從而以新的意識形態論證
新的政治權力架構獲得了基礎，同時又不影響英國古老政治傳統的
延續。現實化需要的是審慎通達和深思熟慮，需要的是將理想現實
化的行動能力和實踐智慧，而異常警惕冒險和魯莽，提防各種形式
的極端和教條。現實化需要找到可以直接或間接訴諸的力量，這個
力量可能存在於經濟—社會秩序、政治—法律秩序、精神秩序的邏
輯關係中，也可能存在於核心價值、制度體系、擔綱主體的現實聯
繫裏，問題的關鍵在於，找到真正的力量，堅決果斷地行動。

　　理性化與現實化的統一就是理論與實踐的統一，也就是理想與
現實的統一。作爲合題的政治哲學，理所當然地構成爲理性化過程
與現實化過程的合題，也勢所必然地體現爲一種複合式的表述，即
「基於現實」的理想主義和「有理想」的現實主義。政治哲學通過
這種複合式的表述得以印證：凡是現實的都是合乎理性的，凡是合
乎理性的都是能夠實現的。因此，通過將外在質疑內在化的努力，
政治哲學對理論與實踐的統一就不僅僅是一個理論工作，更是一種
歷史探詢。這種歷史是一種抽象歷史，是理性化過程與現實化過程
兩種過程相統一的效果史，是貫穿核心價值、制度體系、擔綱主體
的秩序的歷史，更是蘊涵並啓動力量，找到理性化和現實化的諸種
條件及能力的當前史。因此，解決理論與實踐問題的必然結果就是，
政治哲學必須要將歷史內在化。

　　內部分歧與外部質疑共同揭示了當前政治哲學的一種傾向：揭

批現實，提出問題；借助西學，要求變革。政治哲學從西方學來了各種學說，以這些學說評判現實，發現了很多問題，各自提出了應變之策。所謂政治哲學內部各種流派和立場的分歧，主要集中在對這些問題性質的不同認識及各種問題輕重緩急優先次序的不同判定；所謂政治哲學經受的實踐質疑，根本上是質疑以政治哲學的名義提供的各種藥方，對於中國現實是否對症。如果僅僅將重心放在揭批問題，那就不足以理解現實秩序的合理與必然，也無法明確這些問題的真正性質及其在全部事務中的地位。如果僅僅在於要求變革，而忽視了哪些是可以變的，哪些是不可以變的，那就很容易陷入為了變革而變革，或以達不到的空想目標來吊胃口的泥沼，甚至成為激進革命的理論動員。「問題與變革」會把政治哲學變成「黑暗王國」，會進一步加劇隔膜、無力和焦慮。在這種情況下，政治哲學就必須擺脫「問題與變革」的窠臼，以健康心態和理智精神正視現實，認清形勢，明確任務，轉向「理解和建設」。如果說解決內部分歧的辦法是統一到對秩序的關注，回應外部質疑的出路是將歷史內在化，那麼把這兩個論斷聯繫起來，就構成為政治哲學的真正主題，那就是「秩序與歷史」。政治哲學的中心任務，就是理解秩序及其歷史，營建美好生活。

所謂秩序，簡單來說，就是一個族群構建和維續共同體所形成的意義織體，可以表現為城邦、帝國、城市、王國、王朝、民族-國家，等等。之所以為秩序，在內則有統治與被統治，有保護與服從，有權威與自由，有統一意志和個人喜好；在外則有外交、談判和戰爭。秩序的歷史既可以是同一秩序的內部繼承，也可以是不同秩序的輪番更替。對於我們來說，主要在於研究兩個秩序的歷史。一個是西方秩序及其歷史，一個是中國秩序及其歷史。所謂理解，就是要擱置主觀態度，如其所是地理解秩序的發生發展的內在機制

和自在邏輯。理解的工作主要包括三個要點，還原、參照與啟動。還原是要設身處地地思考構成為一個秩序的條件和要素；參照是要將這些條件和要素置於歷史的鏈條以及中西秩序的異同之中；啟動是用思考西方秩序的心得和問題啟動對中國秩序的思考。

政治哲學因為致力於「秩序與歷史」而具有整全視角，它要探究人類在社會和歷史中存在的本性，以及關於普遍秩序的原則。它通過啟動一些傳統的理論資源，強調對秩序和歷史的探討必須綜合經驗的、歷史的、哲學的乃至宗教的研究，強調從價值觀念、政治體制到實踐主體等各個層面皆可切入秩序的機體，洞徹意義世界的原則，把握歷史對人生的利弊。政治哲學十分關注作為歷史性存在的秩序，以及秩序的歷史，尤其關注秩序及其歷史中的「常」與「變」。常，就是常道，就是恆常，就是不變，就是連續。變，就是發展，就是變革，就是創造，就是斷裂。體現在一個秩序中，就是要看哪些要素是常量，哪些因素是變數。比如，有秩序則必有權威，那麼權威就是常量，權威的形成或因征戰，或因選舉，或因革命，這是變數。一個秩序需要權威，這是不變的，變化的是權威的來源和保障權威的手段。體現在秩序的歷史中，就是要看哪些內容是連續的，哪些內容形成了斷裂。這就體現為不同的常變觀，比如，「天不變道亦不變」是一種常變觀，「中體西用」是一種常變觀，延安時期毛澤東和黃炎培關於民主的「窯洞對」也是一種常變觀。西方政治思想史上的常變觀曾具體地體現在柏拉圖和亞里斯多德的爭執中，柏拉圖認為可以將理想政治建立在人性改造的基礎上，於是不惜通過三次共產主義浪潮推進「新人」和「新生活」計畫；而亞里斯多德則認為，「私」不可去，「公」不必成，於是有靜態政體和動態政體的論述，有針對政體疾患的診斷與治療，有站在現實政體基礎之上朝向理想政體的混合，即所謂共和制和中庸之道。人性究竟是

可變的還是不可變的，最佳政體能否建基於人性的改變或致力於改造人性，這是二者爭論的焦點。柏拉圖有理想國及哲人王，亞里斯多德則有基於理解之上的政體改進論。再比如現代政治中憲法與人民的關係，人民的現身無異於一場革命，如何將人民納入憲法框架，將街頭政治和族群衝突納入制度和法治軌道，將變態政治轉化爲常態政治，就成爲現代政治的重要議題。總而言之，秩序與歷史所要求的常變觀須緊緊扣住構成秩序最重要的要素和條件，探求理想與現實、必然與選擇、自然與人爲、可變與不可變之間的綜合平衡。

在現階段，以「秩序與歷史」爲題的政治哲學主要有四個具體任務：

第一，化西方爲中國，這是立場問題

從大範圍上來講，政治哲學仍爲西學之一種，仍延續著百年來向西方學習的路數，但是情境已大有不同。現在的學習，是帶有明確的自信和充分的自覺的學習，是爲了解決中國問題而深入西方文明深處的學習，是不斷將西方內在化和建構我們自身主體性的過程。政治哲學的主要任務，首先是理解秩序及其歷史，尤其是理解西方秩序及其歷史，只有真正把握了西方秩序的理路、問題和力量，才能啓動我們對自身秩序的理解，這已經成爲自我理解的當然前提，非此則不足以理解我們的古代，也無法理解我們的現實。在這個過程中，最需要警惕的就是兩種傾向，一種是教條，一種是極端。教條和極端都是在將西方理論應用到現實時發生的問題，或認爲學來的都是真經，或認爲需要以理論來框定現實，二者都容易產生激進的革命性後果，使中國現實西方化，而不是把西方理論中國化。如何克服教條，避免極端，堅定立場，以中國秩序爲最高共識，不斷推進政治哲學中國化，將成爲理論和實踐的首要問題。

第二，化焦慮為憂患，這是心態問題

焦慮是現代性的典型特徵，更是現代性的代表者：知識分子的
天賦。知識分子比其他各個階層和人群更善於焦慮，也更有理由焦
慮，因為據說知識分子是以反思尤其是自我反思著稱的。但反思的
結果不是理智的健康，而是情緒性的抑鬱和恐懼，總之是一種因不
斷「操心」而「煩」的持續病態。在政治哲學看來，焦慮比其他任
何一種情狀都更加嚴肅地指出了現代知識分子的不靠譜。這並不是
要取消知識分子焦慮的權利，而是要質疑其焦慮的理由。政治哲學
的從業者無論從政治或哲學或任何角度出發，都必須時時警醒自
己，要不斷地與焦慮做鬥爭，克服知識分子的劣根性和軟弱性，將
之摒棄於嚴肅的政治思考和健康的理智活動之外。反之，政治哲學
要大力提倡憂患意識，這是純正的士大夫情懷，是尊崇「先天下之
憂而憂，後天下之樂而樂」，宣導「將有限的生命投入到無限的為
人民服務中去」的。政治哲學在秩序和歷史中找尋意義，將個體心
性付諸於宏大的意義世界，將家國情懷繫於天下蒼生，而非一己私
利，或少數人的利害得失。

第三，化經驗為理論，這是方法問題

政治哲學所面對的經驗主要有三種：歷史經驗，實踐經驗和思
想經驗。歷史經驗體現的是秩序作為歷史性存在的具體展開，秩序
有象徵符號，有代表機制，有關鍵事件，這些都是秩序在歷史上的
經驗形式。實踐經驗指的是政治哲學所處環境中的具體做法。思想
經驗則是政治哲學所處理的人物和議題。面對這三種經驗，政治哲
學都有一個理論化的工作。對歷史經驗，著眼於秩序與歷史，政治
哲學必須從秩序的諸種表現形式中抽離並提升出秩序的原則，進而

考察諸種秩序及其歷史，得出普遍秩序的原則。對實踐經驗，政治哲學要開展理性化或合理化過程，將之提升到理論層面予以辯護或批判。對思想經驗，政治哲學則要通過對特定人物和議題的研究和提升，達致普遍有效的知識。因此，將經驗不斷提升為理論，就是政治哲學貫徹始終的一個方法，這個方法尤其適用於和現實存在的關係，這也是將理論和實踐關係內在化的根據所在。其目的，就是通過不斷提升的行動與對提升的總結和反思，揭示常變觀在歷史、實踐和思想中的具體表現和現實內容，構建能夠體現時代精神、並能兼收並蓄各種反思性理論的公共理性。

第四，化理論為德性，這是修為問題

政治哲學的實踐性就是理想政治的現實化過程，這個過程最直接最顯著的成果，是將政治哲學的知識轉化為政治哲學從業者的德性。理論要想說服人，先要說服自己。要先說服自己，理論必須徹底，一以貫之。政治哲學不會用理智的誠實自欺欺人，也不想用高貴的謊言愚昧大眾，政治哲學最想改變的是從事政治哲學研究和教學的人自身，即言者和教者。或許在理解秩序及其歷史和探究美好生活之間，是一道永遠無法逾越的鴻溝，但政治哲學從業者也必然能夠在臨淵一躍中，體味到生之意義。或許從經驗中提升而來的都是理性的幻象，但政治哲學仍然能夠保持理智的足夠清明和實踐的必要通達。或許終究還是在與焦慮以及現代性處境的對峙中敗下陣來，但政治哲學依然可以因為觸及了靈魂深處的秩序而宣稱高貴。政治哲學並不能保證事功，但卻能夠許諾尊嚴，尤其是涉及「天人之際、古今之變」的常道。對於言者和教者，能夠究通常變之道，或許已是最大的慰籍。

這四個任務，各有所指，各司其職，大致勾勒了當前政治哲學

的任務和作用。概言之，政治哲學是一門護衛之學，所護者，中國
秩序；政治哲學是一門憂患之學，所憂者，家國天下；政治哲學是
一門提升之學，所提者，現實存在；政治哲學是一門修為之學，所
修者，仁義禮智。一句話，政治哲學要探究什麼是中國秩序，以及
如何做個合格的護衛者。

　　王利，中國社科院政治學所助理研究員，北京大學政府管理學院
博士後研究。研究領域為政治哲學、西方政治思想史、中國政治。
代表作：《國家與正義：利維坦釋義》（2008）。

對中國當前一些社會問題之看法

韓　銳

　　2008年11月13-15日筆者參加了香港中文大學政治系周保松教授所組織的一次政治哲學會議。會議的最後半天是座談,來自大陸、香港和台灣的學者交流了兩岸三地的情況以及所思所感。這些發言雖然有些零碎,並不像哲學理論那樣成體系和抽象,但會議組織者認為它們也許也有一定價值。這價值可能就在於,它們是一群探尋如何構建美好社會的理論工作者根據自己的知識和思考,對所觀察到的當下社會問題的感想和看法。因此,這些看法也許都有一定的理論根源或基礎,或者連接著一些理論問題。儘管大家所看到的問題或者所提出的看法不盡相同,但對此進行交流無疑有利於發現問題、達成共識、和討論異見。應會議要求,現將自己的零碎發言整理成稿,以期通過文字形式與更多人交流。

　　由於筆者來自大陸,所以本文以討論大陸的情況為主。

一、政治

　　這些年大陸在政治上有進步也有保守。明顯的進步是,政府對民生問題比以前重視。而在政治和司法體制改革方面,則越來越保守,不但沒有進步,反而有所倒退。

市場經濟所帶來的一個必然問題，就是如何面對那些由於種種非自控因素而無法在市場中謀生的弱勢群體，包括低收入人群。一方面，市場中的能者較容易從高速增長的經濟中得到好處，但另一方面弱者(即那些出於種種原因沒有競爭能力、或者能力沒有市場價值的人)卻很難分享到經濟增長的好處。長此以往，這種不平衡狀況會加劇財富差距，造成社會的不穩定。為應對這樣的問題，這些年政府在保障社會全體成員的基本生活方面做出較大努力。基本工資的設定，保證了就業者獲得能夠維持基本生活的勞動回報，不至於完全受制於無情的市場力量。社會保障體系的建立和不斷改進，減輕和消除了就業人員對退休生活的後顧之憂。醫療體系在經歷了由政府承擔到市場化的階段後，又回到部分市場部分政府承擔的狀態，使高收入人群有選擇較高品質醫療服務的自由，但低收入人群在沒錢看病時仍能得到政府的幫助。住房方面的改革，也經歷了由政府承擔、市場化、再到半政府半市場的過程，中產以及以上的人群可以從市場上購買商品房，但政府也建築一些廉價的樓宇賣給或租給那些買不起商品房的低收入人群。總體而言，不論在最低工資、社保、醫療、還是住房方面，政府都從前些年完全市場化的思路轉向半市場半政府化的思路，在允許能者從市場得到不同級別的商品和服務的同時，保障弱勢群體的基本生活，為市場中的失敗者或弱者提供一張安全網，維持其基本的體面生活。

但是，如果說政府對民生問題的重視是執政能力的一種進步的話，在其他方面——尤其是民權、民主方面——則顯得相當保守，甚至有倒退現象(這幾年，甚至連基層的人大代表的選舉都很少見到)。政府似乎認為，只要保證經濟的高度增長，只要保證民眾能賺到錢或衣食無憂，就不用考慮民權、民主問題以及與之相關的政治和司法改革問題。當下的中國大陸似乎奉行這樣一種觀點，那就是

只要民眾富裕了，有沒有民權、民主和自由都沒有關係。於是問題是，當我們吃得飽、有了錢之後，我們還需要權利和自由嗎？我們還需要進行政治和司法改革嗎？

答案明顯是肯定的。事實上，除了物質生活得到改善之外，由於缺乏公正、平等、權利和自由，大陸的社會中隨處可見戾氣和衝突。由於沒有一個合理的政治制度，官員濫用公共權力和資源的腐敗現象層出不窮。由於沒有一個公正獨立的、不受行政制約的司法制度，普通公民的合法自由和權利無法得到保護，尤其當面對的是政府機關或者官僚時。由於沒有言論自由，媒體不能發揮其應有的監督政府、揭示社會問題的職能，公眾也失去了對很多社會問題進行公共討論的空間，不利於公共理性的形成與發展，不利於公民意識和素質的提高，更不利於良好社群規範的形成。

筆者認為，造成目前中國道德危機的一個重要原因，就是因為缺少了公正合理的政治和司法制度。制度的不公正不但會導致執行者的不公正，而且如果一個社會的制度和機制不公正，民間自發的正面力量就無所依從，無法凝聚成主導的社會規範和風氣，以對社會造成更多的正面影響。也就是說，如果沒有良好制度的支持，好的社會道德和社會風氣就不可能形成，即使偶爾形成也不可能持久，而壞的制度只會對社會道德和風氣造成極大破壞。在當下的大陸，如果連政府和司法體制都無法做到誠實、公正、和透明，如果連不少執政者和執法者都不但沒有法治精神，而且還矇著良心做事，如何能期望普通民眾有誠信和良知呢？如何能期望普通民眾遵紀守法、不造假、誠實做人、和公平待人呢？在這種情形下，沒有道德危機是不可能的。因此要渡過這樣的道德危機，最直接有效的方法就是確保制度的公平合理，並確保執政者和執法者的公正和誠信。只有當制度沒有不道德的因素、執行制度的人沒有不道德的行

爲時，良好社會規範才有形成的可能性，道德危機才有可能消除。

在民衆都能吃得飽、穿得暖之後，我們還需要自由、權利、民主、和平等嗎？當然，首先要考慮的是一個不包含這些價值的制度，能夠保障民衆的吃飽穿暖的生活得到維持嗎？這是一個重要問題，但在此想要強調的問題卻是，如果民生能夠得到長久的保障，我們還應不應該追求前面所提的那些價值？筆者認爲，這取決於我們想建立一個怎樣的社會，取決於我們希望這個社會中的成員成爲怎樣的人。如果我們的理想社會僅僅是這樣一個社會，它只允許民衆得到物質上滿足，但不允許或者不鼓勵民衆得到自由、權利、和平等，更不允許民主，這將是怎樣的一個社會，社會成員又會成爲怎樣的人呢？不客氣地說，這將是一個視民衆爲豬的社會，它僅僅餵飽民衆，卻不讓他們視彼此爲平等而又獨立的個體，不尊重他們有思考、發言的權利和自由，不尊重他們的思想、情感、藝術的表達，不允許他們提出改良政治和政策安排的意見，不允許他們對社會問題進行公共討論進而提升公共理性，不允許他們發揮一個人所具有的除物質需求之外的其他更高級的精神追求和涉入公共事務的要求。這樣一個社會，自然不會平等地對待和關注每一位成員，成員也不會平等對待彼此。因此，在這樣一個只追求物質滿足的社會中，較難出現自主、理性、平等、開明、有尊嚴、追求自我完善的人，較易出現要麼猥瑣卑微、要麼專橫蒙昧之人，他們雖然吃飽穿暖甚至有較高物質享受，但由於作爲人的其他更高的能力和追求被剝奪了得到承認、表達、發展、和完善的機會，因而很難成爲健全高尙的人，而更像是動物。

二、文化

近年來，大陸在文化和文藝方面主要宣導恢復和發掘中國傳統文化。稍微了解歷史的人會知道，這與執政黨一貫的主導思想相矛盾，因為自五四運動至文化大革命，執政黨一向都以消除封建傳統文化遺毒為己任。但是在當下，在民眾對馬克思主義的興趣日益減少、而政府又拒絕西方自由民主理念的情況下，意識型態領域出現了真空狀態。傳統文化剛好可以填補這個真空。它不但很容易被民眾認同，而且更重要的是，它還是一套維護執政者因而是安全的意識型態。於是乎，一時間儒家研究遍地開花，歷史宮廷劇充斥影視，各種版本的經典讀本甚至佈滿超市的貨架。筆者並不反對傳統文化，也同意傳統的文學、美學、個人修養哲學都達到了極高境界。但是，我們必須防止一種盲目的復興，即五四運動以來多少人致力要消除的傳統文化中與現代民主與科學價值觀不相容的內容──比如等級、集權、專制等──都可能在當下這種盲目和不加區分地對傳統的復興過程中，也死灰復燃。如果如此，那麼上個世紀中國所發生的所有政治運動和戰爭所帶來的正面影響，都將付之東流。

不妨來看看幾個重要的文化文藝事件。首先是百家講壇。雖然它重新點燃了成千上萬民眾對古代經典的興趣，但所安排的登壇學者以及所宣講的內容，要麼過多強調個人的修身養性，像于丹談《論語》，要麼過多渲染封建政治中的權術玩弄，像易中天談《三國》。個人修養固然重要，但如果一個社會的制度、法律或官僚缺乏公正和合理，個人正當權益因此受到侵犯，那麼片面強調個人修養就是一種誤導。儘管政治中不乏權術的運作，但如果一談政治就是權術的玩弄，只會讓普通民眾認為政治除了權術就沒有其他內容，與科學、公平、開明沒有任何關係。這類面對大眾的普及型講壇可能會彌補過去教育體系中傳統文化的缺失之過，但由於其對傳統不加分析與揚棄，因而也就將許多早就被捨棄或應當被捨棄的封建、愚昧、

與專制的毒液再一次反哺給民眾，使他們又一次喪失接觸到更加科學和開明的政治觀念的機會。因此，百家講壇在復興傳統文化的同時，所起的副作用可能是又一次愚民，並非啓蒙。

其次不得不提及大陸近期的一些影視作品，像著名導演張藝謀所拍的電影。早年的出名使他得到了政府的賞識，也因此得到了壟斷體制資源的機會，這一切都使他慢慢變成了體制的代言人和維護者。綜觀張導演這幾年的電影作品，就會發現其中都潛藏了集權專制的意識型態。《英雄》中的刺秦英雄最後竟然被秦王所感化，覺得集權是爲了「天下」因而放棄了刺秦——彷彿爲了「天下」，就可以爲集權專制提供一種道德合法性。《滿城遍戴黃金甲》中，皇帝的「我不給，你別搶」的警告，以及如果反「我」就沒有好下場的劇情設計等等，都進一步傳達著男性家長主義和集權專制的資訊。由於這種意識型態都在電影中得到包裝和遮掩，很多時候觀眾在不知不覺的情況下就給灌了迷魂湯。

電視上長久不衰的宮廷戲，尤其是清宮戲，同樣也在娛樂觀眾的同時起到了宣傳封建政治觀的作用。一些「戲說」宮廷戲過渡渲染了明君的形象，增加了人們對那種體制的好感，而使人們忽略了那種體制的弊端。更重要的是，大陸對文藝作品的審查原則，使得像平等、權利、公正、民主等思想理念無法在任何電視、電影、和文藝作品中得到闡述、表現、和傳播，更無法得到公眾的認識和討論。由於普通民眾只能接觸到像宮廷戲以及張導演的電影這類娛樂節目，他們很容易就誤認爲中國傳統的那種封建政治觀是唯一的政治觀，而不知存在其他的政治觀。因此，這樣的文藝作品對民眾起到一定的蒙蔽作用。

三、如何借鑑西方的政治哲學思想資源

　　由於中國大陸在歷史上長期處於封建政權統治之下，封建專制集權思想不但塑造了整個社會制度和慣例，而且對民眾的性格、脾性、思維和行為方式也都有深刻影響，要解毒確實不是容易之舉。筆者認為，粗略來看，西方的自由主義和理性主義確實是解毒良藥。當然，正如任何思想理念，自由與理性也有其自身的局限，但只要運用的得當或者藥量合適，就並不妨礙它們發揮正面效應。尤其要注意的是，在借鑑這些西方政治思想資源時，不可生搬硬套，而是要領略其精髓，將其輸入和運用到中國的實際情境之中。

　　比如，很多人僅僅知道自由主義強調個人的權利和自由，但卻不去想想為何要如此。實際上，自由主義以對人的尊重為核心，而權利和自由之所以重要，是因為它們可以維護個人的各種正當權益——只有當這些正當權益得到維護時，一個人才算得到了應有的尊重。比如，每個正常人都有思考的能力，如果不允許人們有思想的自由，或者強迫人們只按某種模式思考，那就等於漠視人有思考能力這一事實，也就是說，人的某一方面沒有得到尊重。因此，對人的尊重的前提是我們必須承認人之所以為人的各種重要事實，在制度或者政策設計中尊重並維護這些事實，以確保人的主要能力或功能沒有受到壓制或剝奪。

　　遺憾的是，在當下中國大陸，一方面由於制度上的缺陷，權利和自由通常只停留在紙面，在現實中很難得到充分保障。另一方面，民眾受封建思想餘毒影響，在日常生活和習慣中仍然保留了嚴重的專制、等級作風，但又不自知。更嚴重的是，時下出現了兩種據稱與自由主義相關的不良現象。一種是出現了一些自稱自由主義者卻毫無自由主義之精神的人。他們以自由主義為一種新的理論武器，咄咄逼人，唯我獨尊，打擊異己。從他們身上看不到對有不同意見之人的基本尊重和平等對待。這實際上是一群借自由主義名義行專

制霸道之事之人。另一種現象是對任何異見都報以寬容的態度，據說當今中國道德危機應歸咎於這種源自自由主義的寬容觀點。然而，自由主義強調的是對「有理異見（reasonable disagreements）」之寬容，並非對所有異見——比如「無理異見」——之寬容。一個理想的建立在自由主義之上的社會秩序，在強調對有理異見（通常存在於價值觀、世界觀、宗教等形而上學領域之中）寬容的同時，也強調「有理的共識（reasonable agreements）」，而這些共識或一致意見就是建立一個人們普遍都可以接受的社會規則的基礎。

　　那麼什麼是理性呢？一個理性之人，是以「理」服人之人，他會根據自己的常識、知識以及思考能力對某一理據提出不同意見，也準備被說服——即接受無法反駁之理據——進而達成共識。比較而言，理性在中國的政治文化中經常是缺失的，無論是在制度設計、政策安排、法律還是執政者思維習慣中。比如，我們不難發現，當下的中國各級領導者在執政中常常忽視理性思考。除了受其他非正當因素的影響，他們在工作上常常見風使舵或者跟風，政策上常常忽左忽右，對諸如「應當怎樣」或者「爲何這樣」這種問題不作理性思考，因而常常也就抓不住解決問題的關鍵。在此僅舉一例。2003年，在廣州有一個名叫孫志剛的青年大學生由於身上沒帶有效證件而被派出所收容，並遭到警力的濫權以至死亡。此事引起了社會對收容制度和警力濫用問題的極大關注，強大的社會壓力導致政府廢除了《城市流浪乞討人員收容遣送辦法》，更迫使警察部門自我檢討和收斂。然而，在2005年底廣東省社科院舉辦的一次關於和諧社會的會議上，筆者發現一位來自警察學校的學者十分悲憤地爲警力打抱不平，原來在那次事件之後，警察在面對罪犯時已不敢使用強制力，其後果是犯罪猖獗。

　　筆者認爲，如果警察部門對警力濫用問題進行理性思考的話，

就不會發生這種後果。公眾對濫用警力反感，但這種反感不應被理解爲警察應該停止使用強制力。任何一個有理性的人都會同意，警察是維護社群安定的力量，在面對罪犯時，他們可以而且應當使用強制力，這種強制力由於有著維護社群的安全和秩序的合法目的，因此也是合法的。如果孫志剛事件讓警力部門覺得不能對罪犯使用強制力，那就是一個偏頗的結論，因爲問題並非警察可不可以使用強制力(不但可以，而且應該)，而是警力是否被濫用。因此警力部門應當檢討的是如何區分正當合法的強制力與濫用的強制力，培訓並教會每一位警察如何在使用強制力時防止濫用的情況出現。這當然涉及到很多實際的技術問題，比如在檢查一個公民的身分證件時應當使用怎樣的語言、採取怎樣的態度或注意哪些事項，要明白對方享有的權利和尊嚴；又如要多多借鑑其他地方對合法強制力的分級方法，以便區別使用，在面對不同情況時使用不同手段。面對示威遊行者與應對搶劫犯的強制力當然不同，對前者強制力的使用應以維持秩序、疏導民眾爲主，對後者強制力自然以防止更多生命傷亡和財產損失爲目的。如果警方不在如何防止強制力濫用的問題上下功夫，而僅膚淺地將公眾的反感理解爲對警力的反對，就是沒有理性思考的簡單行事，導致完全否定合法強制力的有悖常理的後果。

如果在這樣一件比較貼近實踐的例子中都如此，那麼在思想領域中理性缺席的情況恐怕更不容樂觀。如果在借鑑西方政治思想資源時不追尋深藏在其中的理性思考，只做膚淺了解然後就生搬硬套，不但會造成不良的社會後果，更糟糕的是還可能得出某些資源不適合中國國情的錯誤結論。殊不知，在借鑑和參考西方思想和理論資源時，我們最需要學習的是西方學者如何運用理性思考來解決他們的社會問題，而不僅僅是他們得出的結論。只照搬結論而不去學習得出結論的方式，不但不見得能解決問題，反而可能使問題更

嚴重，而且以後遇到別的問題時──特別是那些西方沒有出現過的問題時──仍然可能不知所措甚至犯錯。

四、結論

總體而言，中國雖然在經濟改革上取得舉世矚目的成績，在政治和司法改革上卻嚴重滯後。雖然近年來政府對民生問題的關注可以說是執政能力的一種進步，但在民權和民主問題上卻有拖延迴避之嫌，尤其當涉及政治體制和司法體制改革的問題時。這不禁提出了這樣一個政治哲學的問題，即如果一個政體可以保證所有人富裕或生活有著落，我們還需不需要民權和民主？答案無疑是肯定的。在文化、文藝領域，情況似乎也堪憂。從電影電視到普及知識的大眾論壇，充斥著盲目復古的節目。這些復興中國傳統文化的節目事先並沒有對傳統遺產進行仔細梳理、分析和揚棄，因而常常連同封建專制等級的思想遺毒一起復興。同時，也許由於審查制度的存在，任何其他類型的政治觀都無法在大眾媒體上得到體現和討論。最後，筆者還根據觀察就如何借鑑西方政治思想資源提出了一點建議。筆者認為自由主義是封建專制等級思想的解毒劑，但指出了時下對自由主義的一些誤讀。筆者還認為我們應該學習西方的理性思考方式，而不僅僅是照搬別人的思考結果。

韓銳，香港大學政治與公共管理系博士生，研究政治哲學，興趣包括分配正義、自由主義、民主、以及倫理學。著作包括論文《言論自由、平等和美國選舉財政》、譯作《分裂之家危機：對林肯──道格拉斯論辯中諸問題的闡釋》、論文集《重讀美國：變化與挑戰》等。

思想
鉤沉

歷史與闡釋之間的五四話語

唐小兵

　　2009年是中國五四新文化運動的90周年。因為與八九學運20周年的「相關性」，以及在時間上的重疊性，當局有意無意在淡化這樣一個特殊年份的紀念活動，但海內外華人知識界對於五四的紀念文字不少。作為中國現代史的「開端」，五四作為一個時間的拐點，已經鍥入中國人的心靈世界。但如何回憶五四、敍述五四與紀念五四，卻從來不僅僅是一個歷史的問題，而成為與當代性相關的現實問題。理解2009年的五四話語，除了歷史肌理的再發掘之外，還需注意現實思潮的變動對於五四話語的潛在影響。五四被不同的人賦予了各異的內涵，從而成為批判或辯護現實的精神資源。

一、五四的多重面孔

　　五四運動一般被解釋成跟新文化運動具有邏輯上的因果關係。新文化運動主張新文學、新道德、白話文，反對舊文學、舊道德、文言文，提出「重估一切價值」，對於中國人的思維結構、語言結構與社會結構都發生了重大影響，而民主與科學更成為五四新文化運動之魂，被反覆地敍述。胡適認為這是一場中國的文藝復興運動，舒衡哲認為這是中國的啓蒙運動，毛澤東認為這是中國新民主主義

革命的開始，史學界則基本上將之界定爲中國現代歷史的開端。

在五四的紀念話語中，自由主義的闡釋是最爲強勁的一種。在自由主義的脈絡裏，五四絕非僅僅是一種民族主義的表達，五四所凝結的民主、科學與自由精神更是憲政民主體制所需要的精神元素。自由主義基本以啓蒙爲關鍵字，界定了五四新文化運動對於轉型中國的意義。所謂啓蒙精神，就是公開運用理性進行自我表達的能力與勇氣。對於五四以降的中國現代史，基本上被闡釋成啓蒙運動的壓抑、翻轉、變異、中斷與延續的歷史。五四所象徵的自由主義不僅僅是政治批評的精神，同時也是積極建構憲政體制的力量。通過這樣一種敍述，自由主義以五四新文化運動爲源頭，構建了其獨特的歷史系譜。雷頤在〈啓蒙的堅守〉中對於解構五四啓蒙的新左派、後學家進行了批評：

> 90多年後，中國社會仍然面臨「現代化轉型」。這種轉型給社會帶來了巨大的進步，但在轉型中，也很容易產生巨大「空洞」，爲腐敗提供機會和土壤。只有對權力進行監督、制衡的民主政治，才能有效遏制腐敗。在這種社會巨變中，也只有高舉「民主」與「科學」這「兩位先生」，才能順利實現社會轉型，別無他途。因此，在今日之中國，並不如某些「後學家」、「新左派」所言，「啓蒙」已經過去，要緊隨西方學者對啓蒙進行解構。相反，與《新青年》時代一樣，「啓蒙」仍是（本土）當今時代精神的主題。[1]

自1840年代，尤其是1895年以後，中國社會就一直在求新求變，

---

1 雷頤，〈啓蒙的堅守〉，天益社區http://www.tecn.cn/data/27602.html

一直在轉型。至於向哪里轉型、如何轉型，不同的群體有不同看法，也預設了大相逕庭的目標。革命者自然認為應該以革命暴力的方式實現社會結構的變遷，而自由主義者如胡適等人則一直主張英美式的憲政民主體制，提倡溫和漸進的社會改革路徑。當今中國，平等與自由都非常稀缺，憲政和法治也沒有得到根本實現，因此，在自由主義者看來，啟蒙遠遠未到終結的時候，啟蒙仍在艱難中繼續。

　　最近李澤厚在與劉再復的關於五四90周年的對話中重申：「中國現在最需要的還是五四推出來的兩先生：德先生和賽先生，我高度評價孔子，但反對以尊孔的潮流來掩蓋現代文明所需要的科學與民主。」[2]不過，他進一步指出，今天中國的知識分子在繼承五四啟蒙精神的同時，要超越啟蒙。他說「1980年代後期直到今天，主要的問題已不是啟蒙，而是如何改良和改革制度。建立新的制度，比空喊啟蒙更迫切、更重要，也更艱難，更需要研究討論。即使就思想文化層面來說，也不能停留在啟蒙水準。」[3]文化決定論還是制度決定論，晚清以來的中國知識分子一直在這個雞生蛋還是蛋生雞的怪圈中爭論不休。這本身就體現了一種思維方式的二元對立式局限。啟蒙運動之所以成其為偉大，就因為它內在地超越了這種刻意的區隔，而呈現了思想源流複雜的多元。許倬雲在《新京報》關於五四的採訪中，則更多的是反思五四新文化運動的內在缺陷，這種內在性的欠缺，在他看來，是導致中國的社會轉型與啟蒙運動顛躓的根源之一。他說西方「啟蒙運動的後面，有一個基督教信仰在後面。而五四運動領導者本身，主張打倒宗教，其實是要回歸中國的

2　李澤厚、劉再復，〈五四90周年仍缺民主與科學〉，《亞洲週刊》，
　　2009年5月10日。
3　同上。

人文精神。由於要打倒中國的傳統，並沒有把中國的人文精神轉移作為五四運動的精神資源。兩頭脫節，是五四沒有很深的精神根源的弊病。」[4]

在新左派的五四紀念話語中，新文化運動尤其是後來的五四運動，其反帝反封建的政治訴求，充分地體現了中國人尋求獨特現代性的追求。五四運動，被闡釋成第一次大戰後歐洲文明破產論彌漫中國知識界時，中國人擺脫晚清以來的殖民話語（在他們看來即所謂的民主、自由與人權等資產階級話語），重建中國政治的主體性的開始。因此，五四既是一個結束（告別帝國主義話語），也是一個開始（尋求中國獨特道路）。這樣一種歷史闡釋，成功地與新左派當前的核心話語發生了對接，新左派批評美國霸權和全球化、批評市場經濟和人權話語，主張不重複西方歷史的中國道路和中國模式。五四成為他們這套話語的合法性來源之一。韓毓海的論說最有代表性：

> 在人類的20世紀，以毛澤東為代表的中國共產黨人，則創造了一整套在世界上最大的農民國家裏，如何變資產階級啟蒙運動為人民民主革命，變少數精英為主體的政治烏托邦，為土地革命為主體的現代建國實踐的新民主主義道路。歷史已經雄辯地證明，中國現代歷史的根本轉折，當然不是什麼「救亡」壓倒了「啟蒙」，而是以人民民主（包括以民族救亡的方式），動員、聯合和喚醒全中國人民，完成資產階級啟蒙運動所根本不可能完成的建立現代國家、使中華民族擺脫帝國主義壓榨的偉大歷史使命。在這個意義上，當然可以理直氣壯地說：以五四運動為先導的偉大的中國革命，是法國大革命所開創的現代民主建

---

4 許倬雲，〈五四運動，未完成的啟蒙〉，《新京報》，2009年5月4日。

國之路在世界範圍內最輝煌的繼承人，而中國共產黨人則是五四所昭示的歷史首創精神的真正代表。[5]

他進而認為，五四運動打破了對於幾千年帝制的迷信，和對西方資本主義道路及其政治體制的迷信。在新左派看來，當前主要的任務是破除對西方文明尤其是美國文明的迷信，才可能再度釋放出中國人民的首創精神，探索出一條中國道路的現代化模式。

而另外一位匿名左翼學者，則針對自由派知識分子朱學勤對五四的「民族主義」和「民粹主義」是現代中國兩大病灶的說法，提出了尖銳的批評。他認為五四運動並未湮沒新文化運動所提出的民主與科學精神，發表在《天涯》上的該文作者皖河指出：

> 「五四」以降90年間，「民主」和「科學」精神又何曾斷過？當年延安政權對抗國民黨政府的利器不就是指稱後者「專制」與「獨裁」嗎？吸引百千萬知識分子奔赴新生政權的不也是因其允諾一個自由民主的共和國嗎？共產黨立國之初啟動大規模工業化計畫，不也是西方科學精神與工具理性下所前定的發展道路嗎？甚至1978年轉而搞市場經濟，同樣不也是我們相信理性與科學？[6]

在這個歷史敘述之中，反右被省略掉了，大躍進和人民公社被省略掉了，文革更是隻字未提，更何況，在分析民主科學精神是否

5　韓毓海，〈從中國到世界：重新檢視「五四」的意義〉，《人民日報》海外版，2009年5月5日。

6　皖河，〈思想多稜鏡裡的「五四」〉，《天涯》，2009年第2期。

在延續，不能只看政黨宣傳的口號，更要看其日常的實踐。延安是
否民主，我們讀讀高華先生的《紅太陽是怎樣升起的：延安整風運
動的來龍去脈》就知道底細了，建國初期的偏重工業和軍事工業，
雖有其不得不爲的歷史合理性，但這種城鄉二元結構、工農發展的
嚴重失衡，對於中國經濟後來的發展無疑是窒礙，這能說是科學理
性嗎？對於民粹主義的批評，該文作者認爲：

> 自由主義者沒有資格抱怨「五四」之後領導權的喪失，因為他
> 們當初就「不屑於民粹」，不屑於為伍於工農；可想而知，今
> 日如果自由主義者仍然不理民間疾苦，罔顧大眾好惡，甚至以
> 非為是，只作一廂情願的「思想或學問」，也將永遠只限於「書
> 齋裏的革命」。[7]

　　新左派熱衷討論底層，並因此就認定其與民眾更具有日常生活
的相關性，並因此而具有了道德資本來批評自由派的精英化傾向。
事實上，在孫志剛事件、山西黑磚窯事件等社會問題中，自由主義
者發出了更多的聲音，採取了更多的行動，而言必稱底層的左翼知
識分子，卻奇怪地保持了沉默，據說沉默的理由是人權話語天然就
具有資產階級色彩，因此絕不沾鍋。
　　五四無疑象徵著與傳統的割裂，是一個時間上的中斷點。但五
四之後的新儒家總是試圖在傳統與五四之間尋找接榫的關節，試圖
彌合二者的分歧，而調適出一條相容傳統精神與五四精神的新路。
新儒家對傳統自由的發掘、對中國民本思想的再詮釋都屬於此列。
近些年，中國大陸的儒學復興更是借著大國崛起的迷霧，迅速地彌

7　皖河，《思想多棱鏡裡的「五四」》。

漫開來，試圖將經典重新吸納到中國的政治機體和日常生活之中。五四，對於他們來說，既是難關，也是機遇。中國人民大學國學院的梁濤的論述，充分地體現了這種努力：

> 90年後回望「五四」，一方面，「五四」先賢開創的科學、民主大業尚未真正實現，任重道遠，青年仍需努力；另一方面，現代化在解放人的個性，釋放人的物欲的同時，也給人類帶來種種負面──人文精神的淪喪、價值和存在的迷失、道德意識的危機、生命本性的困惑等等。面對這些問題，就要拋棄偏激、狹隘的思維方式，避免從傳統與反傳統中去尋找答案，而應努力在傳統與現代之間尋求一種平衡。一方面，回到中國文化的人倫之理，重新反省生命的意義，重建人的本體和「人道之尊」；另一方面，繼續思想的啟蒙，推動中國的現代化進程。激進者可以繼續高舉科學、民主的大旗，著力對傳統及現實中一切不合理的制度、現象進行抨擊、批判和改造；保守者則可以著力闡發傳統的人生智慧、核心價值，以和諧、仁愛去喚醒現代迷失的人性。激進者應檢討自己對傳統的粗暴、簡單，缺乏理解，一面這種激進反成為了一種「保守」；保守者亦應警惕滑向復古頑固，重要的是二者要形成共識、形成共同的立場。[8]

從這種論述可見，該文作者是心態極其開放的文化保守主義者，他所揭示的問題確實深深困擾著當代中國人的心靈世界。自由主義主要是解決政治秩序而將心靈秩序擱置了起來，不討論人生意

8　梁濤，〈激進與保守之間：「五四」九十周年回望〉，《中華讀書報》，2009年5月13日。

義之安頓。在這種境況下，如何將傳統的人文資源通過建制化的方式引入到現代迷失之人心中，委實是不得不正視的挑戰。事實上，梁濤這種論述，可以稱之爲五四另一種啓蒙（即以《東方雜誌》主編杜亞泉爲代表的調適主義的啓蒙）的現代延續，關鍵的問題是如何建制化和可操作性的考量。包括王德威的「沒有晚清，何來五四」的言說，也是在眾說紛紜談斷裂的時候，主張在歷史的延續之中觀察歷史。他在歸納五四精神的內涵時指出，五四的傳統除了啓蒙、革命等之外，還有一個「抒情的傳統」：五四之所以到了今天還能讓後人感動，還那麼有魅力，就因爲其中有令人激動的純真性的抒情，「抒情」讓「五四」青年不顧一切地走向「革命」和「啓蒙」[9]。而這個抒情傳統不是西方的浪漫主義，而是來自中國傳統的抒情性。這樣，王就在五四與晚清以及中國傳統之間建構出了一種歷史的延續性。不過，抒情與啓蒙、革命的歷史相關性究竟如何，也許需要更切實的具體個案研究。

二、五四的加法與減法

　　至今仍記得初讀甘陽〈自由的理念：五四傳統之闕失面〉的內心狂飆，那是一篇紀念五四70周年的文章，發表在1989年夏天的《讀書》雜誌上。甘陽在該文中批評了五四對於自由精神理解的狹隘，認爲晚清以來那種意志論式的精神自由概念，並未把捉到西方自由主義中的自由的精髓。自由的精髓應該是權利本位的自由，是以公民的人格、尊嚴、獨立、平等爲核心價值的自由，這種自由天然地

9　石劍峰，〈王德威：「化簡爲繁」談「五四」〉，《東方早報》，2009年4月12日。

排斥人民、國家、民族等大詞的污染。這篇文章幾乎可以看作一個
時代終結的獨亢而悽愴的尾音。它埋葬了一個彌漫著青春氣息和批
評精神的時代。在那以後的五四話語之中，官方靜悄悄地重新安排
對於五四的敍述，五四主要成爲一種愛國主義，這種理解通過教科
書、傳媒、會議、宣講活動等各種方式逐漸深入年輕一代的心靈世
界。5月7日的上海《社會科學報》實習記者與前中宣部文藝局副局
長顧驤的對話，讓老一輩知識分子杜光大爲感慨。該記者認爲五四
主要是青年人的愛國主義，顧驤回答說五四主要是一場思想啓蒙運
動，是用理性主義來批判中國幾千年來的專制主義、奴隸主義。杜
光認爲造成這種青年人與老年人認知五四精神的代溝的主要原因
是，除了五四本身的複雜性之外，就是八九之後20年來輿論導向片
面引導的結果[10]。這種輿論導向有意壓抑五四的抗議傳統、科學民
主傳統，而只是強調其愛國主義的一面，將愛國主義與民族主義融
爲一爐，最後收納在主流政治意識形態話語之中。這樣做的目的，
其實質就是通過五四的減法，來塑造青年一代對於五四的「政治正
確」的認知結構與反應方式。

　　相對於這種五四的減法，學術界（尤其是歷史學界）則一直在致
力於五四的加法，即通過歷史的回溯與史料的發掘，來展現出五四
被有意無意遮蔽的多重面相。王汎森的文章〈五四運動與生活世界
的變化〉，注意到過去90年海峽兩岸緣於不同的意識形態與政治訴
求，而形成了五四研究的「左右分裂」的現象，大陸集中研究左翼，
台灣的五四書寫基本上偏重右翼的人物、刊物、團體與事件。他認
爲「國共分裂的局面爲五四的研究帶來了一種「後見之明」，有意

10　杜光，〈填平認知「五四」精神的「代溝」：讀報隨感之十〉，博
　　客中國http://www.blogchina.com/20090629745841.html

無意間投射回被研究的人物、團體或事件上,因而使許多論者忽略了五四新文化運動時期的思想中有一種模糊、附會、改換、倏忽不定的特質。」[11]五四研究應該注意將這種歷史的特質描述出來,包括五四時期新青年的生活世界的變化,這樣才能還原一個相對真實的五四。楊念群則直接批評最近幾十年五四新文化運動研究的片面思想史化,而忽略了對五四的「社會史研究」。他認為研究社會結構與文化權力結構的變遷,對於深化對五四以及後五四中國社會的認知尤為重要。在該文末尾,楊指出:

> 把個人覺醒概括為「五四」「新啟蒙」思想的神髓固然有其道理,但如果以個人覺醒的程度為唯一標準,並以此自由主義的態度衡量「後五四」時期的政治救亡和社會革命,甚至進而認為這些變革是對「新啟蒙」運動的壓抑,似乎也容易導致另一種認知偏頗,那就是對具有廣泛影響力的「社會」運動所帶來的變化視而不見。[12]

如果說王汎森、楊念群的論文,更多是注重五四研究的方法論的話,那麼許紀霖的〈「五四」的歷史記憶:什麼樣的愛國主義?〉則雖然是歷史研究,卻具有強烈的現實指向性。在這篇發表於《讀書》5月號的文章中,作者指出五四紀念絕非僅僅是愛國主義的集體記憶,它還有「另外一些聲音」,通過對陳獨秀、傅斯年、羅家倫等五四師生輩言說的再發掘,指出五四時期的愛國主義,是「一種

---

11 王汎森,〈五四運動與生活世界的變化〉,香港《二十一世紀》,2009年6月號。

12 楊念群,〈「社會」是一個關鍵字:「五四解釋學」反思〉,《開放時代》,2009年第4期。

堅守個人主義本位、尋求人類文明進步的愛國主義。個人與人類是
最真實的，國家作為仲介物，作為列國競爭時期必要的手段和工具，
只有在促進個性發展、推動人類文明的目標下才有其自身的意義。」
[13]而這種愛國主義，在作者看來，與國家主義絕非一回事。

> 國家主義的背後，是一種價值虛無主義，國與國、文化與文化、
> 文明與文明之間在價值上不可通約，人類社會缺乏普世價值，
> 唯一可以比較的是價值虛無的國家實力，文明的衝突便是力的
> 競爭，是物質與權力的較量。[14]

因此，五四知識分子在該文作者的闡述中，是具有世界主義情
懷的一代，他們的胸懷何其博大，不以一國一族的利益為溝壑，他
們追求的是「世界主義的國家」和以普世性的全球價值為依歸的民
族崛起。在《中國不高興》的狹隘民族主義興起的當下，尤其是在
普世價值被懷疑、挑戰、解構的當下，對於五四的這種「世界主義」
的加法，有力地驅除了極端民族主義的迷霧，讓讀者更深入地認知
五四一代青年的心胸與關懷，從而感知到在所謂大國崛起的背景下
的自戀、自大、排外情緒的虛妄性。同期雜誌發表的〈作為法律事
件的「五四」〉則注意到五四的法律問題，也就是運動中的暴力及
其懲治的問題。作者董彥斌指出，只有梁漱溟等極少的知識分子認
為在法院尚未判決有罪的情況下，打傷政府官員的行為在事實上已
經構成犯法。這種意見遭到當時社會輿論的強烈批評[15]。中國的學

---

13 許紀霖，〈五四的歷史記憶：什麼樣的愛國主義？〉，《讀書》，
  2009年第5期。
14 同上。
15 董彥斌，〈作為法律事件的「五四」〉，《讀書》，2009年第5期。

生運動自五四到文革到八九，一直未能擺脫不斷激進化的夢魘。妥協、博弈與對話往往輕易地被裁斷爲對神聖事業的背叛，只有激進的學生領袖才不會在運動中被邊緣化。激進導致政權力量的進一步控制學生運動，而學生缺乏日常社會運動操練，則更是缺乏運動的經驗與談判的技能，甚至累及訴求的目標。這就形成了體制內外保守與激進的兩極化惡性循環。五四的社會暴力還算輕微，但作爲遊行總指揮的傅斯年都無法認同，而中途退出。從這樣一種歷史大視野回頭再看梁漱溟的論斷，不得不嘆服其先見之明。林賢治則在紀念五四90周年的文章中，爲五四新文化運動的激進主義辯護：

> 不可理解的是，當今致力於「反思」「五四」的學者，對於當時不得不採取激進姿態的社會運動，對於諸如魯迅等旨在擴大社會勢力而不憚與專制政府相對抗的知識分子行爲頗多貶抑，而獨獨讚賞保守主義，改良主義也即「好政府主義」，豈非咄咄怪事？[16]

林進一步認爲激進主義不但是一種狀態，而且是一種思想，是一整個時代的靈魂。試圖抽掉激進主義，就斷喪了「五四」的生命。

三、五四與公民政治

五四已經過去了90周年，差不多一個世紀了。爲什麼我們還要不斷的重新回到這個現代史的原點？一個近百年前發生的事情，與我們的日常生活與心智生命到底具有怎樣的相關性，使得我們總是

---

16 林賢治，〈重尋「五四」〉，《書屋》，2009年第6期。

在重建從五四到現實的歷史系譜？否則的話，干卿底事？很簡單的
一種解釋就是，五四的訴求到了今天仍舊無法實現，而五四的訴求
歷經時間的長河，並未褪色，反而愈發顯示出其璀璨的精神光芒。
在政治開放、民主體制成為全球性的普世價值的今天，中國的政治
體制的根基仍舊未能被撼動，自由、民主在公共政治生活中仍舊是
稀罕物，雖然從歷史的縱向來看，今天國人私人生活領域的自由度
增加了很多，但阿倫特所反覆籲求的從暗處的私人領域向光亮的公
共領域的「進入」，卻因為種種原因，而未能實現，這造成了普遍
的犬儒主義化與政治冷漠症。消費主義意識形態成功地洗刷了政治
控制的威權面相。政治不再是人的德性，而成為大家避之唯恐不及
的骯髒之物。在這樣一種背景下，一些知識分子對於五四的闡釋，
直接與公民政治發生關聯，呼籲對普世價值的尊重，對憲法賦予公
民人權的切實兌現。傅國涌在〈五四之殤〉一文中說：

> 「五四」一代知識分子是從臣民向公民轉型的一代，他們的公
> 民意識，社會責任感都被激發出來了。他們的個性最大限度地
> 得到張揚，他們的創造力也在各個不同的層面展現出來。……
> 在本質的意義上，我們可以說，「五四」不再是一個國家完全
> 主導社會的時代，社會自身擁有相當多的自主性，人們生下來
> 彷彿就擁有了思想自由、信仰自由、言論自由、新聞出版自由
> 和結社自由，可以隨意地創辦自己的報刊，可以隨意的結社。[17]

而反觀現狀，作者感慨萬千：

17　傅國涌，〈五四之「殤」〉，天益社區http://www.tecn.cn/data/detail.
php?id=27064。

在「五四」90年後談論有關「五四」的話題，仍然不是一件容易的事。一切都要聽命於行政，國家機器上一顆顆螺絲釘無時無刻不在防範著社會。思想自由只是自己腦中想想的自由，言論自由只是飯桌上或菜市場發發牢騷的自由，其他的自由更加無從談起。以國家的名義，掌握大大小小權力的人，仍然想控制一切，這就是今日中國全部病根之所在。個人沒有權利，社會就不會有自由，這是90年後的「五四」之殤。[18]

　　五四的魅力就在於它絕非僅僅是知識分子的行動，它是發端於知識分子，而拓展到全社會的新風氣和新氣象，尤其重要的是，在這個過程之中，社會迅速地生長，權利意識也急劇高漲，政治參與精神有力地推動了公民社會的成長。因此，五四的紀念話語，往往被挪用、轉換成對公民社會的呼籲。而公民社會話語，則是對於當前主流政治話語的消解，是試圖小心翼翼地拓展社會空間和個人權利的柔性話語策略。

　　只有當知識分子政治轉化成了公民政治的時候，中國社會的憲政轉型才真正可能，也只有到那時候，悲劇性的公共知識分子群體才會慢慢退出歷史舞臺，政治生活才能常態化，也只有到那時，知識分子與一般民眾的隔膜才會相對敉平。從這樣一種視角出發，杜平就認為，五四運動所提出的「民主」和「科學」，是高高在上的精英話語，反映了精英與民眾之間的巨大隔閡。該文作者認為知識分子的啓蒙應該在指向社會大眾的同時，也回向自我的反思，開展自我批判與自我啓蒙。在他看來，知識分子

18　傅國涌，〈五四之「殤」〉。

若要繼承和弘揚五四精神，中國知識階層首先要端正自身，既要避免「五四」時代的急躁、激進和盲目，更要慎防孤芳自賞和自命不凡，唾棄浮躁與矯情，減少怨天尤人的情緒，把自己下沉到社會現實和勞苦大眾之中。只有如此，當代知識分子才有可能超越「五四」情結，才能幫助社會端正國民性格，促進文化和體制的改良與進步。[19]

顯然，作者的論述邏輯出現了悖論，一方面他批評了知識分子的精英意識，主張毛澤東式的知識分子與工農結合，但另一方面，他仍堅持了知識分子的國民性批判與改造論述，問題誰是國民性批判的主體，誰授權？在五四90周年的紀念話語之中，類似上述對知識分子階層自身進行審視和批判的文字亦不少。但這些文字的論述卻難有新意，往往與中國革命話語裏對知識分子的批判方式，呈現了某種同構性，而且這種對知識分子的反思很容易走向將大眾理想化、類型化，其實質也就是空洞化，然後以此來批判知識分子的道德立場，這種民粹化的情緒是20世紀知識分子自身歷史的遺產。不過，公民政治的論述，相對於以前的啓蒙話語與知識分子政治，確實展現出了更廣闊的生命力與願景。

漢娜・阿倫特曾在論述古希臘的政治意識時說：

任何進入政治領域的人首先預備著拿他的生命去冒險，過於顧惜生命而放棄自由正是奴性的標誌。因而勇氣是首要的政治德性，只有擁有它的人才被允許進入一個內容和目的上都是政治

---

19 杜平，〈五四運動，高高在上的「民主」和「科學」〉，《聯合早報》，2009年5月7日。

性的夥伴團體，從而超越那種由於生存緊迫性而強加給人——
奴隸、野蠻人，希臘人也不例外——的那種純粹麇集狀態。[20]

當90年之後的我們，回憶起1919年的那一段獨特時光時，我們
正是感受到彌漫在當時社會的自由氣息與勇敢精神，自由是無拘無
束地探尋真理與自我的自主性，而勇敢則是敢於從家庭等私人領域
出走到公共世界，去助產有政治成熟意識和擔當精神的公共領域的
公民。五四新文化運動的歷史含蓄地告誡我們，一個自由而民主的
世界，決不是一群只顧自己私人生活的個體可以打造出來的。從這
個意義上來說，五四是我們永恆回歸的原點。也正是從這樣一個視
角出發，自由主義者林毓生先生主張，我們應該回到五四新文化運
動的早期，回到那個有政治參與意識和民主精神，而意識形態式的
主義話語尚未籠罩一切的「黃金時期」。中國已經在世界上崛起了，
因此劉擎所謂屈辱的創傷性的民族主義記憶（林認為這是一種「本能
的愛國主義」）已經不再需要，林先生主張我們「要通過「反思的愛
國主義」來面對問題、解決問題。「反思的愛國主義」讓我們肯定
建設憲政民主的重要性，而憲政民主的建設，最重要的是：法治(the
rule of law)的確立。」[21]見證過臺灣民主轉型，並一直生活在民主
國家的林先生的這番話，實在是值得我們細細尋味。

唐小兵，華東師範大學歷史學系教師，研究興趣集中在現代中國
思想文化史與當代知識分子狀況。

---

20 漢娜・阿倫特，《人的境況》（上海人民出版社，2009），頁22。
21 林毓生，〈認識五四、認同五四——遲到的紀念〉，《讀書》，2009
  年第7期。

翻譯家查良錚

李有成

　　從圖書館借來一本厚達700多頁的《拜倫詩選》(台北：桂冠，1992)，這位英國浪漫主義扛鼎詩人的重要詩作可說盡收其中矣。《恰爾德‧哈洛爾德遊記》與《唐璜》等敘事長詩雖然僅各選了若干章節，然而就一本詩選而言，也可算相當周全了。《拜倫詩選》的譯者是查良錚，可惜此詩選雖有林燿德的導讀，卻從頭到尾無一字提到譯者，全書也未附譯者簡介。不知道查良錚的讀者，即使讀完整部詩選，對譯者仍是一無所知。

　　台北另外印行有查良錚翻譯的《濟慈詩選》(台北：洪範，2002)。這本詩選就盡責多了，不僅書前有〈譯者序〉，介紹詩人的生平、詩藝及詩選所據版本等，書末尚附有鄭樹森的〈關於洪範版《濟慈詩選》〉短文，說明此詩選以中、英文對照方式重刊之經過，並指出「原序言明顯受蘇聯英詩研究影響的政治觀點，早已不合時宜，一律刪除」。鄭樹森另邀得查良錚的老友巫寧坤撰寫〈查良錚小傳〉，一併刊於書末。這篇小傳篇幅不長，大抵以繫年的方式敘述查良錚求學、教書、譯著及在反右與文化大革命時身受迫害的經過。對查良錚不熟的人可以從鄭樹森和巫寧坤的文章中知道這位翻譯家的另一個大名：查良錚即20世紀中葉中國文壇的重要詩人穆旦。顯然，穆旦要比查良錚有名多了。

　　巫寧坤在他的回憶錄《一滴淚：從肅反到文革的回憶》（台北：
允晨，2007)中多處提到查良錚；他的文集《孤琴》（台北：允晨，2008）
另收有憶往散文三篇，談的都是查良錚。巫寧坤與查良錚兩人初識
於1940年左右昆明的國立西南聯合大學，後來分別赴美，成為芝加
哥大學英文系的先後期同學。巫寧坤受業於芝加哥大學新亞里斯多
德學派的克萊恩（R. S. Crane)和奧爾森（Elder Olson）；1951年，他正
在克萊恩的指導下撰寫博士論文，研究艾略特的文學理論，卻因為
燕京大學西語系系主任趙蘿蕤——著名詩人兼考古學家陳夢家的夫
人——的力邀，放棄即將到手的博士學位，應聘燕京大學任教。翌
年，燕京、輔仁等教會大學按政策規定併入北大、清華、北師大等
校，巫寧坤被改分發到天津的南開大學。隔一年，即1953年，查良
錚與其甫獲植物學博士學位的妻子周與良也應南開大學之聘，分別
到外文系與生物系教書。巫寧坤在《一滴淚》的第二章這樣回憶當
時查良錚在南開的生活情形：「良錚在大學時代就以寫新詩聞名，
回國後卻停止創作。教學之餘，他集中精力從事文學翻譯。他的專
業是英語，但他精通俄羅斯語言文學。為了介紹蘇聯的『先進』文
藝理論，他首先趕譯了一部蘇聯出版的《文學概論》，出版之後立
即風行全國，成為大學文藝理論課的基本教材。然後，一本接一本
翻譯普希金的詩作。」

　　巫寧坤說詩人「回國後卻停止創作」，指的應該是當時的情形。
據2006年出版的《穆旦詩文集》所載，自1952年至1956年這5年間，
詩人在詩創作上完全空白。1955年，查良錚成為肅反的對象，原因
之一是1942年他曾隨中國遠征軍在緬甸參加抗日戰爭。1954年，南
開中文系和外文系共同召開《紅樓夢》的批判會，查良錚雖未發言，
但因準備了發言稿，事後也被戴上「歷史反革命」的大帽子。鳴放
期間，他雖然謹小慎微，明哲保身，避免以言賈禍，卻還是接受《人

民日報》副刊主編袁水拍的邀稿，寫了一首題爲〈九十九家爭鳴記〉
的諷刺詩，發表於1957年7月5日的《人民日報》副刊。這首詩讓他
惹禍上身，受到猛烈批判，不久即被法院判定爲「歷史反革命」。
查良錚還因此寫了一篇〈我上了一課〉，自我檢討，並自貶爲「思
想水平不高，在鳴放初期，對鳴放政策體會有錯誤，模糊了立場」，
他認爲「這是促成那篇壞詩的主要原因」。

　　周與良在兩大冊的《穆旦詩文集》的代序〈永恆的思念〉中提
到，在美國讀書時，查良錚「除了讀英國文學方面的課程，還選了
俄國文學課程，每天背俄語單詞」。巫寧坤在〈旗：憶良錚〉(收於
《孤琴》)這篇紀念文章中，回憶兩人在芝加哥英文系念書的情形，
也有類似的印象：「良錚對學院式的研究並不重視，卻花了很多時
間搞俄語和俄國文學」。周與良的二哥周珏良是查良錚從南開中學、
清華大學、西南聯大到芝加哥大學的多年同窗好友，在查良錚逝世
10週年時，寫了一篇〈穆旦的詩和譯詩〉(杜運燮等編，《一個民族已
經起來》，南通：江蘇人民出版社，1987；同時見《周珏良文集》，北京：
外語教學與研究出版社，1994)，讚許查良錚的俄文功底很深：「在西
南聯大時他的啓蒙老師是著名的俄文專家劉澤榮老先生，大學畢業
後他一直繼續搞，在美國芝加哥大學又選讀了俄國文學的課程，所
以在俄國文學上他也是有專門知識的」。查良錚後來之所以能夠譯
出季靡菲耶夫(Leonid Ivanovich Timofeev)的《文學原理》，接着又
大量翻譯普希金的詩作，顯然得力於他的俄文造詣。巫寧坤提到的
《文學概論》一書其實是《文學原理》的第一部分。我記得十幾歲
時在檳城鍾靈中學念書，身邊有一本《普希金抒情詩集》，此詩集
出版時「漢字簡化方案」可能尚未雷厲風行，詩集以仿宋繁體排版
印刷，典雅大方，至今印象深刻。那時候我對舊俄的歷史與文學當
然茫然無知，文學家當中僅讀過契訶夫、高爾基、果戈里、普希金

等數人，其中尤以普希金感情熾熱、生命充沛的詩篇最令我著迷。
當時我並未特別留意《普希金抒情詩集》的譯者大名。前些時候我
從中央研究院中國文哲研究所圖書館借到一本《普希金抒情詩集》，
為秦賢次先生贈書，譯者就是查良錚，1957年由上海新文藝出版社
出版，正是40多年前陪我度過青澀少年的那個詩選，原來我在讀穆
旦的詩之前，早已讀過查良錚的譯詩。這本詩選附有譯者簡短的〈譯
後記〉，表示「這個集子比較着重地介紹了普希金在詩歌創作上最
燦爛的時期的作品」；最後還特別說明這本詩選的翻譯原則：「凡
是原詩有韻的，譯詩也都有韻。只有少數完全追隨原詩的韻式；此
外，有些譯詩另外安排了韻式，也有些譯詩力求近似原詩的韻式，
但比原來的韻腳稀疏。」

詩選的〈譯後記〉寫於1954年10月，查良錚剛到南開任教一年
多；1957年〈普希金抒情詩集〉出版時正值鳴放時期，隔年12月，
他就被判名列歷史反革命分子，用巫寧坤在〈查良錚小傳〉中的話
說，「萬里來歸的愛國詩人和文學翻譯家被逐出講堂，到圖書館『監
督勞動』，從此開始了近20年的賤民生涯」。1957年至58年間，查
良錚雖然在政治上面對難題，卻仍然全力以赴，將心思放在翻譯上，
收穫非常豐碩，除《普希金抒情詩集》外，還翻譯了《普希金抒情
詩二集》和普希金的長篇敘事詩《歐根‧奧涅根》，同時陸續出版
《拜倫抒情詩選》（1957）、《雪萊抒情詩選》（1958）及《濟慈詩選》
（1958）。查良錚在逝世前大半年，曾經大力修訂《普希金抒情詩集》，
1981年，即在他棄世4年之後，詩集分兩大卷重新出版，距初版面世
已將近四分之一世紀了。

1957年《普希金抒情詩集》出版後還有個插曲。河南《鄭州大
學學報》1963年第一期發表了丁一英的評論，對查良錚的譯筆頗多
批評。查良錚隨即寫了一篇〈談譯詩問題〉回應。這篇不算短的答

辯文章卻意外地留下了查良錚少見的有關翻譯的看法，我們可以從中看出他的譯詩理念。簡單言之，他完全無法認同所謂「字對字、句對句、結構對結構」的譯法；用今天的話說，原作語言與標的語言不論在音韻結構或語法結構上都不相同，翻譯要與原作「一絲不苟」根本毫無可能。在他看來，文學翻譯必須「靈活運用本國語言的所有的長處」，而且「要在本國語言中複製或重現原作中的那個反映現實的形象，而不是重現原作者所寫的那一串文字」。查良錚所說的「反映現實的形象」，大抵是他那個時代的支配性文學意識形態，也就是為許多作家所接受的模倣論文學觀，指的不外是文學作品的內容結構。換言之，在查良錚的理念裡，語言只是工具或載體，翻譯必須在語言的運用上發揮創造性，因此譯者在這方面應該享有更大的自由與彈性。一般文學翻譯如此，詩既是「以最精鍊最優美的語言來塑造最鮮明而突出的形象的藝術」，依查良錚的看法，詩的翻譯「更需要在語言上大膽和發揮譯者的創造性」。因此，他主張譯詩時譯者不妨「在原作的基礎上，運用一點點譯者的創造性，敢於稍稍脫離一下原作的字而自由安排」。

這裡無法深究查良錚翻譯理念的是非得失。基本上他相信創造性的翻譯，翻譯的成敗主要還是要看譯作「把原作的形象或實質是否鮮明傳達了出來」，其次再考慮譯作「被安排在什麼形式中」。形式——包括語言——必須想方設法遷就內容，為內容而存在。不過他也承認，在翻譯的實踐中，內容與形式也不是那麼清楚分立的，翻譯所涉及的還是「怎樣結合詩的形式而譯出它的內容的問題」。

〈談譯詩問題〉寫於1963年2月，在發表〈談譯詩問題〉之前，查良錚已有多部詩集與譯詩選集出版。其後一直到1975年，他完全停止詩的創作，全心投入詩的翻譯。據《穆旦詩文集》所附〈穆旦（查良錚）年譜〉所載，1963年，查良錚在南開大學圖書館「從事整理圖

書、抄錄索引以至打掃廁所之類的繁重工作，經常要寫『檢查材料』。
在惡劣的環境和抑鬱的心情中，開始利用工餘時間夜以繼日地翻譯
拜倫的代表作《唐璜》和俄國早期象徵派詩人丘特切夫的抒情詩」。
一直要到20年後，1985年，丘特切夫（Fyodor Tyutchev）的抒情詩才
集結成《丘特切夫詩選》出版。查良錚在1965年完成《唐璜》的翻
譯初稿，譯稿幾經修改，終於在1973年「全部整理、修改、註釋完
畢」，不過卻必須等到文革結束，查良錚逝世4年後，才由將譯稿積
壓多年的人民文學出版社出版，那已經是1981年的事了。關於《唐
璜》譯稿在文革爆發後的遭遇，查良錚的子女在〈憶父親〉（收於《一
個民族已經起來》）一文中這樣回憶：

> 1962年，父親解除了管制，在圖書館留用為一般職員。這時他
> 開始了他的最大的一項翻譯計畫——《唐璜》的翻譯工作。幾
> 年含辛茹苦，廢寢忘食地工作，這部巨著終於譯完。正當父親
> 把譯稿修改完畢，準備抄寄給出版社時，「史無前例」的浩劫
> 開始了。記得那年八月的一個晚上，一堆熊熊大火把我們家門
> 前照得通明，牆上貼着「打倒」的大標語，幾個紅衛兵將一堆
> 書籍、稿紙向火裡扔去。很晚了，從早上即被紅衛兵帶走的父
> 親還沒有回來……直到午夜，父親才回來，臉色很難看，頭髮
> 被剃成當時「牛鬼蛇神」流行的「陰陽頭」。他看見母親和我
> 們仍在等他，還安慰我們說：沒關係，只是陪鬥和交待「問題」，
> 紅衛兵對我沒有過火行為……母親拿來饅頭和熱開水讓他趕快
> 吃一點。此時他看着滿地的碎紙，撕掉書皮的書和散亂的文稿，
> 面色鐵青，一言不發……突然，他奔到一個箱蓋已被扔在一邊
> 的書箱前，從書箱裡拿出一疊厚厚的稿紙，緊緊地抓在發抖的
> 手裡。那正是他的心血的結晶《唐璜》譯稿。萬幸的是，紅衛

兵只將它弄亂而未付之一炬！

　　《唐璜》的譯稿超過1000頁，查良錚曾經在給一位年輕朋友郭保衞的信上提到，在他所有的譯作中，《唐璜》「這部稿子最精彩」（1976年12月2日）。即使如此，他對自己早年的翻譯似乎更情有獨鍾。在給郭保衞寫信的幾天前，他寫信給巴金表示，「在腿折後，我因有大量空閒，把舊譯普希金抒情詩加以修改整理，共弄出五百首，似較以前好一些，也去了些錯，韻律更工整些，若是有希望出版，還想再修改其他長詩。……因爲普希金的詩我有特別感情，英國詩念了那許多，不如普希金迷人，越讀越有味，雖然是明白易懂的幾句話」（1976年11月28日）。

　　查良錚與巴金的妻子蕭珊（陳蘊珍）初識於西南聯大時期，那是1940年，查良錚自外文系畢業，留校任助教，蕭珊則爲外文系的學生。文革期間，蕭珊跟巴金一樣，也是受盡屈辱。1972年8月，蕭珊因腸癌藥石罔效而告別人世，巴金的《隨想錄》收有〈懷念蕭珊〉長文，記錄了蕭珊從患病到棄世的經過，真摯悽切，是巴金晚年的感人之作。蕭珊之死對查良錚打擊很大。據周與良在〈懷念良錚〉（收於《一個民族已經起來》）一文的回憶，查良錚之所以埋首翻譯，是與蕭珊所「給予的極大支持和幫助分不開的」；爲紀念亡友，查良錚於是「埋頭於補譯丟失的《唐璜》章節和註釋，修改了其他章節。他又修訂《拜倫抒情詩選》，並增譯拜倫的其他長詩」。查良錚翻譯拜倫所採用的《拜倫全集》其實就是蕭珊所贈，甚至他早期所譯的幾部詩選，也是由蕭珊推薦給巴金主事的上海平明出版社出版的，因此他特別感念蕭珊的友情；在那個離亂無常的時代，他以自己獨特的方式來紀念蕭珊。

　　文革末期，查良錚把翻譯的興趣轉到英美現代詩。1973年，中

國與美國的雙方關係開始解凍，周珏良將親戚從美國帶來的一本當代西方詩選轉贈給查良錚；1975年底，查良錚翻譯英美現代詩的工作即告一段落。第二年，「四人幫」被捕，文革宣告結束，只是大陸的改革開放還只是蓄勢待發，某些人對西方現代文學的敵意一時並未消失。巫寧坤在他的《一滴淚》中曾經提到，在獲得平反之後不久，他受邀到成都參加全國外國文學學會的成立大會，當時還有人在大會上疾呼，要求禁止西方現代派文學的流通。周珏良在〈穆旦的詩和譯詩〉一文中回憶，查良錚翻譯現代詩「根本不知道有發表的可能，是純粹出於愛好」。

　　查良錚其實對現代詩並不陌生，早在西南聯大當學生的時代，他就從英國教師燕卜蓀(William Empson)閱讀西方現代詩。查良錚的同學王佐良曾經在〈穆旦：由來與歸宿〉(收於《一個民族已經起來》)中這樣追憶當時的情形：

> 一位英國青年教師也到了昆明。我們已在南岳聽過他的課，在蒙自和昆明，我們又聽了他足足兩年的課，才對他有點了解。這位老師就是威廉・燕卜蓀。
>
> 燕卜蓀是位奇才：有數學頭腦的現代詩人，銳利的批評家，英國大學的最好產物，然而沒有學院氣。……他的那門「當代英詩」課，內容充實，選材新穎，從霍甫金斯一直講到奧登……。所選的詩人中，有不少是燕卜蓀的同輩詩友，因此他的講解也非一般學院派的一套，而是書上找不到的內情、實況，加上他對於語言的精細分析。

　　王佐良將燕卜蓀描述爲一位「有數學頭腦的現代詩人」，其實其來有自。燕卜蓀自小即長於數學，在劍橋大學的麥格達倫學院念

書時就以數學與英國文學表現最爲優異，劍橋的數學大師蘭姆塞（Frank P. Ramsey）即以燕卜蓀未往數學發展而深感扼腕。1929年，燕卜蓀因行爲不檢被迫離開劍橋。1930年，年僅24歲的他卻出版了爲他帶來國際聲譽的《歧義七型》。之後他又出版《田園詩數型》、《複雜語辭的結構》，以及他對莎士比亞與彌爾頓等的研究，被視爲現代英國文學批評的主要奠基者之一，他在現代英國文學批評的重要地位至今依然穩如磐石。燕卜蓀對基督教向無好感，反而心向佛學；他出身約克郡的地主仕紳家庭，生活優渥，卻對中國的無產階級革命心懷同情。離開劍橋後他寄居倫敦市區的布倫斯柏里（Bloomsbury），其業師瑞恰慈（I. A. Richards）時在北大與清華教書，有意安排他到中國任教，未果；他改赴日本執教，1934年回到倫敦。1937年應聘北大講學三年，抵達那時候還稱作北平的北京時正值日軍侵華，北大師生正往大後方遷校。燕卜蓀也跟着師生風塵僕僕，長途跋涉，往中國西部撤退，隨身所帶據說除衣物外，僅打字機一架。當時教育部已將北大、清華及南開三校合組爲國立長沙臨時大學。三校師生到了長沙才發現校舍不足，因此將文學院改設在南岳衡山的聖經學院舊址。11月初，燕卜蓀與三校文學院的部分教授乘車遠赴南岳，同行的尚包括朱自清、聞一多、葉公超、柳無忌、金岳霖、馮友蘭、陳夢家等十餘位名重一時的學者。葉公超時爲外文系主任，由於南岳的宿舍短缺，燕卜蓀被分配與葉公超共居一室，他典雅的中文名字即可能是葉公超取的。歷史系教授容肇祖曾以南岳諸名師的大名寫成打油詩，他以「堂前燕子亦卜蓀」一句打燕卜蓀的名字（參考傅國涌，《葉公超傳》，鄭州：河南人民出版社，2004），顯然典出唐代詩人劉錫禹的〈烏衣巷〉。

　　葉公超留學劍橋時，與艾略特時相往來，算是舊識，而且在清華與北大都教過英詩，瑞恰慈是他的同事，他還爲瑞恰慈在清華出

版的《科學與詩》論集寫序，不難想像他跟燕卜蓀之間必然不缺話題。他們在南岳只待了約80天，1938年1月底學校決定遷往雲南，並且在四月初易校名爲國立西南聯合大學。燕卜蓀又跟着這批師生撤退。查良錚即爲當時往西南大後方撤退的學生之一。剛到雲南時，西南聯大的文法學院是先設在滇南的蒙自的，11月中才搬到昆明。到了雲南，燕卜蓀也順理成章成爲西南聯大的教師，而且在物資匱乏，沒有課本的情形下，他憑記憶背誦詩篇作爲教材，爲西南聯大外文系的學生講授英詩。當時朱自清是西南聯大中文系的系主任，他在〈詩多義舉例〉一文中曾經提到燕卜蓀的《歧義七型》，還「覺着他的分析法很好，可以試用於中國舊詩」。朱自清於1941年所發表的《古詩十九首釋》——只分析了九首——在方法上即多少受到燕卜蓀的啓發。1939年秋天燕卜蓀取道美國，翌年1月回到英國。後來他還曾在1947年至53年間重回北大講學。查良錚、周珏良、王佐良等一批西南聯大外文系的學生應該是在1937年至39年間透過燕卜蓀的教學而開始接觸到西方現代詩的。巫寧坤不曾上過燕卜蓀的課，許多年後他在〈懷念燕卜蓀〉（收於《孤琴》）一文中指出，他是在1951年應聘到燕京大學教書後，有一次受邀到燕卜蓀住處餐敘才彼此認識的。1983年9月巫寧坤應邀訪問英國，還特別去探視燕卜蓀敘舊。王佐良說在西南聯大上「當代英詩」課所選的詩人中，「有不少是燕卜蓀的同輩詩友」，這是實話。燕卜蓀自日本返回倫敦後，仍然卜居於布倫斯柏里的馬區蒙特街，不時還找來艾略特、狄倫·湯姆斯等在街上的酒館喝酒閒聊。

查良錚所譯的《英國現代詩選》終於在1985年獲得出版（長沙：湖南人民出版社）。周珏良在此詩選的〈序言〉中，曾約略回憶當時他們在西南聯大隨燕卜蓀習現代詩的情形。《英國現代詩選》所輯譯詩以艾略特與奧登（W. H. Auden）爲主，尤其是艾略特，他的幾首

重要名詩，如〈阿爾弗瑞德・普魯弗洛克的情歌〉、〈一位女士的肖像〉、〈序曲〉、〈荒原〉、〈空虛的人們〉（〈空洞的人〉）及〈灰星期三節〉（〈聖灰日〉）等，都收入詩選中。在那個參考資料幾近闕如的年代，政治運動層出不窮，工作環境惡劣，查良錚卻能不畏艱困，以生命換來這些譯詩，其毅力與執著難以想像。

　　周與良在〈永恆的思念〉中有一段文字描述查良錚譯詩的態度，生動感人，令人動容：

> 良錚譯詩，全身心投入，是用全部心血重新創作，經常為一行詩，甚至一個字，深夜不能入睡。他常說，拜倫和普希金的詩，如果沒有註釋，讀者不容易看明白。他的每本譯詩都有完整的註釋。偶而他對我說，「這句話的註釋就是找不到。」為了一個註釋，他要跑天津、北京各大學圖書館，北京圖書館等。他跌傷腿以後，還拄着枴杖去南大圖書館找註釋。尤其《唐璜》的註釋，他花費了大量的精力和時間，查閱了大量文獻，雖然出版時未被採用，至今我還保留着厚厚的一本註釋。去醫院進行手術前，他曾對我說：「我已經把我最喜愛的拜倫和普希金的詩都譯完，也都整理好了。」他還對最小的女兒小平說：「你最小，希望你好好保存這個小手提箱的譯稿，也可能等你老了，這些稿件才有出版的希望。」他最關心的是他的譯詩，詩就是他的生命，他去世前沒給家人留下遺言，這些就是他的遺言。

　　其言也哀，似乎預知已到交待遺願的時候，讀來讓人心酸。
　　查良錚無疑是現代中國成就最為卓著的翻譯家之一。本文的目的不在評論他在譯事上的優劣高下，不過我願意引述曾任香港《大公報》副刊編輯的馬文通的觀點，以概括查良錚在譯事上的成就。

在〈談查良錚的詩歌翻譯〉（收於《一個民族已經起來》）一文中，馬文通提到查良錚譯詩的四點特色。他認為，第一，查良錚的譯詩「一般都能較準確地把握原詩的風格、氣氛、色彩，因而較圓滿地還原了原詩」；第二，查良錚通常「不取以韻害意的做法，而寧願採用較原詩疏落但仍有規律可尋的腳韻，去代替原詩嚴格的腳韻」；第三，查良錚「在翻譯中沒有過多運用歐式句法，而是盡可能以中國讀者所能接受的語言習慣去表現原作，因而避免了拖沓、拗口的毛病」；第四，查良錚「講究煉字鑄句，……無論是吸收前人之長，還是自出機杼，他都能做到工穩妥貼，饒有詩意」。一般的說法是，查良錚之所以是位成功的詩的譯者，除了他的語文造詣之外，我們別忘了，他本身就是一位傑出的詩人。世有所謂「唯詩人足以譯詩」的說法，當然不是定論，不過查良錚倒是個現成的實例。

　　查良錚一生的譯詩以19世紀的浪漫主義為大宗，其次是後來的現代主義。這兩股文學思潮畢竟與官方所楬櫫的社會主義的現實主義有所扞格，查良錚並非有意與官方的文藝政策大唱反調；究其實，恐怕與他在學院中所受的訓練有關。他在西南聯大與芝加哥大學課堂上所接觸的當以19與20世紀的詩為主，浪漫主義詩人對生命的熱愛、對公義的追求、對個性的解放等恐怕都是吸引查良錚的地方。現代主義則代表另一個方向，反倒與查良錚作為詩人穆旦的心境較為契合。周珏良為《英國現代詩選》所寫的〈序言〉，主要在簡介所收各家詩的特色與重要性，並未說明查良錚選擇這些詩人可能的理由。在我看來，《英國現代詩選》的選詩有不少為現代英詩的傑作，在詩藝上成就很大，反而更能激發查良錚對詩的思考與想像。1975年查良錚重拾詩筆，1976年更留下27首詩，其詩風明顯走向現代詩，作為詩人穆旦的查良錚向被視為中國現代詩的先驅，實非偶

然。

　　查良錚一生坎坷，在政治上受盡欺凌與迫害；他雖然熬過了文革，卻等不到平反即與世長辭。1976年1月19日，他騎腳踏車在昏暗的學生宿舍樓區摔傷，延誤就醫，後來又碰上唐山大地震（7月26日），震災殃及天津，療傷更不可能。他在1976年11月28日給巴金的信上這麼描述他的傷勢：「我的腿是股骨頸骨折，開始是嵌插在一起，生長好，就不必動手術，可惜我耽誤了，沒有按照規定養，前一個多月照X光，看到又裂一縫，因爲這一裂紋，便不能用力，所以現在用拐支撐走路，必須進醫院開刀，釘釘子進去。現在又因地震不斷，醫院不收，必須等地不震才行，今冬明春是天津地震期，過了這個時期，也許可以住院。如果那時還不行，我想移地治療，也考慮去上海，那時再說了。現在不是臥床，而是在室內外和院內活動，只是變成用雙拐的瘸子。」

　　1977年2月24日，查良錚終於住進天津總醫院，準備接受手術；25日，他回家更換衣物，午飯後卻突然心臟病發，送天津第一中心醫院搶救，第二天凌晨3時病逝，距其出生的1918年，依年譜所載，得年60歲。查良錚的詩文、日記及書信目前主要收入《穆旦詩文集》二冊（北京：人民文學出版社，2006）。據巫寧坤所述，查良錚還有一篇題爲〈父與女〉的敘事長詩，長達8000行，尚未見於任何集子。查良錚另有《穆旦（查良錚）譯文集》8卷（北京：人民文學出版社，2005），盡收這位翻譯家一生的譯詩，其中第一、二卷爲《唐璜》，第三卷爲《拜倫詩選》與《濟慈詩選》，第四卷爲《雪萊抒情詩選》、《布萊克詩選》及《英國現代詩選》，第五卷爲《歐根・奧涅金》與《普希金詩選》，第六、七卷爲《普希金抒情詩選》，以及第八卷的《丘特切夫詩選》、《朗費羅詩選》與敘事文《羅賓漢傳奇》。

這8卷譯文集的出版距查良錚印行其第一本譯詩選集已近半個世紀，
而距他離開人世也將近30年了。

——2009年4月5日於台北

李有成，現任中央研究院歐美研究所研究員、國立中山大學合聘
教授。研究領域包括文學理論、文化批評、當代英美文學等。著有
文學評論與學術專書《文學的多元文化軌跡》、《在理論的年代》、
《文學的複音變奏》、《踰越：非裔美國文學與文化研究》，及詩
集《時間》等。

「我們一定會勝利」：
彼得‧席格的希望與鬥爭之歌

張鐵志

　　1964年，美國南方的密西西比州，熾熱難耐的夏天。6月21日，三名民權工作者(兩名白人一名黑人)突然失蹤了。一個多月後，他們三人的屍體在草叢中被發現。人們在電視前流下了震驚的淚水。

　　在這個夏天，成千上萬的大學生從各地來到這裡，目標只有一個：幫助南方黑人爭取最基本的公民和生活權益。民權組織在密西西比州設立了3000所「自由學校」，邀請北方大學生來替黑人居民上課，並協助他們註冊投票。

　　這三個年輕男孩並不是種族主義暴力下唯一的受害者。內戰之後，即使黑人不再是奴隸，但是南方許多州政府仍然立法種族隔離：他們不能和白人去同樣的學校、圖書館和其他公共設施，他們也不能在餐廳裡、巴士上和白人坐在同一個區域。對黑人投票程序的種種限制，使得他們投票率不到一成：他們是沒有實質公民權的公民。

　　南方黑人面對的不只是歧視，還有巨大的仇恨與暴力。1950年代中期來的民權運動，更強化了白人種族主義者(以三K黨為主)的焦慮和憤怒。在1950年代之前，原本就有上千件的白人虐待或謀殺黑人的私刑發生。

　　1963年4月，在阿拉巴馬州的伯明罕，金恩博士入獄。5月，當黑人在教堂外祈禱時，警察放狗攻擊民眾。6月，黑人民權組織「全

國有色人種權益促進會」（NAACP)的領導人愛佛司(Medgar Evers)
在家門口被三K黨暗殺，迪倫(Bob Dylan)爲他寫下「只是一場遊戲
中的棋子」(Only a Pawn in Their Game)，抗議民歌手菲爾・歐克斯
(Phil Ochs)則寫下「愛佛司之歌」(The Ballad of Medgar Evers)。8
月，一個黑人教堂被炸毀，4名小女孩死亡。

　　1964年的那個酷熱夏天，爲了反制民權組織，白人暴徒焚燒數
十間黑人住宅和教堂，毆打前來幫忙的志工。但即使如此，還是有7
萬個熱情志工冒著生命的風險前來南方。

　　那是1960年代青年理想主義的高峰。

　　而那個閃著淚光的夏天被稱爲「自由之夏」(Freedom Summer)。

一

　　那一年8月，彼得・席格(Pete Seeger)正在密西西比州。40多歲
他的是民歌先驅者，歌曲被不同的人翻唱、高掛排行榜。而且，從
他開始唱歌以來，就是持續用歌曲參與各種抗議運動。

　　這趟旅程是拜訪當地的選民註冊計畫。原本，他的家人勸他不
要去南方，因爲實在太危險；畢竟在他出發時，三個失蹤的民權志
工仍然下落不明。

　　但席格當然不會感到恐懼。這不是他第一次爲民權運動而唱：
從1950年代中期年開始，他就經常去南方爲民權運動演唱，並深深
爲金恩博士欣賞。1949年，他們全家更遭到石頭暴力攻擊。那時，
他和黑人民權歌手Paul Robeson預定在紐約州皮克斯克爾爲民權組
織舉辦募款演唱。但遭到當地白人種族主義者的威脅。後來，他們
仍然去了，但在離去時，他載著家人的車子卻遭到石頭猛烈攻擊。
這幾顆石頭後來被他保留下來蓋他的房子。

　　所以他還是來到這裡，無畏地演唱他關於人權與勞工的歌曲。演唱會進行到一半時，工作人員塞給他一張紙條，上面寫著：那三名失蹤年輕人的屍體在一個沼澤被發現了。

　　抬起頭來，彼得・席格強忍著淚水跟聽眾說：「現在，我們必須要唱『我們一定會勝利』（We Shall Overcome）這首歌。因為這三個男孩不會希望我們在這裡哭泣，而會希望我們一直唱下去，並真正瞭解這首歌的意義」。這句話正體現了他的斑鳩琴上所刻的一句話：「這個玩意包圍恨並征服恨」（This Machine surrounds hate and forces it to surrender）。

　　於是，他帶著觀眾一起高聲唱起：

我們會一定會勝利
我們會一定會勝利
有一天，我們會一定會勝利
在我的內心中
我深深相信
有一天，我們會一定會勝利

　　第二年的3月15日，詹森總統在國會演說承諾推動投票改革法案，強調要消除一切阻止公民自由投票的障礙與暴力。然後，他引用這首著名的歌名說，「我們一定會勝利」。

　　新的平權投票法案不久後通過，民權運動再往前邁進一大步。

二

　　暴力依然如南方的陽光不斷灼燒著。1965年2月，阿拉巴馬州沙

瑪鎮警察開槍打死一個幫助選民註冊的黑人志工，金恩博士在3月7日組織了一場遊行抗議，準備從沙瑪鎮步行到10年前民權運動開始的起點：蒙哥馬利[1]。但是，幾百人隊伍還沒走出沙瑪鎮，就被警察的棍棒和瓦斯猛烈襲擊，現場一片哀嚎，上百人受重傷。這天被稱為血腥的星期天（Bloody Sunday）。

　　兩週後，金恩博士決定重新展開這場遊行，並召喚了許多好萊塢名人和歌手一起加入遊行。沒有人知道他們是否會遭遇到警察還是種族主義者的攻擊，詹森總統甚至派兵保護遊行隊伍。席格和他的日裔太太當然也沒有缺席，並且當然也唱了「我們一定會勝利」。

　　是的，「我們一定會勝利」，這首歌無疑是民權運動的象徵歌曲。原本這是首美國南方黑人教會傳唱的歌曲，歌名是「我一定會勝利」（I Will Overcome）。1946年，一群黑人女工在南方北卡羅來納州的一家煙草工廠進行罷工，天上下起滂沱大雨，不少人離開了罷工線。一名罷工中的女工突然唱起了這首歌，並且把原歌曲中的「我」，改成「我們」：「我們一定會勝利」，並加上了一句歌詞"We will win our rights"（我們會贏得我們的權利）。當這名女工把原來歌中的「我」改成「我們」時，她創造了這首歌最關鍵的改變：個人的自我鼓勵被轉化為集體的團結與凝聚。

　　這首歌在次年傳到南方田納西州一所工運和民權運動的組訓中心「高地民謠學校」。彼得・席格在參訪此處時學到這首歌。他開始在各個工會場合演唱這首歌，並把歌詞中的We will改成為We

---

1　1955年，在蒙哥馬利，一位黑人女性Rosa Parks不願從巴士前段只有白人能坐的座位移到後段，遭到司機驅逐，因而引爆了黑人社區長久的憤怒。他們發動杯葛巴士運動，選擇走路而拒絕坐巴士。這個運動被視為是後來10年民權運動的關鍵起點。這個運動中，也使得一位年輕牧師成為新的運動領導人：金恩博士。

shall，且加上幾段歌詞。1950年代末，高地民謠學校開始廣泛教唱席格版本的這首歌，逐漸成爲南方民權運動的歌曲。但真正讓它成爲1960年代民權運動的國歌，是由四個年輕黑人四重唱「自由歌手合唱團」（Freedom Singers）[2]和席格在1963年在美國各地社區和校園巡迴演唱，並協助民權運動組訓。這次巡迴演唱，對吸引白人學生投入第二年的自由之夏具有深遠影響。

今日，這首歌幾乎已經和席格劃上等號，並且在世界各地不同的抗爭場合被高唱，成爲20世紀全世界最著名的抗議歌曲。

三

彼得・席格並不是只是屬於1960年代。他既不是從這裡開始，也沒有在這裡停下他的腳步。

沒有人像他一樣，可以成爲一部活生生的美國反抗史。從1940-50年代的工運，到1960年代的民權運動、反戰運動，到之後的環保運動，以及今日的反伊拉克戰爭，他不僅是上個世紀最偉大的抗議歌手、民歌手，也是今日美國社會理想主義的精神象徵。

席格於1919年出生於紐約市一個音樂家庭，媽媽是茱利亞學院小提琴老師；父親查爾斯・席格（Charles Seeger）是音樂學者，甚至被稱爲音樂社會學之父，曾任教於柏克萊大學，並且是共產黨支持者。

1930年代是美國左翼政治力量的一個高峰，尤其是因爲1929年爆發的經濟大蕭條。美國共產黨在1930年代成立了「作曲家集體協

2　自由歌手也是在席格建議下成立的。那時，他已經組過兩個樂團（見後文），所以跟他們強調組織合唱團、四處爲運動演唱的重要。

會」（Composer's Collective），這個組織隸屬於狄蓋特俱樂部——狄蓋特即是國際歌的譜曲者。他們的任務是創造一種新的無產階級音樂來影響工人的意識，其中一個成員就是查爾斯席格[3]。

　　查爾斯・席格與較早的約翰・洛馬克斯一樣，發現美國社會的民歌傳統就是最具階級意識的音樂，因為這些歌反映勞動階級的生活。他們兩人因而開始採集民歌，並成為美國20世紀早期最重要的民歌採集學者。深受父親的影響，席格從青年時期就自然把左翼理念、愛國主義和民歌傳統結合在一起。

　　高中時，席格開始學習斑鳩琴。進入哈佛大學一年後，他加入「共產主義青年聯盟」並開始閱讀列寧。但也正是這一年——1937年，他父親因為不滿莫斯科大審判，退出共產黨。大二時，席格放棄唸書，開始協助民歌學者艾倫・洛馬克斯（約翰洛馬克斯之子）在美國國會圖書館進行收集民歌的工作。

　　1940年3月，在一個為移工而唱的慈善演唱會——「憤怒的葡萄」演唱會，彼得・席格認識了一個剛從加州來到紐約、並且能真正代表移工聲音的民歌手：伍迪・蓋瑟瑞（Woody Guthrie）。美國的音樂

3　這個團體起初深信，為了配合政治革命，音樂也應該是革命性的、前衛的音樂，而看不起傳統民歌。直到1935年，共產第三國際決議推動「人民陣線」（People' Front，在美國稱為Popular Front），和羅斯福總統合作，這些作曲家才移轉過去那種前衛的音樂觀，改向去挖掘民間的歌謠傳統。查爾斯・席格當然更被重視，包括羅斯福政府。1935年，小羅斯福總統聘請席格來主持新政計畫中的一個「移民安置局」（Resettlement Administration），來安置流離失所的民眾。席格的工作就是要透過民歌來協助這些民眾產生對美國的集體認同，所以他在各個移民安置區舉辦民歌音樂節，讓人們自己唱著熟悉的歌，來開始新生活。（袁越，《來自民間的叛逆》，p. 84）。為此，席格結識了國會圖書館民歌檔案部主管約翰・洛馬克斯（John Lomax）。

反抗史將從這晚展開新的一頁，因爲兩人將一起用民歌來爲廣大弱勢人民發聲。

席格在伍迪身上看到他自己身上最欠缺的真實生活體驗，並跟著伍迪去美國南方各地巡迴演唱。他們不是去表演廳，而是去教會、去罷工現場、去移工社區演唱，並且也聆聽、蒐集人民傳唱的歌唱。

1941年，他們和朋友們正式組成一個團體「年曆歌手」（Almanac Singers），以歌聲宣揚反戰和支持工會的理念。他們的第一張專輯「給約翰‧道的歌」（*Songs for John Doe*），嚴厲批評羅斯福總統的戰爭政策，認爲那只是讓國防相關產業獲得巨大利益。在專輯同名歌曲中，他們唱著：

喔，羅斯福總統告訴人民他的感受
我們幾乎相信他說的話
他說，我和我太太伊蓮諾都討厭戰爭
但是直到每個人都死了，否則我們不會得到安全

然而，專輯發表不久後，納粹德國入侵蘇聯。共產國際改變和平反戰立場。年曆歌手發表第二張專輯「談論工會」（*Talking Union*），以勞工歌曲爲主，並積極參與工會運動。事實上，整個1930-40年代是美國勞工運動的黃金時期，新的工會不斷成立。年曆歌手希望成爲整個工人運動的一環，但到了1942年底，他們就解散了。

戰爭結束後的1946年，席格想要延續年曆歌手的精神，去集結一批同樣關心工人的音樂人來共同寫歌，並且把這些歌傳遞給各個進步組織。於是，他們重新回到格林威治村的地下室，號召大家一起來唱歌，並且固定發行通訊刊載歌曲和音樂討論，甚至想過發行

一種「音樂報紙」，亦即每月發行唱片來用音樂報導、評論該月重要事件。

這個組合稱爲「人民之歌」（People's Song）。正如彼得・席格所說：

> 群眾在往前邁進，他們一定要有歌可以唱，一定要有一個組織
> 來寫關於勞動者和人民的歌，並且把這些歌傳送到美國各地。
> 這個組織將以美國民歌的民主傳統為根基……因為我感到，整
> 個美國的民歌傳統就是一個進步人民的傳統。所以我們的意
> 見，我們的歌曲，我們的活動，都必須根植在美國民謠音樂的
> 豐饒土壤上。

1948年，美國總統大選，曾擔任羅斯福時代副總統的華勒斯沒有獲得民主黨提名，因而代表小黨「進步黨」競選。華勒斯的立場比當年民主黨候選人杜魯門更左傾，支持工會並強調維持與蘇聯的關係，因此「人民之歌」的成員和美國共產黨都全力幫他助選。但選舉慘敗，人民之歌也元氣大傷，並因爲財務困難而結束。

不服輸的彼得・席格和幾名老戰友又在1949年組成四人民謠合唱團「紡織工」（The Weavers）。這個團體和他們之前的不同；雖然歌曲仍有政治意涵，但不再是一個純爲政治服務的音樂團體。「紡織工」是一個真正的流行民歌團體，更重視音樂和合聲的編排，甚至穿上正式服裝。

主要是二次戰後的保守氣氛對他們不利。一方面，工會對他們的興趣開始減低，1949年的皮克斯克爾事件也使得進步組織因爲擔心引起衝突，而不太敢邀請他們。另方面，皮克斯克爾事件也讓席格思考，如何去和丟石頭的人對話。尤其，一個事件讓上述這兩個

因素結合：本來有人建議「美國勞工黨」找席格去演唱一場募款活動，但勞工黨卻打算邀請能帶來更多聽眾的歌手。席格聽到這件事受到很大刺激。過去這些年來，他不願意去商業場合演唱，只去參加工會或進步團體的場合。但現在他知道，如果要發揮影響力，他不能再拒絕商業。

「紡織工」要走入一般的演唱場所，第一站是如今成爲紐約傳奇演唱場所的「前衛村」（Village Vanguard）。「紡織工」唱流行歌曲，也唱具有社會意識的傳統民歌，結果他們越唱越紅，開始在大廠牌發行唱片，並使得1950年的音樂市場是屬於「紡織工」的；他們的單曲唱片「晚安愛琳」（Goodnight Irene）連續14週都是暢銷唱片。「紡織工」成爲最早暢銷的民歌團體，並讓民歌從少數人的音樂轉化成廣大的流行音樂文化。

但就在他們剛開始大紅時，黑暗的手逐漸伸向他們。

四

1950年代中期開始，是民歌的復興時代。民歌開始成爲青年的流行文化。而1960年代初的紐約格林威治村，是民歌復興的新革命基地；年輕的狄倫、瓊・拜雅（Joan Baez）、菲爾歐克斯都在村裡的咖啡店唱歌、尋找青春的夢想。持續推動民歌的彼得・席格和友人也在這裡創辦了民歌雜誌「小字報」（Broadside Magazine）和「歌唱」（Sing Out）。

但是，在這一波的民歌復興之中，彼得・席格卻無法出現在電視或電台上，只能偶爾在小場地表演。因爲正當紡織工獲得商業成功時，他們卻開始遭遇到1950年代麥卡錫主義的冷血風暴。

那是冷戰初期、意識型態極端對立的年代。共和黨參議員麥卡

錫宣稱共產黨嚴重滲透美國社會各層面，因此在國會推動成立「國會非美委員會」來調查、肅清左翼人士。一個宣稱自由的社會，即使是共產黨員也不應該被冠上叛亂罪名，更不要說這個「獵巫」行動牽連許多與共產黨完全無關的人。1947年，10個好萊塢的導演和劇作家因為拒絕回答該委員會問的：「你是否是共產黨員？」被控藐視國會，隨後他們被美國電影協會和各大片廠開除，被稱為「好萊塢十寇」(Hollywood Ten)[4]。幾年後，一本小冊子更公布151個人是「紅色法西斯」主義的同情者。這些被召喚去做聽證的人後來幾乎無法找到工作。

由於紡織工的四名團員幾乎都和共產黨關係緊密，自然成為被調查對象。因此，紡織工成為美國史上第一個因為叛亂罪被調查的音樂團體。唱片公司和他們解約，許多演出也被取消。1955年，「非美委員會」以共產黨對娛樂業的影響要求彼得‧席格出庭作證。彼得‧席格拒絕回答任何問題，也拒絕供出任何和共產黨有關人士[5]。他引述美國憲法修正案第一條強調，「我拒絕回答任何關於我的關係、宗教和哲學信仰、政治理念，或我如何投票，或任何私人問題。我認為，任何一個美國人被質問這些問題，都是很不恰當的，尤其是在這種強迫情況下。」

結果，席格和知名劇作家亞瑟米勒等數人，以藐視國會之罪名被起訴，並於1961年被判刑10年。後來因為一位法官認為這個案子有瑕疵而駁回，才讓彼得‧席格免於牢獄之災。

在這段黑名單期間，席格和妻子展開他們所謂的「文化游擊

4　原本是有11人拒絕回答，後來則有一人回答了，說他從未參加過共產黨。這個人就是知名的德國左翼劇作家布萊希特。他第二天就飛回德國。

5　許多人，包括著名導演依力卡山，則供出其他左翼分子。

戰」。他們自己印介紹信，寄給學校、教會、夏令營等，去唱歌給任何願意聽的群眾。當然，他去唱歌的地方，總是會有保守派舉牌杯葛，指控他和紅色蘇聯有關係。另一方面，他也開始和唱片公司「Folkways」錄製一系列傳統民歌，並打算去更多地方採集民歌。

做為民歌運動最關鍵的推手，彼得‧席格在從1950年代中期到1960年代中這個民謠復興的年代，無法出現在大眾媒體上。直到1967年，他終於被邀請上CBS電視台一個當紅綜藝節目「史慕德兄弟秀」。他在節目上演唱了一首反戰歌曲「身陷泥淖中」（Waist deep in the Big Muddy），結果這段演出被刪掉。憤怒的史慕德兄弟向媒體抱怨CBS禁播席格的歌。68年2月，席格終於再次被邀請上節目。這一次，席格再次演唱了那首曾被禁唱的「身陷泥淖中」。於是，當越南的戰火正在地球另一端、在美國人民的電視新聞前猛烈燃燒時，美國觀眾卻能在主流電視的黃金時段，聽到一首動聽、但堅定無比地對越戰政策的批判：「我們身陷泥淖之中，但傻了還是繼續叫我們前進。」在電視機前，當年14歲的史提夫‧厄爾（Steve Earle）深受震撼，決定要和席格一樣用歌曲來介入社會——如今他成了美國重要的抗議歌手。

一個月後，詹森總統因為越戰政策太不受歡迎而宣布不競選連任，並宣布從越南撤回部份軍隊。當前活躍的抗議歌手湯姆‧馬雷洛（Tom Morrello）[6] 說，「如果有一場四分鐘的表演可以被視為終結越戰的重要時刻，那無疑就是彼得‧席格在史慕德兄弟秀上，不在乎審查、不懼怕黑名單、而大聲唱出『身陷泥淖中』這首歌時。我認為，那是反戰行列中的偉大時刻。」

6　激進政治樂隊「討伐體制」（Rage Against the Machine）的吉他手，這兩年以民謠抗議歌手姿態四處支持社會運動。

是的，名列黑名單並不能阻礙彼得・席格繼續歌唱。

20年來，我在美國各地演唱美國的民謠……我為各種政治、宗教、和種族的美國人而唱。今日眾議院委員會，因為不喜歡我唱過的某些地方，而要侮辱我……我希望我可以一直唱下去，只要有人願意聽，不論是共和黨、民主黨或獨立者。難道我沒有權利唱這些歌嗎？

這是1961年彼得・席格在被法院判刑後發表的聲明。所以他繼續歌唱，即使時代已經轉變：在1960年代後半，黑人民權運動開始激進化，更多年輕人開始轉變為嬉皮，在藥物和搖滾中狂歡，席格的斑鳩琴似乎更顯得不合時宜。

五

1970年代初，彼得・席格去了幾個共產國家如古巴、中國和越南。之後，年過50的彼得・席格身體狀況漸漸不佳，不能歌唱太久。同時他逐漸感到對民歌的責任已經告一段落——做為伍迪・蓋瑟瑞和另一個早期民謠歌手鉛肚皮（Leadbelly）的好友，他已經把這些上一代的民歌傳遞給新一代的年輕人，讓這些火炬延燒下去。

另一方面，過去二、三十年來，雖然席格成為美國抗議歌手或民歌手的代表人物，但一直讓他念茲在茲的是無法被他居住的小鎮接受。保守的小鎮居民認為席格太左，並且不夠愛國，甚至有地方人士成立「阻止彼得・席格委員會」，杯葛他在家鄉開演唱會。

1968年，他在給朋友的信上寫道：「我自己的一個缺點，可能也是許多知識分子的缺點，是也許我在全世界都有朋友，但在我自

己的社區中，我的地位卻很單薄。」於是，他決定好好地耕耘自己的社區，並選擇以環境作爲出發點。

1960年代初讀了環境運動的經典著作《寂靜的春天》後，席格認識到他過去所不斷追求和平和正義的世界，其實面臨一個更巨大的威脅：環境污染，因此開始關注環保運動。在「全球思考，在地歌唱」的理念上，他全力關注「在地」的哈德遜河——因爲他從1950年代就在紐約哈德遜河畔上游的鄉間和妻子自己蓋房了住，直到如今。1960年代後期他更和當地社區成立「清水計畫」來保護哈德遜河的環境。

但席格的環保行動也受到老戰友的質疑，認爲席格變得保守而不再關心左翼。另方面，他也持續受到地方保守人士質疑，當他在地方募款演唱會上演唱反戰歌曲時，他們會叫他不要唱這些反戰歌。

當然，席格自己有一致的理念。面對左派，他會說：「清水計畫和社會主義的關係，和出版一本書教人如何彈奏班鳩琴具有一樣的精神：都是要持續對抗資本主義下科技所隱含對人性的支配。資本主義告訴你：不要做任何創造性的東西，只要好好完成你的工作，其他的都交給機器。但當你開始玩起音樂，當你開始自己寫歌，你就會發覺，你開始具有自我思考的能力。」

面對右派，他會說：你們知道爲何我們沒有足夠的經費來清理河流？你們以爲政府的錢都到哪裡去了？都是投入戰爭了！

進入1980年代，席格開始和伍迪的兒子阿若・蓋瑟瑞（Arlo Guthrie）舉辦一系列巡迴演唱，並且不時參加各種社會議題的演唱。到了1990年代中期，這個70多歲的老人終於獲得體制的肯定。先是柯林頓頒發國家藝術勳章給他，96年他又入選搖滾名人堂。

跨進21世紀，邁入80歲的彼得・席格，還是沒有停止歌唱。

六

　　2003年春天，美國開始攻打伊拉克。那年冬天，席格的一個朋友約翰在一個寒冷雨夜開車回家，看到一個高瘦的老人，穿著厚重大衣，站在雨中的路邊。他認出那是84歲的老人彼得‧席格。他看到席格手上高舉著一個牌子，但看不清楚上面寫著什麼。許多車子從席格身邊快速開過。等他開的更近一些，他終於看清楚了這個孤單、沉默但堅定的老者手上牌子上面寫著：「和平(Peace)」。

　　他不能想像，以彼得‧席格如此知名的人，只要打電話給媒體就可以表達他的意見，但此刻他卻在這裡默默地舉著抗議牌。事實上，從伊拉克戰爭開始，席格每個月都會出現在這裡，靜默的抗議。

　　當然，他還是會唱歌。2003年3月，就在美國攻打伊拉克前夕，白髮蒼蒼的彼得‧席格硬朗地站在紐約公共劇場舞台上，唱起約翰‧藍儂的經典反戰歌曲"Give Peace A Chance"。和他一起演出的有出身1970年代的叛客樂手藍尼‧凱(Lenny Kaye)、以及出身1980年代的噪音樂隊「音速青春」(Sonic Youth)主唱摩爾(Thurston Moore)等等。然後，他會回到他的社區，在每年舉辦的「清水音樂節」，繼續用音樂來批判布希政府。

　　這一年，他84歲。距離他開始為各種抗爭而唱，和他第一次用音樂反戰(二次大戰)，已經超過60年了。

　　回首歷史，會發現過去60年，他永遠站在那裡唱歌，永遠站在正義與和平的一邊。

　　60年來，他採集失落的民間歌謠、創作新的民歌，推動了美國民歌的復興運動。他幾乎是一個美國民歌的資料庫，而這些民歌，就是一篇篇美國勞動人民的歷史。

作為堅定的左翼分子（他至今仍認為自己是共產主義者[7]）與真誠的愛國者（他喜歡如此自稱），他在歌曲中書寫各種社會壓迫，並讓美國民歌傳統深深植入強大的理想主義；然後用他的斑鳩琴彈動著這些歌曲，走過一頁頁的反抗歷史。

全世界所有聽民歌的年輕人，不論在美國還是在更封閉高壓的1970年代台灣，沒有人沒聽過他的名曲「花兒都到哪裡去了」（Where Have All the Flowers Gone）或「轉，轉，轉」（Turn, Turn, Turn）；許多年輕人剛拿起吉他學的就是這些歌。於是在這些旋律動聽、歌詞簡單的民歌中，他們認識這個世界的不義與反抗之必要。

彼得・席格的力量也來自於他的生活真正體現民歌的素樸。雖然他已經是個傳奇人物，但席格依然過著簡樸的生活，開著簡單的小車，住在他50年來一樣的地方、他自己蓋的屋子。

彼得・席格的現場演唱會的特色是，他永遠可以讓全場觀眾跟著他一起唱；紐約時報曾評論說，他的現場感染力可能比芭芭拉史翠珊和滾石樂隊加起來還強。

這完全可以理解。因為彼得・席格的音樂本來就不是為了娛樂，而是為了要召喚人們起而行動；他要人們和他一起歌唱，並且

7　席格在1940年代是堅定的共產黨員。1950年退出共產黨。1995年在訪問中，他說他要為過去盲目跟隨黨的政策懺悔，他遺憾當年沒有看出來斯達林的殘暴，也懊悔1960年代去蘇聯時，沒有要求參訪古拉格群島。2007年，他寫了一首歌「老喬的藍調」（"Big Joe Blues"）批判斯達林：「我正在唱一首關於老喬的歌，殘忍的喬／他用鐵腕統治／讓許多人的夢想破碎／他可以有機會開啟一個新的人類歷史／但是他卻回到從前／回到那個一樣厭惡的地方」。
但現在，他說他仍然是共產主義者，只是不是共產黨宣揚的共產主義，而是共產主義的精神，是一如美國原住民，彼此共享資源、彼此互相照顧。

在歌聲中和他一起無畏地攜手、爲了改變這個世界而前進。就像1964年那年夏天，他在演唱會上聽到三個男孩的死訊後對台下聽眾所說的：他要他們跟著一起歌唱，唱「我們一定會勝利」。

去年美國總統大選，歐巴馬成爲美國歷史上第一個黑人總統。40年前走過民權運動現場，並和金恩博士並肩作戰的席格，當然無限感動。在今年1月歐巴馬總統就職典禮前的演唱會，席格受邀和美國搖滾天王史普林斯丁一起演出[8]。他們決定唱席格老友伍迪‧蓋瑟瑞的經典民粹主義歌曲「這是你的土地」（This Land Is Your Land）。

這首歌原本有段比較激進的歌詞，批評私有財產制度，後來在一般流傳版本中被刪除。但席格和史普林斯丁說，這次，我們要唱出那個被刪掉的段落：「一個高牆阻止了我／有一個牌子說這是私人財產／但在牆的那一邊什麼都沒寫／而那一邊是屬於你和我的／這是你的土地，這是我的土地。」

是的，這就是席格，他從來都是會完整地歌唱整首歌；不論是猛烈的石塊暴力、是白人種族主義的威脅、還是麥卡錫主義的打壓，從來沒有什麼可以阻止他歌唱自己的信念。正如他著名的歌曲爲他自己下的註腳：「我如何能停止歌唱？」（How Can I keep From Singing?）

8　2006年，史普林斯丁（Bruce Springsteen）發行一張向彼得‧席格致敬的專輯，專輯名稱就叫「我們一定會勝利：席格之歌」（We Shall Overcome: The Seeger Sessions）。2009年5月，包括史普林斯丁等數十位音樂人，在麥迪遜花園廣場舉辦席格90歲生日紀念演唱會。

「我如何能停止歌唱?」

張鐵志,《中國時報》、《南方週末報》等專欄作家。著有《聲音與憤怒:搖滾樂可以改變世界嗎?》(2004,簡體版2008),《反叛的凝視:他們如何改變世界》(2007)。

思想采風

柯拉科夫斯基：
在希望與絕望間自由批判的心靈

陳瑋鴻

　　波蘭籍的著名哲學家與政治異議者柯拉科夫斯基（Leszek Kolakowski），於7月17日逝世，享年82歲。柯拉科夫斯基於1927年生於波蘭小鎮，從成長、求學、思考與參與政治，一生見證波蘭波折乖舛的命途。1968年受共黨迫害流亡國外，英國牛津是其人生旅程的終點。他一生著述甚豐，1978年出版《馬克思主義的主要趨向》三卷揚名國際，成爲知名的馬學專家，其寫作亦涉及哲學、神學與政治等領域。2003年他榮獲首屆的「克魯格人文與社會科學終身成就獎」（有「人文諾貝爾獎」之稱）[1]，世界各報與學者紛紛悼念他的思想與行動[2]。

　　二戰德國占領波蘭期間，所有學校被迫關閉，當時15歲的柯拉科夫斯基被送到木製玩具工廠工作。他靠著鄉間的一間破損不堪的圖書館自學，在晚年的回憶錄中，柯拉科夫斯基開著玩笑說，他當時從百科全書裡學得了關於A、D、E字母開頭的所有知識，卻跳過

1　2006年由我國余英時院士與美國非裔史學家John Hope Franklin共同獲得。

2　包括英國 *Guardian, Times, Telegraph, The Economist*；美國的 *The New York Times*；瑞士的 *Neue Zurcher Zeitung*，皆有報導或評論家爲文紀念。

了B與C，因爲那幾卷被當地工人拿去生火了。在窮困與動盪的烽火中，他完成了知識的啓蒙。戰後，他就讀羅茲大學，1953年獲得華沙大學博士學位，並於次年成爲該校講師。二戰結束後，蘇維埃接替納粹，波蘭再次變天，他親歷無產階級專政的統治。早年柯拉科夫斯基曾醉心馬克思主義所擘劃的烏托邦，1946年加入波共（波蘭統一工人黨），在對現實政治的批判中，其思想經歷修正、幻滅與重尋出路的過程。

戰後波蘭知識分子歷經兩次精神轉向：1950年代毫無批判地走向蘇聯式的共產主義，隨後立即對蘇聯的極權統治感到失望；許多的知識分子又不加思索地轉向波蘭傳統的天主教信仰。柯拉科夫斯基雖有著類似之處，亦保有自身獨立與批判的思想色彩。在1950年代初期的莫斯科之旅後，他見證了蘇聯「物質與精神上的荒蕪」，與共產主義理想漸行漸遠；對於波蘭知識氛圍導向宗教救贖世界，他也同樣不以爲然，他對波蘭的第二次精神轉向提出警語：波蘭正趨向「伊朗化」──一種保守等級組織的市民社會與極權獨裁的國家合而爲一。

1956年赫魯雪夫在蘇共二十大所做的秘密報告，加上波蘭波茲南市發生工人暴動遊行，造成許多死傷，最後修正主義派葛慕卡被選爲領導人，波蘭採行暫時獨立於莫斯科的民族政策，史稱「十月事件」。雖然政治體系並未徹底改變，但波蘭知識分子卻在言論與政治上打開了自由的空間，柯氏在此政治事件中被視爲發言的重要知識分子之一。波蘭許多知識分子開始反省與批判蘇聯的共產主義，柯氏的思想生命史也經歷了第一次的轉折，成爲改良主義者，堅持民主與人道的馬克思主義。波蘭十月的曙光非常短暫，正當他爲波蘭的自由民主改革大聲疾呼時，葛慕卡將波蘭重新帶回蘇維埃的懷抱。此時，柯氏發現他成爲黨的敵人了，行動遭受監控，課堂

上坐著秘密警察。1959年柯氏發表了一篇重要的論文〈祭司與弄臣〉，更強力抨擊共產黨的教條主義，語帶譏諷地批評共產黨如今無異於死抱著教義的祭司。1966年他發表紀念十月事件10週年的演講而被開除黨籍，並於1968年被當局革除華沙大學教職。此後，被迫遠走他鄉，流亡任教於加拿大、美國與英國等大學與研究單位。

在西方的流亡生涯裡，柯拉科夫斯基成爲著名的馬克思主義病理學家，他批判共產主義不僅有著資本主義同樣的弊病：剝削、帝國主義、對環境的污染、資源浪費、製造民族壓迫與仇恨；也無法避免自身的錯誤，像是無效率、缺乏經濟發展的動因、顢頇官僚的濫權、前所未有的集權。他曾投身於共產世界的民主改革，如今，他認爲在共產主義的世界裡，缺乏自由不是短暫的現象，而是根深蒂固的，他形容民主的社會主義「矛盾地像是個油炸的雪球」。成名之作《馬克思主義的主要趨向》是一本帶有預言性的思想史著作，在出版之時，馬克思主義仍是許多共產國家打造理想國度的藍圖。他在追索馬克思主義的起源、成長與消亡後，認爲這個本世紀的最大的烏托邦是「以普羅米修斯的人道主義爲始，卻以史達林恐怖的專制告終」，馬克思思想中的三個主題——浪漫主義試圖完成個體與人類整體之間的完滿和諧；普羅米修斯式的救世主義；啓蒙追求理性規律與必然性——皆與史達林的專制主義有著內在的關連性。最後，他寫下了如此的結語：「如今，馬克思主義既無解釋這個世界，亦無改變它：馬克思主義僅是一部口號的曲目，能運用於組織各式各樣的利益。」於是他徹底地告別馬克思主義。

雖然流亡異地，他的許多觀念仍直接鼓舞1970年代波蘭團結工聯的反抗運動。在1971年出版的《論希望與絕望》，他認爲在極權主義的國家內，自我組織的社會團體能逐漸地拓展公民社會的領域。整個1980年代柯氏也藉著許多的訪談、寫作與募款中，在外援

助團結工聯。

　　經歷烏托邦理想的幻滅，柯氏並未走向尋求宗教救贖或虛無主義。在1986年以〈我為什麼放棄馬克思〉為題所接受的訪問中，他回答：「我認為對於當代人和我們所生活的時代，多元化是唯一的出路。」這種多元是建立在理性與自由行動的主體基礎上，明知生命中存在超越性精神的向度，卻又不落入一種超驗的、絕對的確定性，或試圖以此規整人的多樣性；「我不相信人類多元且毫不相容的文化能夠達成完美的綜合體，文化的豐富正是源自那些組成要素的不相容，而價值間的衝突而非一致才保持我們文化生生不息」。

　　他認為哲學家的任務不是在宣揚真理，而是「營造求真的精神」。在1982年泰納講座中，柯氏表達這樣一種「自由思想」的心靈。他認為哲學所肩負的文化任務乃是：永遠不讓心靈中好奇的能量沈睡；永遠不停地質問那些顯而易見、可靠的事物；總是公然挑戰那些表面上完美無缺的常識；永遠不忘記存在著超出科學視域之外的問題，不忘記依然有我們所知的殘存的人性。

　　早期他對於宗教無疑是個馬克思主義者或世俗的左派，在晚期的作品中，柯氏重新關注宗教信仰的意義。他認為，人類的自由無可避免必須承認自身的有限，最終必須承認神聖性的存在，而宗教是人類文化中的首要層面，促使人承擔生命的重負，知曉人生無可逃脫的極限，並坦然面對這些限制。沒有善的觀念與惡的認識，我們時代的開放性將會威脅自身並走向虛無。因而宗教信仰對於柯氏而言，更像是一種對人類自滿的警醒，尋求自我批判的根源。他認為思想自由不是自我的膨脹或任意，對事物甚至對自我的懷疑、好奇與批判才是思想自由的呈現；他甚至幽默地說道，如果一位當代哲學家從沒有懷疑過自己是否只是在吹牛，那麼他的思想無疑是淺薄而不值得一讀的。

著名的英國政論家艾許將柯拉科夫斯基與另兩位知識的分子——團結工聯的領導者之一、歷史學家蓋雷梅克（Bronislaw Geremek, 1932-2008.7.13），以及德國社會學家達倫道夫（Ralf Dahrendorf, 1929-2009.6.17）——的逝世，視為紀念歐洲戰時世代的時刻。[3]這一世代共同見證了歐洲最灰暗的時代——納粹、世界大戰與極權的共黨統治，而他們三人在1956、1968、1989等關鍵的歷史時刻，選擇透過思想或行動與現實環境拮抗，創造如今歐洲的自由與法治成就，並且在晚年對於當下情勢仍不遺餘力地投入。在當前關於歐洲未來的走向，柯拉科夫斯基雖然對歐盟制度不如另兩位來的樂觀，但一個將人的尊嚴與自由置於首要價值的歐洲，是三人共同信守不渝的目標。艾許認為這一世代的經歷、掙扎與行動必須為後人深知與認識，而他們的生命故事正是理解此一世代的鑰匙，透過他們或許可以開啟未來新的歷史[4]。

陳瑋鴻，台大政研所博士生。研究興趣為當代政治哲學、歷史正義論與記憶政治學等。

3　Timothy Garton Ash, "With the passing of the last wartime Europeans, history's time has come," *Guardian* (Wednesday 22 July, 2009)，可見 http://www.guardian.co.uk/commentisfree/2009/jul/22/postwar-europe-education-history-eu

4　柯拉科夫斯基的中譯本僅有《柏格森》（中國社科，1991）、《宗教：如果沒有上帝……》（三聯，1997）、《與魔鬼的談話》（華夏，2007）和《關於來洛尼亞王國的十三個童話故事》（三聯，2007）。

柯恩：
學術與平等信念

鄭焙隆

　　西方重要的政治哲學家，柯恩（G. A. Cohen），於8月5日凌晨因急性腦溢血過世，年方68歲。1978年，柯恩出版成名作《馬克思的歷史理論：一個辯護》，以分析哲學方法爲正統馬克思歷史唯物論辯護，精準明確地重新闡述科學社會主義。即便他終身都是堅定的社會主義者，柯恩不同於同時代的馬克思主義者，他相信對平等、正義概念進行抽象規範性的討論，對馬克思主義是至關重要的，而平等正是馬克思主義之所以吸引人的核心精神[1]。1980年代之後，柯恩逐漸將研究方向從爲馬克思歷史理論辯護轉移到政治與道德哲學領域，首先直接挑戰諾齊克爲代表的右派自由放任主義；其後，他也批判以羅爾斯、德沃金爲首之自由平等主義，站在更左翼立場，倡議應落實到個人層次的平等道德。他對平等價值的捍衛使他獲得「平等主義的良心」之美譽。

　　柯恩自己強調，他對馬克思主義的信仰與平等價值的堅信，得歸因於成長的環境。他於1941年出生於加拿大蒙特婁一個猶太共產主義移民社區。據柯恩回憶，雙親在紡織工廠的工運抗爭中結識，

1　G. A. Cohen, *Self-Ownership, Freedom, and Equality* (Cambridge: Cambridge University Press, 1995), pp. 2-3.

家中與街坊都瀰漫著左派工運的氣息，他耳濡目染，極早就深植一個馬克思主義者該擁有的信念。於麥基爾大學畢業後，他至牛津大學從哲學家萊爾和伯林學習。不像當時一般左派青年抗拒牛津繁瑣無味有如鬥智遊戲般的分析哲學，柯恩很快就對這種新哲學風格發生興趣，將這個方法應用到他原已熟悉的馬克思主義，成果就是《馬克思的歷史理論》。

這本書中，柯恩開宗明義地指出，他運用分析哲學對馬克思主義理論進行重建，這分析方法反對的是辯證法與整體主義：嚴格意義的分析當然反辯證，廣義來說則又反整體主義。他自承，1968年讀完當時風行的阿圖塞時，他覺得並無太大收穫，因此有動機開始嘗試完全用分析哲學重新解釋馬克思[2]。這本書出版後，柯恩被認爲是「分析馬克思主義」（Analytical Marxism）——柯恩自己稱它爲「不說垃圾話的馬克思主義」（No-Bullshit Marxism）——的主要奠基者。隨後他與埃爾思特和羅默爾等人成立的「九月小組」聚會，也擁有廣泛的影響力。

據柯恩自述，他學術生涯的前三分之一都在捍衛馬克思的歷史理論，這段時間他雖然教授道德和政治哲學，卻不曾考慮要從這個方向發展研究；當時他堅信馬克思主義的正確，而馬克思相信社會主義將不可避免的到來，因此沒有必要特別對規範性哲學進行過多的探索。柯恩在1975年放棄了這個想法[3]。他開始著力於政治哲學，起因於接觸到諾齊克在《無政府、國家與烏托邦》中提出的反社會主義論證；這些文章讓他「從社會主義教條的迷夢中醒了過來」。

2　G. A. Cohen, *Karl Marx's Theory of History: A Defense* (Princeton, N.J.: Princeton University Press, 2000 [expanded edition]), pp. x, xxii.

3　G. A. Cohen, *Self-Ownership, Freedom, and Equality*, pp. 4-5.

他十分震驚，雖然他分享了諾齊克關於「自我所有權」(self-ownership)的直覺，卻完全不能接受其自由放任主義的結論。這迫使柯恩回到政治哲學的規範層面，重新思考社會主義。相較於自由平等主義者根本放棄應得(desert)的道德意涵，在《自我所有、自由和平等》一書中，柯恩首先說明，為什麼社會主義者與自由放任主義者基本上分享相同的立足點，然後他也對諾齊克的論證做出極為嚴肅的分析和回應。

那剛好是一個左派右派針鋒對立的年代。1971年羅爾斯出版《正義論》、德沃金在1980年代初期提出「資源平等」理論，標誌著自由平等主義的完成，也是對傳統左派理論不足的重要補強。柯恩轉向平等主義研究之後，受到自由平等主義者的影響。當代平等主義對於最抽象的平等概念有其共識，但關於其實踐、應用的方法和對象與衡量的尺度，爆發了複雜的爭論。2000年柯恩出版了書名就很吸引人的《如果你是平等主義者，你怎麼會那麼有錢？》。他問：平等到底應在什麼層次落實？回答是：平等的對象並非羅爾斯所說的「社會基本結構」，而是「個人」。他用「個人即政治」這個經典的口號來表達他對分配正義的想像：即使人有非強制的自由選擇空間，我們仍舊需要一個平等的社會風氣(ethos)來影響人們的選擇，讓人們做能使社會更平等的行為，而非在法律的框架下自行其是；因為，即使那些自私自利的行為合法，在平等主義者看來仍然是不可接受的[4]。回歸社會主義傳統，柯恩仍然重視「博愛」或「社群」的價值，超越自由主義的根本關懷，凸顯出社會主義者的平等想望。

---

4 G. A. Cohen, *If You're an Egalitarian, How Come You're So Rich?* (Cambridge, MA.: Harvard University Press, 2000), pp. 136-145.

　　柯恩對自由主義的理想社會並不滿意。《拯救正義和平等》向
羅爾斯正義理論全面挑戰：他要從羅爾斯手中拯救正義與平等。柯
恩設想的正義和平等是完全抽象而絕對的價值；因此，他問的關鍵
問題是：如果正義要求平等，不平等又怎麼可能是正義的？今年秋
天柯恩即將有一本小書出版：《為什麼不要社會主義？》將深入淺
出地分析，社會主義為何一直吸引人們認為它值得追求而且可行，
然後又為什麼許多人認為它終究不可能實現。

　　終身是左翼知識分子，柯恩貫徹他自幼獲得的珍貴信念，在學
術生涯不同的階段始終站在誠實、明確的立場，用細緻、清楚的論
證去說明那些信念之正當，這是他一直以來的鮮明特色。頂著一頭
灰髮，話說得不快但非常風趣，在同儕與學生眼裡，柯恩敏銳而犀
利，善良、幽默而無所顧忌。他善於直指對方論證的核心，提出每
個不一致之處，或以相同基礎導出截然相反的結論，時時展露他的
聰明、天份與信仰。筆者這一陣子正好在斷斷續續地讀柯恩，除了
對平等信念有共鳴，更十分佩服他每一個從頭到尾清清楚楚的論
證。讀書時偶爾會想，希望有一天可以真的在教室與他討論問題，
可惜沒有機會了[5]。

　　鄭焙隆，目前就讀台灣大學政治學研究所，興趣是自由主義和平
等主義理論。

5　柯恩著作的中譯，有《卡爾‧馬克思的歷史理論：一種辯護》，段
　　忠橋譯（高等教育出版社，2008）；《馬克思與諾齊克之間：G. A. 柯
　　亨文選》，呂增奎編（江蘇人民出版社，2007）。

致讀者

　　1949年4月23日，共軍攻進南京；10月1日，毛澤東在北平宣布中華人民共和國成立。中華民國就此退出中國大陸，輾轉播遷台灣，至今正好六十年。

　　如今，在台灣已經罕見「中華民國」一詞。「民國三十八年」更是乏人使用。這個紀年的消失，反映了台灣歷史上的一個時段化爲黑洞，無疑還在它的位置上兀然聳立，卻無聲無息。

　　「1949年」這個紀年方式，雖然有疏離效應，依然會造成尷尬。那個年份，對當時生活在島上的各種人，都意味著屈辱——失敗後狼狽逃難的屈辱，坐視外來者喧嘩睥睨的屈辱；代表傷痛——國破家亡親人隔絕的傷痛，橫遭壓抑與歧視的傷痛；更充滿驚悚——外有萬家墨面般的強敵進逼，內部則正展開肅殺的大清洗。一個以屈辱、傷痛、恐懼爲特色的年份，後來難免得埋到記憶的底層去。

　　六十年過去，當時巨變的倖存者，已經開始凋零，但台灣仍然必須面對1949。一段如此關鍵、如此引起情緒反應的歷史，豈能化爲一片空白或者一團漆黑？但是回顧1949年並非易事：個人的禍福與集體的成敗不是同一回事，道德的是非與歷史方向似乎沒有關連，短時段的狀態無法預示長時段的趨勢，而回顧者個人的出身與遭遇，更注定了他會賦予這個年份甚麼意義。也許，正由於我們還生活在1949年所決定的宏觀形勢之中，一個歷史階段還沒有走完，你我仍然是它的產物，所以，面對一甲子的週年，我們都欲語還休。

　　《思想》一貫強調歷史意識的關鍵作用，更著重兩岸乃至於大

華人世界的文化流動，自當推動對於1949的反思。1949並不是台灣的專利（「民國三十八年」也不是）：它所啓動的歷史場景變幻，其實同步改變了中國大陸、台灣、以及香港和澳門的整體面貌與地緣位置，包括這些社會中幾億人口的命運。我們邀集的幾篇文章，各有獨特的見地，但自然尚無足以把捉那個歷史關口的無窮意義。缺少港澳作者的文章（或許他們同樣感到欲語還休），顯然是遺憾。而中國大陸在歡慶十一之際，知識界正爭論1921以降三個三十年的功過與意義，自然更難以輕鬆爲1949提出歷史的評價。毛澤東遙指鍾山時的感慨，不正是「人間正道是滄桑」嗎？

幾期之前我們說過，希望加強中國思想的討論。2009年適逢牟宗三先生百年誕辰，有感於他對當代中國哲學的龐大影響，本期《思想》安排了幾位學者綜論牟先生其人及其哲學。今天，新儒家的影響力已經跨越港台而及於中國大陸，相關著作很多。不過，像本期幾篇文章這樣親切而深刻地呈現牟宗三，可能還不多見。

在新儒家之外，這幾年中文哲學界的另一項突出發展，應屬政治哲學。中文世界本來難見政治哲學。但由於台灣的解嚴與大陸的改革開放，兩地對政治哲學的興趣陡增，香港哲學界也適逢其會，中文政治哲學成長快速，並且建立了兩岸三地的聯繫網絡。數年以來，三地的政治哲學同行曾數度聚會。本期的「政治哲學與在地社會」對話，即是最近一次聚會的成果。新儒家志在提振中國文化的精神自覺、中國人的文化承擔，政治哲學則志在用哲學思考反省中文世界的各個政治體制、建立社會公平、尋找道德上可欲而實際上可行的政治原則。無論用心何處，「思想」都是哲學的必經之途。

編者
2009年暮秋

《思想》求稿啓事

1. 《思想》旨在透過論述與對話，呈現、梳理與檢討這個時代的思想狀況，針對廣義的文化創造、學術生產、社會動向以及其他各類精神活動，建立自我認識，開拓前瞻的視野。

2. 《思想》的園地開放，面對各地以中文閱讀與寫作的知識分子，並盼望在各個華人社群之間建立交往，因此議題和稿源並無地區的限制。

3. 《思想》歡迎各類主題與文體，專論、評論、報導、書評、回應或者隨筆均可，但請言之有物，並於行文時盡量便利讀者的閱讀與理解。

4. 《思想》的文章以明曉精簡爲佳，以不超過1萬字爲宜，以1萬5千字爲極限。文章中請盡量減少外文、引註或其他妝點，但說明或討論性質的註釋不在此限。

5. 惠賜文章，由《思想》編委會決定是否刊登。一旦發表，敬致薄酬。

6. 來稿請寄：reflexion.linking@gmail.com，或郵遞110台北市忠孝東路四段561號4樓聯經出版公司《思想》編輯部收。

各期專輯

1 思想的求索（2006年3月出版）

2 歷史與現實（2006年6月出版）

3 天下、東亞、台灣（2006年10月出版）

4 台灣的七十年代（2007年1月出版）

5 轉型正義與記憶政治（2007年4月出版）

6 鄉土、本土、在地（2007年8月出版）

7 解嚴以來：二十年目睹之台灣（2007年11月出版）

8 後解嚴的台灣文學（2008年1月出版）

9 中國哲學：危機與出路（2008年5月出版）

10 社會主義的想像（2008年9月出版）

11 民主社會如何可能（2009年3月出版）

12 族群平等與言論自由（2008年5月出版）

思想13
一九四九：交替與再生

2009年10月初版　　　　　　　　　　　定價：新臺幣360元
有著作權·翻印必究
Printed in Taiwan.

著　　　者	思想編委會			
發 行 人	林 載 爵			

出　版　者　聯經出版事業股份有限公司	叢書主編　沙　淑　芬
地　　　址　台北市忠孝東路四段555號	校　　對　劉　佳　奇
編輯部地址　台北市忠孝東路四段561號4樓	封面設計　蔡　婕　岺
叢書主編電話　(02)87876242轉212	
總　經　銷　聯合發行股份有限公司	
發　行　所：台北縣新店市寶橋路235巷6弄6號2樓	
電話：(02)29178022	
台北忠孝門市：台北市忠孝東路四段561號1樓	
電話：(02)27683708	
台北新生門市：台北市新生南路三段94號	
電話：(02)23620308	
台中分公司：台中市健行路321號	
暨門市電話：(04)22371234ext.5	
高雄辦事處：高雄市成功一路363號2樓	
電話：(07)2211234ext.5	
郵政劃撥帳戶第0100559-3號	
郵撥電話：27683708	
印　刷　者　世和印製企業有限公司	

行政院新聞局出版事業登記證局版臺業字第0130號

本書如有缺頁，破損，倒裝請寄回聯經忠孝門市更換。　　ISBN　978-957-08-3485-7(平裝)
聯經網址：www.linkingbooks.com.tw
電子信箱：linking@udngroup.com

國家圖書館出版品預行編目資料

一九四九：交替與再生/ 思想編委會著．
初版．臺北市．聯經．2009年10月（民98年）．
336面．14.8×21公分．（思想：13）
ISBN　978-957-08-3485-7（平裝）

1.臺灣史　2.中華民國史　3.中國大陸研究
4.現代哲學　5.文集

733.29207　　　　　　　　　　98019582